Roger Brennwald
Gründer und Turnierpräsident
der Swiss Indoors Basel

50 JAHRE ODYSSEE

In der Retrospektive kommt mir das halbe Jahrhundert vor wie eine Uhr ohne Zifferblatt, eine Reise geprägt von vielen Hochs und Tiefs und der Überzeugung, dass alles Werdende unterschätzt wird. Die Geschichte kennt kein letztes Wort, so formulierte es einst der frühere deutsche Bundeskanzler Willy Brandt. Viele schreiben heute Geschichte am liebsten mit Bleistift. Es lässt sich dann leichter radieren.

In den 60er-Jahren war das globale Tennis in unserem Land nicht einmal eine Vision. Die Tennisspieler tanzten nur im Sommer über die Courts. Tennis im Winter war ein Fremdwort, bis ich mich als 22-Jähriger an Einstein erinnerte, der sagte: Was vorstellbar ist, ist auch machbar. Mit der in Schweden gekauften Ballonhalle, der ersten in der Schweiz, startete ich 1970 mit den Swiss Indoors und schickte die Turnierrakete auf Umlaufbahn. Die Anzahl Spieler war grösser als die der Zuschauer.

Mitte der 70er-Jahre erhielt das Turnier entscheidenden Vorwärtsdrall mit dem Umzug in die neu erbaute St. Jakobshalle und dem Auftritt des legendären Björn Borg. Dank Borg veränderte sich Tennis vom elitären Sport zum Volks- und Zuschauersport. Die Swiss Indoors entwickelten sich Schritt für Schritt zum drittgrössten Hallenturnier der Welt nach einer stürmischen Zeitreise, nach einer Odyssee vieler Emotionen. Oft tanzte der Tennisball auf der Netzkante, drohte sportlich ein Netzroller oder das unternehmerische Aus. Ein langer Atem half über vieles hinweg. Und die Losung hiess: An einem idealen Datum im Herbst mit einer guten Infrastruktur möglichst viele der weltbesten Tennisspieler nach Basel zu holen. Die hohe Leistungsdichte im Männertennis sorgte für sportliche Gezeiten wie Ebbe und Flut. Aber jede Tennisgeneration brachte ihre Herren der Asse hervor. Und als der Federer-Express ins Rollen kam, stellte sich diese Epoche als Jahrhundert-Konstellation heraus.

Immer wieder galt es, die Interessen aller Beteiligten, von Spielern, Zuschauern und Sponsoren zu vereinen, mit dem Ziel vor Augen, einen Event von hoher Kultur, Unterhaltung und sozialem Prestige anzubieten. Dies blieb auch der ATP nicht verborgen. Von ihr durfte ich stellvertretend für mein ganzes Team mehrere Awards in Empfang nehmen. Auszeichnungen machen zwar zufrieden. Allerdings dauert die Wirkung nicht allzu lange, denn die steigenden Ansprüche führen zu immer höheren Erwartungen.

Editorial Roger Brennwald

Es gibt wenige aufrichtige Freunde im Leben. Die Nachfrage ist auch nicht besonders gross in der Zeit der Schnelllebigkeit und Vergänglichkeit. Trotzdem – im Laufe der Jahrzehnte habe ich viele Freunde gewonnen und eine wichtige Erfahrung gemacht: Im hastigen Alltag bleibt der Mensch der Schlüssel zum Erfolg. Allein der Aufbau einer Organisation oder eines Produkts bedeutet trockene Handarbeit, vergleichbar mit den Legosteinen, die man zu Häusern und Dörfern zusammensetzt. Aus der Mode gekommene Werte wie Qualität, Kontinuität und Loyalität zu respektieren, prägte stets das Leitbild der Swiss Indoors.

An der Wegmarke von 50 Jahren keimt deshalb tiefe Dankbarkeit, sie ist das Gedächtnis des Herzens. Ich danke an dieser Stelle allen, welche mich auf der langen Wegstrecke begleitet und unterstützt und meine Ideen geteilt haben. In erster Linie danke ich meiner Familie. Während dreier Dezennien war meine leider allzu früh verstorbene Frau Elisabeth die stärkste Kraft und treuste Seele an meiner Seite. Sie bildete das Rückgrat für den Gemeinsinn und das Gemeinwohl innerhalb und ausserhalb der Familie und hat mir da und dort geholfen, die Schranken zu öffnen. Ein inniger Dank geht auch an meine beiden Töchter Muriel und Stefanie, die mit ihren Ehegatten Philippe und Ezio sowie ihren fünf Kindern auf dem Court des Lebens ihren Weg erfolgreich gehen.

Zurück zum Tennis. Tennis bleibt eine weltumspannende, faszinierende Sportart, spielerisch und aufwühlend zugleich. Gerade deshalb kommen Global Players ins Spiel, Konzerne oder ganze Staatengebilde. Die beiden Basel zählen eine halbe Million Einwohner, eine provinzielle Grösse im Vergleich zu Weltmetropolen wie New York, London, Paris, Tokio oder Shanghai. Man weiss ja: Je kleiner ein Land, desto grösser das Ausland. Die Folge davon: Privatinitiative und Risikobereitschaft reichen nicht mehr in jedem Fall aus, den Erfolg zu pachten. In der Sammlung für morgen sind auch die Wirtschaft und Politik angesprochen. Basel macht von dieser Regel keine Ausnahme.

Was lehrt uns die Geschichte? Im Wandel der Zeit hätte es nicht auch noch eine Pandemie gebraucht, um diesen Reformdruck zu verstärken. Der sicherste Weg, die Zukunft zu sehen, ist das Verstehen der Gegenwart. Alle Art von Luxus wurde zum Selbstverständnis. Es führt zu immer mehr Ballyhoo und zu immer weniger Wertschätzung, zu einem Verfall der Sitten und der Satten.

Vor diesem Hintergrund stellt sich die Frage, wie es wohl weitergeht. Bei der Aufarbeitung der Turniergeschichte ist mir eines aufgefallen: Im Treibhausklima dieser Welt mit den Swiss Indoors einen festen Platz zu behaupten, ist nicht ganz einfach. Aber auch nicht unmöglich…

Roger Brennwald
Präsident Swiss Indoors Basel

INHALT

50 JAHRE ODYSSEE
Editorial Roger Brennwald 2

DIE BALLONJAHRE
1970–1973
1970 Als Brennwald an die Hände fror 9
1971 Ein falscher Sieger – für 24 Jahre 13
1972 Neues bei den Old Boys 17
1973 Abschied von der Ballonhalle 19

DIE WANDERJAHRE
1974–1976
1974 Ein Wimbledon-Halbfinalist schlägt auf 23
1975 Nastase begeistert in der neuen St. Jakobshalle 29
1976 Jan Kodes, ein Wimbledonsieger als Champion 33

BORG-SAGA
1977–1980
1977 Brennwalds Besuch in Borgs Garderobe 37
1977 Borg brilliert und bewegt die Massen 41
1978 McEnroe und Vilas verschieben Grenzen 45
1979 Borg im Pech, Gottfried und Kriek glänzen 51
1980 Lendl ringt Borg nieder – die Sportwelt staunt 53

RISING STARS
1981–1984
1981 Lendl verteidigt Titel mit eiserner Faust 61
1982 Noah holt Schwung für Roland Garros 63
1983 Gerulaitis siegt ohne Matchball 67
1984 Nyström schafft das Schweizer Double 71

EDBERG-DYNASTIE
1985–1988
1985 Ein untypischer Schwede bricht durch 75
1986 Noah missglückt die Final-Revanche 77
1987 Agassi gibt fulminantes Debüt, Noah profitiert 83
1988 Das lange Warten auf Connors hat sich gelohnt 87

Inhalt

OUTSTANDING CHAMPIONS
1989–1993
1989 Courier beendet Edbergs Serie — 91
1990 McEnroe kehrt zurück vom Abgrund — 95
1991 Hlasek krönt seine Karriere — 99
1992 Becker gibt sich die Ehre — 101
1993 Stich lanciert den Gipfelsturm — 105

STERNSTUNDEN
1994–1995
1994 Die Geburtsstunde eines neuen Turniers — 109
1995 «Championship of Champions»: Die Basler Starparade — 113
1995 Courier hält durch und doppelt nach — 117

ENGLISH, PLEASE
1996–2001
1996 Sampras, der Eroberer — 123
1997 Waterloo und Happyend — 125
1998 Turnier der Superlative — 129
1999 Bis zum späten Ende — 131
2000 Zwei Teenager begeistern — 135
2001 Das grosse Favoritensterben — 139

DIE ARMADA
2002–2005
2002 Nalbandian gibt Vollgas — 141
2003 Der Final, der nicht war — 143
2004 Showtime und Olympiasieger — 145
2005 Synergien hinter der Grundlinie — 149
2005 Murray und «El Bombardero» — 153

DER HATTRICK
2006–2008
2006 Erlösung im 7. Anlauf — 155
2007 Spielend zur Titelverteidigung — 161
2008 Federer wie Edberg — 163

DER AUFSTIEG
2009–2011
2009 Der grösste Schritt der Turniergeschichte — 167
2009 In neuen Dimensionen — 171
2010 Ein Abschied, der schmerzt — 175
2011 Die bestandene Reifeprüfung — 181

DIE TITANEN
2012–2016
2012 Der Turm aus Tandil — 185
2013 Die verpasste Revanche — 187
2014 Magic Opening mit Paul Anka — 193
2015 Die Mutter aller Duelle — 195
2016 Wie am US Open — 201

DIE VERWANDLUNG
2017–2020
2017 Und die Welt schaut zu — 205
2017 Drei Jahre für ein Schmuckstück — 209
2018 Die «Next Gen» kommt — 213
2019 Partytime — 215
2020 Der Ball ruht — 219

DIE ECKPFEILER
Spieler — 221
Fans — 223
Sponsoren — 225
Medien — 227
Organisation — 229
Arena — 231

STATISTIKEN 1970–2020
Alle Spieler — 233
Alle Resultate — 239
Alle Finals Einzel — 244
Alle Finals Doppel — 246

CHRONIK — 248

IMPRESSUM — 252

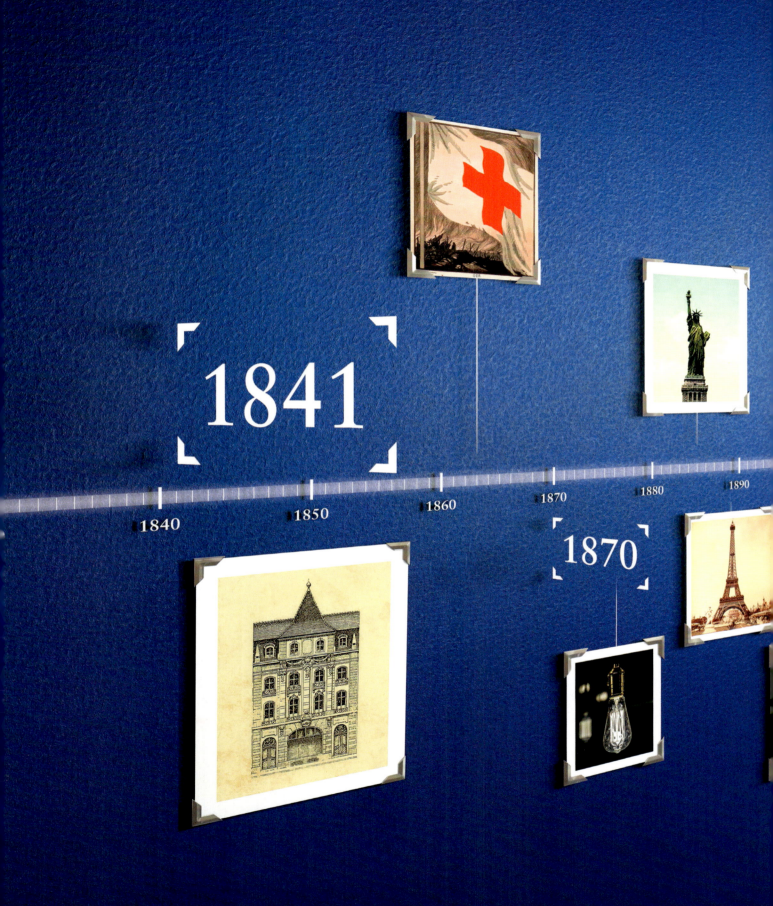

Game, Set, Match:
25 Jahre im Doppel

Die Bank J. Safra Sarasin gratuliert zu 50 Jahren Swiss Indoors
und ist stolz, seit 25 Jahren mit Swiss Indoors im Doppel zu spielen.

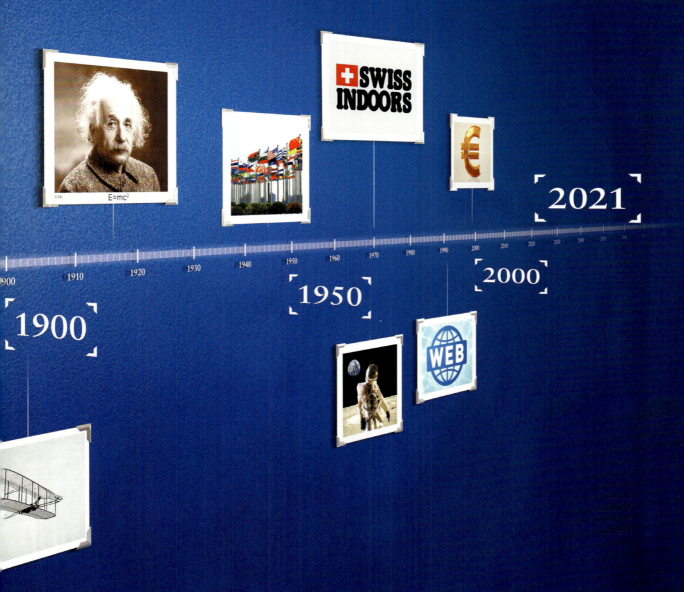

 J. SAFRA SARASIN

Nachhaltiges Schweizer Private Banking seit 1841

WO BASEL GESCHICHTEN SCHREIBT.

Reinschauen & entdecken

www.reinhardt.ch

reinhardt

Die Ballonjahre 1970–73

DIE BALLONJAHRE

1970
ALS BRENNWALD AN DIE HÄNDE FROR

Die ersten vier Turniere der Swiss-Indoors-Geschichte werden in einer bescheidenen Ballonhalle ausgetragen. Zuerst in Muttenz, dann in Basel.

Die Geschichte der Swiss Indoors beginnt mit einer Anekdote. Ein 22-jähriger Basler Devisenhändler namens Roger Brennwald, der in den Sommermonaten gelegentlich im TC BIZ Tennis spielt, wird im Winter 1967/68 von Geschäftskollegen zu einem Doppel in der Mustermesse eingeladen, der einzigen in Basel zur Verfügung stehenden Halle. Er friert bei minus zwei Grad an die Hände, der Asphaltboden nervt ihn, die Bälle verspringen auf den Dolendeckeln, sind bald voller Karrenschmiere, und auch das an eine Disco erinnernde Dämmerlicht stört ihn. Er versteht nicht, dass in Basel im Winter nur eine einzige Tennishalle zur Verfügung stehen soll – wo sie doch fast immer ausgebucht ist.

Mit einem befreundeten Tenniscrack aus der Region, Edgar Huwyler, und einem Militärdienstkollegen namens Markus Gysin heckt er einen zuerst ziemlich verrückt erscheinenden Plan aus: Für 40'000 Franken, die er bei der Genossenschaftlichen Zentralbank aufnimmt, und 20'000 Franken Erspartem kauft er in Schweden eine Traglufthalle der Marke Barracuda, um den stark beschränkten Spielmöglichkeiten im Winter Abhilfe zu schaffen.

Nur: Wohin damit? Kontakte bestehen zum Tennisclub VSK Muttenz, dem späteren Tennisclub Coop. Es bedarf einer Menge Geduld, Hartnäckigkeit und Überzeugungskraft, unzähliger Briefwechsel, vieler Diskussionen und Brennwalds Kontakten zur Coop-Generaldirektion, bis die Aufstellbewilligung erteilt wird. Im Herbst 1969 steht sie dann endlich, die legendär gewordene Ballonhalle – auf dem Areal des TC Coop Schweiz beim Genossenschaftlichen Seminar in Muttenz, nach einer dreitägigen Aufbauzeit und für eine Mietgebühr von 4000 Franken.

1 Erster Schweizer Finalist der Turniergeschichte: Ernst Schori.

Mann der ersten Stunde: Der 2016 verstorbene Basler Matthias Werren schlägt bei der Premiere auf.

Die Ballonjahre 1970–73

1 Mit links: Klaus Berger, der erste Sieger der Turniergeschichte.

2 Nicht zu bremsen: Berger nach dem Halbfinal beim Shake-Hands mit Kuner.

Das Barracuda-System erweist sich allerdings als ziemlich kompliziert: Das Fundament besteht aus 220 Kilogramm schweren Betonklötzen, die nur mithilfe eines Kranwagens bewegt werden können. Die Beleuchtung ist nicht über alle Zweifel erhaben, und die kräftigen Novemberstürme lassen die Halle immer wieder zusammenbrechen. In mühsamen nächtlichen Feuerwehrübungen wird sie jeweils neu aufgestellt.

Aus dem Trio wird bald ein Duo, da Markus Gysin das Abenteuer aufgibt. Brennwald dagegen entschliesst sich an einem langen Winterabend im Jahr 1969, ein Tennisturnier zu veranstalten – den Barracuda-Cup. Es ist die Geburtsstunde der Swiss Indoors. Brennwald ist für Spielerverpflichtung, Finanzen und Werbung zuständig, Huwyler für Technik und Organisation.

Zu diskutieren gibt zuerst die grundsätzliche Frage, ob die Veranstaltung Anfang April 1970 als Hallen- oder Freiluft-Turnier betrachtet werden soll. In den «Basler Nachrichten» steht: «Die Wettkampfstätte bietet wohl Schutz gegen Kälte und Nässe, im gummigen Innern der Halle präsentieren sich aber den Teilnehmern ausgesprochene Freiluftverhältnisse, welche in erster Linie durch das rostrote Terrain bedingt sind, auf dem die Bälle in Outdoor-Manier auftreffen. Deshalb kann der Barracuda-Cup als das eine oder das andere angesehen werden.» Nebst der Eigenart des Austragungsplatzes ist auch der Spielmodus gewöhnungsbedürftig.

Ausser in den Finals der drei Kategorien «Damen A/B», «Herren A/B» und «Herren C/D» wird nicht um Sätze gekämpft, sondern auf neun Gewinnspiele.

Als Hauptevent gilt die Kategorie «Damen A/B», in der Evagreth Emmenegger im Halbfinal gegen die ehemalige Schweizer Meisterin Ruth Kaufmann vier Matchbälle abwehrt. Sie gewinnt danach auch das Endspiel gegen Janine Bourgnon, die Verbandsverantwortliche im Schweizer Frauentennis, in drei Sätzen.

Für heutige Verhältnisse Unvorstellbares ereignet sich in den Turnieren der Männer. Mitveranstalter Edgar Huwyler sorgt vor etwa 50 Zuschauern für eine kleine Sensation, indem er sich

Die Ballonjahre 1970–73

bis in die Halbfinals spielt. Im Endspiel gewinnt der für Tennisbegriffe sehr unkonventionell gekleidete Deutsche Klaus Berger – in ausgebeulten Blue Jeans und einem blauen Wollpullover – gegen den topgesetzten ehemaligen Schweizer Meister Ernst Schori 6:3, 6:1. Als Siegespreis wird dem Fernsehtechniker aus Südbaden eine vergoldete Armbanduhr im Wert von 300 Franken überreicht. Eine Prämie, die Brennwald seinem Onkel zu verdanken hat, dem die Uhrenmarke Zodiac gehört. Schori wird für sehr lange Zeit der einzige Basler Finalist bleiben.

Die Organisation des Turniers ist überschaubar. So findet Roger Brennwald sogar Zeit, in der Kategorie «Herren C/D» mitzuspielen – er gewinnt das Endspiel in drei Sätzen. «Aber eigentlich hatte ich mit Tennis nicht viel am Hut», sagt Brennwald, ein mehrfacher Handball-Nationalspieler und eines der grössten Fussball- und Leichtathletiktalente der Region. Seit er im Sommer 1969 mit 23 Jahren im italienischen Milano Marittima an Brucellose erkrankt ist, einer bakteriellen Infektion, ist für ihn an aktiven Spitzensport aber nicht mehr zu denken. Ein schicksalhaftes Ereignis, ohne das es die Swiss Indoors kaum geben würde. Denn nun hat Brennwald Zeit, selber Sportevents zu organisieren.

1971

EIN FALSCHER SIEGER – FÜR 24 JAHRE

Die zweite Auflage heisst offiziell «Hallenmeisterschaft Coop um den Braun synchron Cup» und findet Ende März erneut in der Ballonhalle in Muttenz statt. Ein Frauenturnier gibt es nicht mehr, denn die gesamte Schweizer Elite bereitet sich in Südfrankreich auf die Freiluft-Saison vor und ist unabkömmlich. Dafür nehmen die Veranstalter einen Doppelwettbewerb ins Programm auf; allerdings nur für die tiefen Klassierungen. Offiziell werden die Doppelkonkurrenzen deshalb erst ab 1976 zu den Swiss Indoors gehören.

Im Einzel ist das Teilnehmerfeld wesentlich stärker besetzt als im Vorjahr. Die Liste der Gesetzten

1 Übersehener Champion: Jiri Zahradnicek, der Sieger der zweiten Turnierauflage.

Alle Achtung: 50 Jahre ganz grosses Tennis!

Wie soll man die Swiss Indoors Basel nach 50 Jahren noch gebührend loben? Weit über das **Lendl** hinaus bekannt, steht dieses Turnier als felsenfeste **Borg** an der Spitze der ATP Tour. „Wir haben nichts zu **Becker**n", wäre zu wenig gesagt. Den schieren **Edberg** von Auszeichnungen aufzählen? **Noah**, das dauert zu lange. Nach mehr als einem Jahrzehnt der Partnerschaft schreiben wir deshalb mit spitzer **Federer** diesen Gruss, gratulieren ganz herzlich – und geben allen Lesern noch einen **Dibbs**: Sharp lässt Sie nicht im **Stich**!

www.sharp.ch

Be Original.

Die Ballonjahre 1970–73

1 Abgesprungen: Der Exil-Tschechoslowake Petr Kanderal steht 1971 im Halbfinal.

2 Glücklos: Davis-Cup-Spieler Tim Sturdza kann in Basel nie in die Entscheidung eingreifen.

umfasst neben Theodore «Thedy» Stalder, der Nummer 2 der Schweiz, den in Zürich lebenden Holländer Jan Coebergh, Titelverteidiger Klaus Berger, den jungen Churer Rico Casparis, die Basler Ernst Schori und Hansruedi Baumann sowie die beiden für den TC Chur spielenden Exil-Tschechoslowaken Petr Kanderal und Jiri Zahradnicek. Gespielt wird wieder auf Sand und in den Vorrunden auf neun Games. Erst die Halbfinals und das Endspiel sind auf zwei Gewinnsätze angesetzt.

Schon die Viertelfinals bringen hochklassigen Sport. «Gesamthaft gesehen kann die Hallenmeisterschaft als grosser sportlicher Erfolg mit einer ausserordentlichen Dichtheit von sehenswerten Partien bezeichnet werden», schreiben die «Basler Nachrichten». Und die «National-Zeitung» schwärmt: «Es gab alles zu bewundern, was gutes Tennis auszeichnet: Schönheit der Bewegungen, spektakuläre Schläge in allen Variationen, kluge und witzige taktische Einfälle, Spannung, Dramatik und athletische Leistungen.» Mit Bedauern hält der Berichterstatter fest, dass sich das Publikum nicht gerade in Scharen eingefunden habe, obwohl es so gutes Tennis in einer solchen Fülle in Basel selten zu sehen gebe. Die Organisatoren zählen nur gerade 300 Zuschauer für das dreitägige Turnier, aber immerhin sechsmal mehr als bei der Premiere.

Die Entdeckung des Turniers heisst Zahradnicek. Der 23-jährige Tschechoslowake eliminiert mit spielerischer Leichtigkeit den Topfavoriten Stalder und setzt sich auch im Endspiel gegen den Deutschen Helmut Kuner durch, wobei er davon profitiert,

dass seinem Gegner zwischen Halbfinal und Final nur eine 20-minütige Pause zugestanden wird.

Dankend nimmt Zahradnicek den Siegerpreis von 500 Franken entgegen. In den nächsten Jahren geht sein Turniersieg allerdings aus unerfindlichen Gründen in den Statistiken verloren: Stets wird dort Kuner als Sieger geführt. 24 Jahre lang bleibt der Fehler unerkannt, bis im Frühling 1995 Roger Brennwald zum Telefonhörer greift und sämtliche ehemaligen Gewinner für das 25-Jahr-Jubiläum einladen will.

Er ist baff, als Kuner sagt, er gehöre gar nicht zu den Siegern: «Jiri Zahradnicek hat doch damals gewonnen!» Brennwald ruft Zahradnicek in Zürich an. «Stimmt es, dass du 1971 bei uns gewonnen hast?» «Natürlich, ich erinnere mich gut – besonders, wenn ich jeweils ans Turnier komme.» «Aber dann hast du doch sicher bemerkt, dass ein falscher Sieger aufgeführt wurde? Dein Name taucht ja nirgendwo auf!» Darauf Zahradnicek: «Das macht doch nichts. Ich weiss ja, dass ich das Turnier gewonnen habe.»

Offensivspektakel: Petr Kanderal und Matthias Werren (oben) duellieren sich am Netz.

Die Ballonjahre 1970–73

1972
NEUES BEI DEN OLD BOYS

Nach den zwei erfolgreichen Turnieren regt sich bei einigen Mitgliedern des TC Coop Schweiz Widerstand – und vermutlich auch ein wenig Neid – gegenüber den eingemieteten Gästen mit ihren Hallenmeisterschaften. Roger Brennwald und Edgar Huwyler wird das Leben schwer gemacht und schliesslich sogar die Bewilligung für das Aufstellen der Halle verweigert. Sie wissen sich aber zu helfen und weichen mit ihrer Halle auf das Areal des TC Old Boys aus. «Die 3. Internationale Hallentennis-Meisterschaften von Basel» wird Mitte März zum Abschluss der Wintersaison zum bisher spektakulärsten Anlass der zwei Veranstalter, die mit ihren Ideen Leben ins starre und schematisierte schweizerische Turnierwesen bringen.

Ausser Landesmeister Stalder ist die komplette Schweizer Gilde am Start, mit noch heute bekannten Namen wie Tim Sturdza, Petr Kanderal, Matthias Werren, Rolf Spitzer, Michel Burgener, Fredy Blatter und Franky Grau. Daneben sind auch die beiden süddeutschen Spitzenspieler Klaus Berger und Helmut Kuner angekündigt sowie Vorjahressieger Zahradnicek und Kanderal. Ein Teilnehmerfeld, das alles in den Schatten stellt, was man im lokalen Bereich in den letzten Jahren zu sehen bekommen hat.

Erstmals sind die Veranstalter während des Turniers, das jetzt 24 Teilnehmer umfasst und vier Tage dauert, aber etwas vom Pech verfolgt: Kuner sagt wegen einer Erkrankung ab, und wenige Minuten vor Spielbeginn wird klar, dass auch der Lausanner Grau nicht antritt – ohne Begründung. Anstelle Kuners darf der Basler Tennismeister Leonardo Manta einspringen, der während des Winters praktisch nicht trainiert hat und sich aus dem Turniersport zurückziehen will. Prompt sorgt Manta für eine grosse Überraschung, indem er im Achtelfinal Titelverteidiger Zahradnicek 11:10 eliminiert.

Gespielt wird schon wieder mit einer neuen Formel: Vorrunde und Achtelfinals auf elf Games mit einem Tiebreak bei 10:10, ab den Viertelfinals Best-of-3 mit Tiebreak beim Stand von 6:6. Auch diese Neuerung deutet darauf hin, dass das Turnier Schritt für Schritt den international gültigen Regeln angepasst wird.

---

1 Aggressiv und offensiv: Trotzdem scheitert Sturdza 1972 an Blatter.

Wir sind Unternehmer.

Darum helfen wir mit unserem Betrieblichen Gesundheitsmanagement anderen Unternehmen Absenzkosten sparen – dies dank langfristig gesünderen Mitarbeitenden. visana.ch/bgm

Wir verstehen uns. visana

Die Ballonjahre 1970–73

Eine noch grössere Überraschung ist die Viertelfinal-Niederlage des mehrfachen Schweizer Meisters und Davis-Cup-Spielers Tim Sturdza gegen den jungen Zürcher Fredy Blatter, der am Netz überragend spielt. Nicht einmal Sturdzas Hauptwaffe – der Service – vermag die Niederlage abzuwenden.

Den Final erreichen Michel Burgener und Petr Kanderal, die doppelt gefordert sind, finden doch am Sonntag vorgängig auch die Halbfinals statt. Dennoch lassen die beiden das Endspiel zum Höhepunkt werden. Die «Basler Nachrichten» schreiben: «Beide Spieler konjugierten das Verb ‹Tennis› in den Haupt- und Nebenformen mit selten gesehener Sicherheit und zeigten einen Dialog von ausserordentlicher Dichte, der nur selten von ärgerlichen Fehlern unterbrochen wurde.»

Beide Finalisten begeistern das Publikum, und vor allem der Westschweizer Sieger Burgener verblüfft mit der Dynamik seiner Schläge und seiner speziellen Technik, sowohl mit der linken als auch mit der rechten Hand Vorhandschläge zu spielen.

1973
ABSCHIED VON DER BALLONHALLE

1 Erster Schweizer Sieger: Michel Burgener schlägt im Final 1972 Kanderal.

2 Turnierüberraschung: Leonardo Manta wird 1973 erst im Final gestoppt.

«Das beste Turnier, das es in Basel je gab», titeln die lokalen Zeitungen 1973 bereits in den Vorschauen auf die «4. Hallentennis-Meisterschaften von Basel». Ausser den zwei aktuell stärksten Spielern des Landes, Sturdza und Kanderal, sowie einer grossen Auslese von Schweizer Spitzen- und Nachwuchsspielern haben sich auch hochkarätige ausländische Akteure angemeldet. Allen voran der Franzose Jean-Claude Barclay, der Amerikaner Eric Mann sowie die in Basel bestens bekannten Deutschen Berger und Kuner. Dagegen fehlt Vorjahressieger Burgener, der mitten in Examen steht.

Es sind nicht nur die 2500 Dollar Preisgeld, die so starke Spieler nach Basel locken. Das Turnier besitzt bereits eine gewisse Tradition und Anziehungskraft. Zudem bildet der Anlass die letzte Turnierstation des «Grand Prix Suisse», was ein Zeichen dafür ist, dass auch der Schweizerische Tennisverband die Wichtigkeit des Basler Turniers erkannt hat.

Die Ballonjahre 1970–73

1 Fachsimpeleien: Der Franzose Jean-Claude Barclay mit Juge-arbitre Joe Emmenegger.

2 Objekt mit Sammlerwert: Den Siegerpokal von 1973 präsentieren 22 Jahre später Edgar Huwyler und Georges Beer aus dem früheren OK.

Die Organisatoren haben aus den Erfahrungen des Vorjahres die Lehren gezogen und präsentieren eine Warteliste, falls jemand absagen sollte. Und tatsächlich: Der Lausanner Jacques Michod muss für den Franzosen Thamin einspringen. Der 31-jährige Favorit Barclay dominiert das Turnier, das von 1000 Zuschauern besucht wird, fast nach Belieben.

Die Schweizer hinterlassen einen guten Eindruck. Allen voran Leonardo Manta. Unbelastet spielt er sich bis in den Final, wo er als krasser Aussenseiter eine ehrenvolle Niederlage bezieht (3:6, 5:7). Manta schlägt auf dem Weg ins Endspiel den starken US-Amerikaner Mann, schafft im Achtelfinal ein Husarenstück mit der Eliminierung des Hallenmeisters Sturdza, bezwingt auch Spitzer und im Halbfinal den zur deutschen Elite zählenden Waldemar Timm.

Leistungen dieser Güte erlebt man am Rheinknie sonst höchstens noch am A-Final der Basler Meisterschaften. Die «National-Zeitung» betont: «Umso lobenswerter ist die Initiative der Veranstalter und ihren unermüdlichen Helfern zu werten, die Fastenzeit in baslerischen Tennisbelangen wenigstens einmal im Jahr etwas aufzulockern. Die Mühe hat sich erneut gelohnt, und man darf hoffen, dass sie auch in den kommenden Jahren an den Tag gelegt wird.»

Die «4. Hallentennis-Meisterschaften» sind das letzte Turnier im Barracuda-Ballon, mit dem alles begonnen hat – und damit auch das letzte der Swiss-Indoors-Geschichte, das auf Sand ausgetragen wird. Hinter den Kulissen bereitet Organisationschef Brennwald für das kommende Jahr den Umzug in die Mehrzweck-Halle von Reinach vor.

Die legendäre Ballonhalle wird übrigens Jahre später ein trauriges Ende finden: Ein 13-Jähriger wird sie in einem Vandalenakt zerschneiden. Schuldig gesprochen wird aber nicht er, sondern Brennwald – er hätte seine Halle unzugänglich absperren sollen.

Grenzen sprengen.

Inspiring Solutions
Mit unserer neuen SYMA Blackbox werden kleine Räume ganz gross. Auf einer Fläche von nur 25 Quadratmetern sprengen wir nicht nur räumliche sondern auch zeitliche Grenzen. Bieten Sie Ihren Kunden live ein Virtual Reality Erlebnis ohne Brille und im persönlichen Visavis.

www.syma.com

Die Wanderjahre 1974–76

DIE WANDERJAHRE

1974
EIN WIMBLEDON-HALBFINALIST SCHLÄGT AUF

Von Reinach in die brandneue St. Jakobshalle und zurück. Die Bedeutung des Turniers wächst, erste Weltstars treten auf.

1 Festes Dach über dem Kopf: Die Fiechtenhalle in Reinach 1974.

Die legendäre Barracuda-Ballonhalle dient ab 1974 wieder ausschliesslich ihrem ursprünglichen Zweck, der Vermietung von Tennisstunden. Sie steht jetzt auf der Schützenmatte, was ein Verdienst der Beziehungen von Kunsteisbahn-Direktor Dölf Pestoni ist. Pestoni selber wird aber nicht dadurch in die Turniergeschichte eingehen, sondern als langjähriger und sehr beliebter Speaker, als «Stimme der Swiss Indoors».

Brennwalds fünftes Turnier steigt derweil an einem neuen Standort: Gespielt wird in der Fiechtenhalle in Reinach. Der Umzug ist unumgänglich geworden. Die «5. Internationale Hallentennis-Meisterschaft von Basel» – die alljährliche Namensänderung ist beinahe schon Tradition – ist kein regionaler Sportanlass mehr, sondern ein viertägiger Wettkampf mit internationalem Charakter. Die Fiechtenhalle fasst 800 Zuschauer, viermal mehr als der Ballon, was andere Einnahmemöglichkeiten eröffnet. Diese sind auch dringend nötig, weil das Preisgeld von 2500 auf 10'000 Franken erhöht worden ist und das Budget schon rund 30'000 Franken beträgt. Ziemlich genau die Hälfte davon fliesst ins Preisgeld sowie in die Garantiesummen der ausländischen Teilnehmer. Etwa ein Drittel wird durch Werbeeinnahmen hereingespielt, der Rest durch Zuschauereinnahmen.

Die Wanderjahre 1974–76

Turnierchef Roger Brennwald ist praktisch das ganze Jahr über auf Draht: Am Telefon und an Sommerturnieren kontaktiert er Spieler, wobei er sich längst nicht mehr auf die Schweizer Spitze konzentriert, sondern auch ausländische Könner verpflichtet. Das Telefon ist dabei sein Hauptwerkzeug. Dank der grossen Ausstrahlung des Turniers geht es vor allem darum, ein geeignetes Datum zu finden und sich mit den Spielern finanziell zu einigen. So wissen die Turnierveranstalter rechtzeitig, dass die Besten auf Weltniveau in Europa zwar Woche für Woche in irgendwelchen Metropolen zum Einsatz kommen, der Termin in der zweiten Februarwoche aber noch unbesetzt ist.

Schliesslich übertrifft die Qualität des Teilnehmerfelds alle bisherigen Schweizer Hallenveranstaltungen. Mit dem Engländer Roger Taylor, der in Wimbledon schon dreimal die Halbfinals erreicht hat, dem mehrfachen französischen Meister François Jauffret, dem österreichischen Meister Hans Kary und dem deutschen Hallenmeister Frank Gebert sowie den besten Schweizern Tim Sturdza und Petr Kanderal sind die Nummern 1 von England, Frankreich, Österreich, Deutschland und der Schweiz in der Fiechtenhalle am Start. Die Schweizer Gilde wäre sogar lückenlos vertreten, hätten nicht Matthias Werren und Jiri Zahradnicek vergessen, sich anzumelden.

1 Zweite Finalniederlage: Petr Kanderal gratuliert Roger Taylor.

2 Ein Hauch von Wimbledon: Taylor wird zum ersten britischen Sieger.

Insgesamt 4000 Zuschauer erleben während den vier Tagen Tennissport auf höchstem Niveau sowie ein Endspiel zwischen Roger Taylor und Petr Kanderal. Dieser erlebt nach einem 4:6, 4:6 auch seine zweite Siegerehrung als Verlierer.

Mit diesem hochkarätigen Teilnehmerfeld und den erstklassigen sportlichen Leistungen sind die Organisatoren nach eigener Einschätzung an eine Grenze gestossen. Promoter Roger Brennwald bezweifelt, die Qualität des Turniers 1975 erneut steigern zu können. Noch mehr internationale Könner zu verpflichten, sei finanziell kaum mehr zu verkraften. Und überdies sei ein Mindestpreisgeld von 25'000 Dollar nötig, und das sei ohne Sponsoren nicht aufzubringen.

PEUGEOT SPORT ENGINEERED ///

DER NEUE 508 SW PSE

PIONEERING PERFORMANCE AGAIN*

360 PS - 4x4 - 46 g/km CO_2

*ERFINDET PERFORMANCE WIEDER NEU

PEUGEOT EMPFIEHLT TOTAL Der neue 508 SW PEUGEOT SPORT ENGINEERED HYBRID4 360 e-EAT8: Verbrauch kombi (WLTP): 2,0 l + 16,6 kWh/ 100 km, CO_2-Ausstoss kombiniert (WLTP): 46 g/km, Energieeffizienzkategorie: A

Konzentriert bis in die Fingerspitzen: Ilie Nastase ist auch im Doppel Weltklasse.

Die Wanderjahre 1974–76

1975
NASTASE BEGEISTERT IN DER NEUEN ST. JAKOBSHALLE

Die Swiss Indoors haben sich inzwischen über die Landesgrenzen hinaus Respekt verschafft. 1975 eröffnen sie als erste Turnierstation den neu gegründeten Europa-Circuit der ATP (Association of Tennis Professionals), der 13 Turniere in zehn Ländern umfasst. Und sie müssen auch logistisch einen grossen Schritt nehmen, da sie in Reinach kein Gastrecht mehr erhalten – weil sonst der Turnunterricht hätte ausfallen müssen.

Die Swiss Indoors werden Anfang Februar zum ersten Grossanlass in der neuen St. Jakobshalle, deren offizielle Eröffnung dann im Herbst gefeiert wird. Sie heissen nun «Internationale Hallentennismeisterschaften der Schweiz» und haben mit Toni Müller einen Hauptsponsor bekommen. Brennwald und sein Team wagen erstmals den Versuch, das Tennisturnier mit einem vielfältigen und attraktiven Rahmenprogramm zu flankieren, um ein grösseres Publikum anzuziehen.

Zu diesem Showteil, der täglich um 19 Uhr beginnt und eine Stunde dauert, gehört von Montag bis Mittwoch ein Hallenfussball-Turnier um 10'000 Franken Siegprämie mit dem FC Basel, dem FC Nordstern, einer südbadischen Auswahl und den siegreichen Grasshoppers. Am Freitag steht der «Tennismatch der Giganten» zwischen Clay Regazzoni, dem Formel-1-Vizeweltmeister aus dem Tessin, und dem schottischen Ex-Weltmeister Jackie Stewart auf dem Programm, wobei Regazzoni 4:3 siegt, aber im Doppel mit Sturdza gegen Stewart und Santana danach verliert.

Am Samstag wird ein Schauturnen mit den Günthard-Boys und den Martschini-Girls präsentiert, und als krönender Abschluss am Sonntag der Handballmatch zwischen der Schweiz und der weltbesten Clubmannschaft, dem VfL Gummersbach.

Im Rückblick bezeichnet Brennwald die Woche als «einen Flop». Statt der kalkulierten 15'000 Zuschauer strömen weniger als 7000 in die St. Jakobshalle, womit die tägliche Hallenmiete von 5000 Franken nicht refinanziert werden kann. Die Organisatoren machen bei einem Budget um 250'000 Franken ein Defizit von nahezu 50'000 Franken. Das Defizit ist zu gross, um zur Tagesordnung überzugehen – aber nicht gross genug, um die Organisatoren zu entmutigen.

1 Viele leere Ränge: Die Premiere in der St. Jakobshalle wird zum «Flop».

2 Stoppt auch Nastase: Der Tschechoslowake Jiri Hrebec gewinnt 1975.

3 Illustres Quartett: Clay Regazzoni, Manuel Santana, Jacky Stewart und Tim Sturdza.

Nachhaltig erfolgreich. Wir gratulieren zum Jubiläum.

Wir sind die zukunftsorientierte Bank der Schweiz. blkb.ch

Was morgen zählt

Die Wanderjahre 1974–76

«Wir beschäftigen über 250 Helfer, und die Vorbereitungen reichen bis weit ins letzte Jahr zurück. Es wäre schade, wenn alles umsonst gewesen wäre», sagt Georges Beer, der OK-Vizepräsident. Offenbar waren die Sportfans ganz einfach überfordert vom reich befrachteten Angebot.

Das Tennisturnier bringt allerdings eine besondere Attraktion: Die Auftritte von Weltstar Ilie Nastase, dem populärsten und eigenwilligsten Spieler der Tennisszene. Der heissblütige Rumäne hat schon Roland Garros und das US Open gewonnen und auch Rang 1 der Weltrangliste besetzt. Der 29-jährige «Nasty» schafft es in den Final, unterliegt dort aber dem Prager Jiri Hrebec 1:6, 6:7, 6:2, 4:6.

Das Endspiel wird vom Schweizer Fernsehen erstmals live übertragen, die St. Jakobshalle ist mit weniger als 3000 Zuschauern aber nicht einmal zur Hälfte voll. Neben Nastase kämpft eine Reihe weiterer Stars um das Preisgeld von 25'000 Dollar: Zum Beispiel der 37-jährige Spanier Manolo Santana, ein ehemaliger Wimbledonsieger, oder der Südafrikaner Cliff Drysdale, eines der Gründungsmitglieder der ATP und mehrfacher Grand-Slam-Sieger im Doppel. Auch für ihn ist Hrebec im Halbfinal zu stark.

1 Temperamentvoller Könner: Ilie Nastase (hinten) im Halbfinal gegen Mignot.

2 Haben gut lachen: Nastase mit Hauptsponsor Toni Müller.

3 Glückliches OK: Die Veranstalter mit René Mundwiler (links) und Roger Brennwald (Mitte) in einer ruhigen Minute.

Die Wanderjahre 1974–76

1976

JAN KODES, EIN WIMBLEDONSIEGER ALS CHAMPION

Von der St. Jakobshalle geht es wieder zurück nach Reinach. Die Fiechtenhalle ist inzwischen modernisiert worden und bietet jetzt 1700 Zuschauern Platz. Zudem geniessen die Swiss Indoors – wie die «Internationalen Hallentennismeisterschaften der Schweiz» jetzt auch offiziell genannt werden – nun wieder die Unterstützung der Gemeinde.

Der Wegzug aus der St. Jakobshalle war ein Entscheid der Vernunft. Die Finanzierung eines Turniers durch Sponsoren und Zuschauer erschien nicht mehr realistisch, zumal die Werbeflächen in Ganzjahresmieten vergeben worden waren und die Auflagen der öffentlichen Hand weitere Zusatzkosten mit sich gebracht hätten.

Doch selbst in Reinach befinden sich die Swiss Indoors in einer der kritischsten Situationen ihrer Geschichte. Bis ein paar Wochen vor Turnierbeginn fehlt ein Geldgeber, und ohne finanzielle Unterstützung ist das Turnier nicht mehr durchführbar. Die unmittelbare Zukunft des Anlasses ist bedroht.

Im letzten Moment taucht ein Retter auf: Heinz Merzweiler, Werbechef beim Schweizerischen Bankverein. Die Bank steigt als Hauptsponsor ein und startet damit eine Partnerschaft mit den Swiss Indoors, die 20 Jahre lang anhalten wird. Am Turnier selber landet Merzweiler einen in der Geschichte des Schweizer Sportsponsorings revolutionären Coup: Der Slogan «Sicher sein – Bankverein» wird an bester Stelle an der Stirnseite des Courts platziert, sodass er während der Fernsehübertragungen unübersehbar in die Stuben flimmert, ob das die TV-Leute wollen oder nicht.

1 Treibende Kraft: Heinz Merzweiler (rechts) vom Bankverein mit Regierungsrat Hans-Rudolf Striebel.

2 Doppelte Weltklasse: Frew McMillan (mit Schirmmütze) und Tom Okker (rechts) holen den ersten ihrer zwei Titel.

Die Wanderjahre 1974–76

1 Ein heisses Ticket: 1500 Zuschauer bilden eine stimmungsvolle Finalkulisse.

2 Mit Jan Kodes triumphiert der Wimbledonsieger von 1973.

3 So geht das: Tom Okker erteilt Nachhilfe.

Das Turnier ist damit gerettet und wartet in der ersten März-Woche erneut mit einigen Neuerungen und Premieren auf. Um die Spielbedingungen zu verlangsamen, lassen die Veranstalter einen Mateflex-Kunststoffbelag aufziehen. Dieser soll verhindern, dass viele der Partien zu den sattsam bekannten Serviceschlachten ausarten.

Die andere Neuerung ist die erstmalige Ausschreibung eines hochklassigen Doppel-Wettbewerbes, wodurch das Turnier eine bedeutende Aufwertung erfährt. Doppelkonkurrenzen sind für die Zuschauer in der überschaubaren Atmosphäre der

Fiechtenhalle, in der man praktisch am Spielfeldrand sitzt, besonders attraktiv; erst recht, wenn mit Frew McMillan, dem Südafrikaner mit der weissen Mütze als Markenzeichen, der weltbeste Spieler dieser Sparte am Start ist. McMillan muss allerdings auf seinen Standardpartner Bob Hewitt verzichten, der sich gerade am Knie operieren lässt. Tatsächlich vermögen die Doppelpartien die Zuschauer restlos zu begeistern, und am Schluss kommt es sogar zum Wunschfinal zwischen den siegreichen Okker/McMillan und Meiler/Crealy.

Das mit 30'000 Dollar Preisgeld dotierte Einzelturnier steht im Zeichen von Jan Kodes, der im Endspiel zweier Tschechoslowaken mit Jiri Hrebec den Titelverteidiger sicher schlägt (6:4, 6:2, 6:3). Hrebec hat auf dem Weg in den Final mit Pierre Barthès und Tom Okker zwei der stärksten im Feld eliminiert. Dennoch liegen die meisten Sympathien der 1500 Zuschauer bei Jan Kodes, dem Wimbledonsieger von 1973. Erstmals gewinnt mit ihm ein früherer Einzel-Grand-Slam-Sieger die Swiss Indoors.

Bringen neuen Wind ins Tennis: Björn Borg, Roger Brennwald.

Borg-Saga 1977–80

BORG-SAGA

BRENNWALDS BESUCH IN BORGS GARDEROBE

Björn Borg ist der erste Rockstar der Profiära. Er wird zum Glücksfall für Basel und führt die Swiss Indoors in ungeahnte Sphären.

Die Geschichte von Björn Borg und den Swiss Indoors beginnt mit einer Begegnung am Rand des French Open 1974, die Roger Brennwald heute als Schlüsselerlebnis der Turniergeschichte bezeichnet. «Borg war damals 18 und ich 27, als ich ihn in der Garderobe von Roland Garros aufsuchte und ansprach», erinnert er sich. «Er band sich gerade die Schuhe, und ich sagte: ‹Tut mir leid, wenn ich störe. Aber ich mache ein Turnier in Basel.›» Wo das denn sei, habe ihn Borg gefragt. «Ich sagte: In der Schweiz, am Rheinknie. Und fragte, was ich tun müsse, damit er auch komme.» Da müsse er schon mit seinem Manager sprechen, Ian Todd von der Agentur IMG, entgegnete ihm Borg, der in jenem Jahr sein erstes French Open gewann. «Aber machst du wirklich ein Turnier? Du bist ja noch so jung.»

Todd gab sich Brennwald gegenüber zuerst abweisend: «Björn kann an deinem Turnier nicht spielen. Das kennt ja kein Mensch. Aber wenn du willst, kannst du einen unserer Schaukämpfe organisieren.» Brennwald wollte. Und so kam es, dass er und sein Team im Jahr 1976 nach den Swiss Indoors in Reinach noch einen Tennishöhepunkt organisierten – einen sogenannten «Herausforderungskampf» zwischen Borg und Ilie Nastase. «Es ist ziemlich unvorstellbar, dass wir an offiziellen Turnieren in der Schweiz einen Star wie Björn Borg überhaupt einmal zu Gesicht bekommen werden», begründet Brennwald den Anlass – womit er sich aber täuschen sollte.

1 Wie ein Wikinger-Gott: Björn Borg mit seiner bestechenden doppelhändigen Rückhand.

Borg-Saga 1977–80

Schon die Ankündigung des Schaukampfes wirft hohe Wellen, denn sie fällt genau mit dem Tag zusammen, als feststeht, dass die beiden Stars das Endspiel in Wimbledon bestreiten werden. Bei der «Samsonite Challenge», zu der die Basler Veranstaltung gehört, handelt es sich um eine Dreierserie, bei der «Europas Nummer 1» ermittelt werden soll. Zwei Partien finden in Antwerpen und Lüttich statt, der Showdown beim Stand von 1:1 in Basel. Der Sieger soll gegen Ende des Jahres gegen Jimmy Connors antreten um den inoffiziellen Titel «Nummer 1 der Welt». Mit Borg und Nastase ziehen auch die 20-jährige englische Hoffnung Sue Barker und die 28-jährige Rosie Casals durch Europa. Die Amerikanerin gehört als langjährige Top-10-Spielerin und siebenfache Wimbledonsiegerin im Doppel und Mixed zu den Grössen im Frauentennis.

1 Aufmerksamer Zuhörer: Borg wird vom späteren Speaker Christoph Schwegler befragt.

2 Geglückter Schaukampf: Borg mit Dr. Guido A. Zäch, Georges Beer und Roger Brennwald.

Für den Showanlass mieten die Veranstalter wieder die St. Jakobshalle – und schaffen etwas, das nach dem mässigen Zuschaueraufkommen der Swiss Indoors 1975 kaum jemand für möglich gehalten hätte: Mit 7200 Zuschauern ist die Arena restlos ausverkauft. Es ist das weitaus grösste Publikum, das je in der Schweiz einen Tennismatch verfolgt hat. Schade nur, dass Nastase, der schon den Wimbledonfinal im Juli in drei Sätzen gegen Borg verloren hat, eine enttäuschende Darbietung liefert und 2:6, 4:6, 2:6 untergeht. Die Fans sind vom sportlichen Gehalt enttäuscht und müssen feststellen, dass zwei Superstars noch keine Garantie für einen unterhaltsamen Tennismatch bieten. Wettkampfstimmung kommt keine auf, und der Sinn solcher Schaukämpfe wird generell hinterfragt. Für die Spieler sind diese allerdings so problemlos wie lukrativ. Borg erhält als Sieger 10'000 Dollar, Nastase die Hälfte.

Prompt verbietet der Internationale Tennisverband ein paar Wochen später den Profis die Teilnahme an solchen Anlässen, um seine eigenen Turniere zu schützen. Die Veranstaltung in Basel, für die die Organisatoren der US-Vermarktungsfirma IMG 40'000 Dollar garantieren mussten, ist zumindest finanziell ein Erfolg. Bei Gesamteinnahmen von über 250'000 Franken ergibt sich ein Reingewinn von 125'000 Franken, der ungekürzt der Schweizerischen Paraplegikerstiftung zugutekommt.

In einer eigenen Liga: Borg überstrahlt die Swiss Indoors 1977.

Borg-Saga 1977–80

1977
BORG BRILLIERT UND BEWEGT DIE MASSEN

Was Brennwald noch im Jahr zuvor für unmöglich gehalten hat, wird bereits 1977 Tatsache: Björn Borg kommt wieder nach Basel, und diesmal nicht für einen Schaukampf, sondern für die Swiss Indoors, die erstmals Ende Oktober stattfinden. 1977 ist ein richtungsweisendes Jahr in der Turniergeschichte: Erstmals gehören die Swiss Indoors zum weltumspannenden, 70 Turniere umfassenden Grand-Prix-Circuit, aus dem später die ATP-Tour hervorgehen wird. Im Zuge dieses Aufstiegs wird das Preisgeld von 30'000 auf 50'000 Dollar erhöht.

Der nun 21-jährige Borg hat inzwischen schon 28 Turniere gewonnen, darunter zwei French Open und zwei Wimbledon, und ist die Nummer 1. Den Schweden umweht die Aura eines mystischen Superstars, sein Charisma zieht alle in den Bann. Er wirkt mit seinen langen Haaren wie ein nordischer Gott, und dass er kaum spricht, macht ihn nur noch geheimnisvoller. Auf dem Platz glänzt er mit einer unendlich scheinenden Geduld, mit unheimlicher Präzision und einer stoischen Ruhe, speziell in den entscheidenden Spielphasen.

Seine Ausstrahlung geht weit über das Tennis hinaus, einige Fans huldigen ihm wie einem Rockstar.

Borgs Auftritt ist für die Swiss Indoors ein Ritterschlag, der zeigt, dass sie aus eigener Kraft von einem regionalen Anlass zu einem Turnier der Weltklasse geworden sind, in nur sieben Jahren. Borg ist daran, das Tennis weltweit zu popularisieren, es

1 Ein Moment für die Ewigkeit: Ballboys werden nach dem Endspiel von Björn Borg mit Andenken geehrt.

2 Ratloser Verlierer: John Lloyd analysiert für Franz Baur den Final.

Ihr Sparringpartner auf dem Weg zum Erfolg

TESTOR TREUHAND

Wirtschaftsprüfung, Steuer- und Unternehmensberatung, Personalwesen
Révision, Fiscalité, Conseil aux entreprises, Ressources humaines
Assurance Services, Tax Advice, Consulting, Human Resources

CH-4051 Basel | Holbeinstrasse 48 | Telefon +41 61 205 45 45 | testor@testor.ch | www.testor.ch

Borg-Saga 1977–80

1 Zuschauerrekord: 16'000 Zuschauer kommen in die zweigeteilte St. Jakobshalle.

2 Schweizer Entdeckung: Der 18-jährige Heinz Günthardt fordert im Viertelfinal Borg.

vom Elite- zum Publikumssport zu verwandeln, und die Swiss Indoors geraten voll in den Sog dieser Entwicklung. Die Auftritte des Schweden sind für das Tennisfeuer in der Schweiz wie ein Brandbeschleuniger. Neue Kreise beginnen, sich dafür zu interessieren, sich mit seinen Regeln und Begriffen wie «Qualifying», «Wildcard» oder «ATP-Ranking» auseinanderzusetzen.

Borg zeigt auch in Basel, wie aussergewöhnlich er ist. Er gewinnt seine fünf Partien, ohne einen Satz zu verlieren. Zu einem Höhepunkt wird der Viertelfinal zwischen ihm und dem 19-jährigen Zürcher Heinz Günthardt, der überraschend Uli Pinner und Ray Moore bezwungen hat. Er zeigt auch gegen Borg eine starke Partie und begeistert seine Landsleute auf den Tribünen. Aber er ist gegen den kaum Fehler begehenden Schweden ebenso chancenlos wie dessen andere Gegner und unterliegt 4:6, 3:6.

Mehr als vier Games verliert Borg pro Satz in dieser Woche nie, auch nicht im Endspiel gegen den ungesetzten Briten John Lloyd. Die Zuschauerzahl in der St. Jakobshalle, die erstmals zweigeteilt ist und zwei Courts Platz bietet, verdoppelt sich von 8000 auf 16'000 – neuer Rekord.

Lip Boldly

REVLON
LIVE BOLDLY

Gal Gadot trägt Super Lustrous Lippenstift in **Fire & Ice.**

Super Lustrous™ Lipstick

Ausdrucksstark! Geschmeidige, feuchtigkeitsspendende Lippenfarbe in jeder umwerfenden Nuance, die man sich vorstellen kann.

Borg-Saga 1977–80

1 Explosiver New Yorker: McEnroe schlägt schon als 19-Jähriger in Basel auf.

1978
MCENROE UND VILAS VERSCHIEBEN GRENZEN

Gezeichnet von seiner Niederlage im US-Open-Final gegen Jimmy Connors, verzichtet Björn Borg auf eine Titelverteidigung in Basel. Die Swiss Indoors bilden inzwischen den Auftakt zur europäischen Hallensaison, was Vorteile mit sich bringt: Das Turnier kann nun Spieler verpflichten, die während des Sommers Aufsehen erregt haben. Zum Beispiel John McEnroe, der dieses Jahr am US Open die Halbfinals erreicht hat, nachdem ihm dies im Jahr zuvor schon in Wimbledon gelungen ist, damals als Qualifikant.

McEnroe ist das pure Gegenteil von Borg. Einerseits aggressiv, vorlaut, aufbrausend und oft die Grenzen des Anstandes überschreitend, andererseits genial, ideenreich, offensiv, kompromisslos angriffig und mit einem unnachahmlichen Ballgefühl begnadet. Der Linkshänder gibt dem «weissen Sport» ein neues, teilweise aggressives Gesicht, verleiht ihm damit aber neue Perspektiven. Auch in Basel sind die Zuschauer vom unberechenbaren Hitzkopf fasziniert, und der Rekord schnellt erneut hoch, von 16'000 auf 28'000 Fans.

varem

Immobilienentwicklung auf hohem Niveau

Bruderholz, Basel

Seit 10 Jahren engagieren wir uns persönlich für die ganzheitliche Entwicklung von Immobilien ab der Konzeptphase bis zum Verkauf. Wir legen Wert auf individuelle Qualität und bauen so, wie wir auch gerne wohnen möchten.

10 jahre

Aktuelle Neubauprojekte auf **www.varem.biz**

Borg-Saga 1977–80

1 Ausgetrickst: Der Argentinier Guillermo Vilas überlistet McEnroe im Final.

2 In typischer Pose: McEnroe reklamiert im Viertelfinal gegen Günthardt.

Gegenspieler des als Nummer 2 gesetzten McEnroe ist der topgesetzte Argentinier Guillermo Vilas. Der Weltranglistendritte gerät im Viertelfinal in Not, fällt gegen den deutschen Qualifier Rolf Gehring im Entscheidungssatz 1:4 zurück. Er rettet sich ins Tiebreak, gewinnt es und lässt im Halbfinal dem Polen Wojtek Fibak keine Chance. Auch McEnroe hat im Viertelfinal heikle Phasen zu überstehen: Er verliert gegen den gleich alten Heinz Günthardt den Startsatz, dreht dann aber auf und siegt 4:6, 6:3, 6:0.

Das Traum-Endspiel steht, es ist das erste zwischen zwei Linkshändern in Basel. Die Partie

wird als «Tennishit des Jahres» affichiert – und zum Spektakel. Der argentinische Sandplatz-Spezialist Vilas überrascht McEnroe mit einer für ihn ungewohnten Taktik: Er spielt offensiv und angriffig und hält den ungestümen Amerikaner mit seiner Athletik und seinem Kampfgeist in Schach.

Über vier Stunden lang bieten die beiden im bisher längsten Final der Turniergeschichte Tennis vom Feinsten. Selbst die Leute vom Schweizer Fernsehen sind begeistert und verlängern ihre Direktübertragung um mehr als eine Stunde. Vilas triumphiert schliesslich 6:3, 5:7, 7:5, 6:4 und schafft das «Schweizer Double», hat er im Sommer doch bereits in Gstaad gewonnen. McEnroe tröstet sich, indem er mit Fibak das Doppel gewinnt.

1978 wird zum ersten Jahr einer Institution, die auch beim 50-Jahr-Jubiläum noch besteht: Erstmals können dank eines Patronats 3000 Jugendliche gratis das Turnier besuchen.

Skeptisch: Guillermo Vilas betrachtet den Siegerpokal, dessen Form ihm fremd scheint.

CREDITREFORM
IMMER AUF DER SICHEREN SEITE

Beim Tennis muss man damit rechnen, hin und wieder ein Spiel zu verlieren. In der Wirtschaft hingegen kann man sich gegen Verluste schützen. Creditreform setzt sich für den Unternehmenserfolg von über 165'000 Mitgliedern ein – mit Bonitäts- und Wirtschaftsauskünften sowie Inkassodienstleistungen und Systemanbindungen aus einer Hand.

Wir gratulieren den Swiss Indoors zum 50-Jahr-Jubiläum.
Und freuen uns auf mitreissende Ballwechsel und spannende Matches.

Creditreform. Gemeinsam gegen Verluste.

Basel
info@basel.creditreform.ch

Bern
info@bern.creditreform.ch

Lausanne
info@lausanne.creditreform.ch

Lugano
info@lugano.creditreform.ch

Luzern
info@luzern.creditreform.ch

St.Gallen
info@st.gallen.creditreform.ch

Zürich
info@zuerich.creditreform.ch

Borg-Saga 1977–80

1979
BORG IM PECH, GOTTFRIED UND KRIEK GLÄNZEN

Ein Jahr später ist Björn Borg wieder da, und erneut schiessen die Zuschauerzahlen in die Höhe, von 28'000 auf 38'000. Der Schwede ist inzwischen je vierfacher Roland-Garros- und Wimbledonsieger, doch die Swiss Indoors bringen ihm dieses Jahr kein Glück. Schon in der zweiten Partie, gegen den Deutschen Peter Elter, verletzt sich der Weltranglistenerste an den Bauchmuskeln. Zwar erreicht er den Viertelfinal doch noch, tritt zu diesem aber auf Rat der Ärzte nicht mehr an.

Zum Profiteur wird Johan Kriek, der eben als «Newcomer des Jahres» ausgezeichnet worden ist und den Final erreicht. Auch in diesem zeigt der Südafrikaner eine starke Leistung, unterliegt aber dem favorisierten amerikanischen Netzstürmer Brian Gottfried vor 6000 Zuschauern in vier Sätzen.

Die Swiss Indoors sind dieses Jahr so stark besetzt, dass der Ausfall von Borg keine Schockwellen durch die St. Jakobshalle sendet. Obwohl das Turnier nur mit 75'000 Dollar dotiert ist, tauchen neben Borg, Gottfried und Kriek weitere prominente Namen in der Gesetztenliste auf. Etwa Eddie Dibbs, Eliot Teltscher oder Ivan Lendl, der erstmals hier antritt und von dem man ziemlich bald wieder hören wird.

In diesem Jahr unterliegt der Tschechoslowake noch im Viertelfinal einem 19-jährigen Franzosen namens Yannick Noah, der mit seiner lockeren Art und seinem einfallsreichen und kämpferischen Spiel schnell Sympathien gewinnt, den Finalvorstoss mit einer Dreisatz-Niederlage gegen Kriek aber verpasst. Und auch die Liebhaber des Doppels kommen wieder auf ihre Kosten, mit einem Endspiel zwischen den Weltklasse-Paaren Hewitt/McMillan und Gottfried/Ramirez.

1 Rasant unterwegs: Johan Kriek nutzt die Gunst der Stunde und stürmt in den Final.

2 Erster Sieger aus den USA: Brian Gottfried stoppt den Lauf von Kriek.

3 Zufriedene Gesichter: Halbfinalist Eddie Dibbs und Doppelfinalist Raul Ramirez.

INSULIN 100

Novo Nordisk und das Insulin: eine Innovationsgeschichte

1921 entdeckten Frederick Banting und Charles Best an der Universität von Toronto das Insulin.

Novo Nordisk ist seit dieser bahnbrechenden Entdeckung des Insulins wesentlich mit daran beteiligt gewesen, dass sich Diabetes von einer anfangs meist tödlichen zu einer gut kontrollierbaren Erkrankung gewandelt hat.

Heute stehen wir vor neuen Herausforderungen. Neben der Entwicklung von neuen Therapien gilt es vor allem, den Aufwärtstrend der Diabeteshäufigkeit und die damit verbundenen Folgen umzukehren.

Auf **www.novonordisk-und-das-insulin.ch** erfahren Sie mehr über die Erfolgsgeschichte des Insulins sowie den Beitrag und die Vision von Novo Nordisk.

Scannen Sie diesen QR-Code, um sich ein **Video** zu «Novo Nordisk und das Insulin: eine Innovationsgeschichte» anzusehen.

Scannen Sie diesen QR-Code, um direkt auf die **Webseite** zu gelangen.

Novo Nordisk Pharma AG
8058 Zürich

Borg-Saga 1977–80

1980
LENDL RINGT BORG NIEDER – DIE SPORTWELT STAUNT

19. Oktober 1980, Finaltag der Swiss Indoors. In der St. Jakobshalle trifft der fünffache Wimbledonsieger und Weltranglistenerste Björn Borg auf Ivan Lendl, den erst 20-jährigen neuen Kometen am Tennishimmel. Ein Traumfinal, der perfekt zum zehnjährigen Jubiläum passt, ein Wunschfinal der Veranstalter und Zuschauer. Es ist auch der Showdown der zwei dominierenden Spieler dieses Turniers: Borg hat auf dem Weg in den Final nur acht Games abgegeben, Lendl zwar deutlich mehr, ist aber ebenfalls noch ohne Satzverlust.

Und dann das: Der Aussenseiter aus der Tschechoslowakei gewinnt in einem denkwürdigen Match nach 3:08 Stunden 6:3, 6:2, 5:7, 0:6, 6:4. Es ist sein erster Sieg über den als beinahe unbezwingbar geltenden Schweden – und wird auch sein einziger bleiben in den sieben Duellen, die sie gegeneinander zu Ende spielen können (einmal, in Toronto, muss Borg verletzt aufgeben). Das Resultat verbreitet sich in Windeseile um die Erde und gilt als Sensation, die die Swiss Indoors erstmals ins Zentrum des Weltsports rückt.

1980 wird zum Jahr des Durchbruchs für Ivan Lendl. Der 20-jährige Prager gewinnt seine ersten sieben Turniere und führt sein Land mit Siegen über Argentiniens Guillermo Vilas und José-Luis Clerc ins Daviscup-Endspiel. In Basel, wo er als Weltranglistensiebter startet, gewinnt er seinen vierten grossen Titel. Innert acht Tagen hat er damit beide «Europameisterschaften» gewonnen; zuerst den Titel auf offenen Plätzen in Barcelona, jetzt auch jenen in der Halle, da die Swiss Indoors erstmals als «Hallen-Europameisterschaften» ausgeschrieben sind.

1 Wegweisend: Schiedsrichterlegende Frank Hammond leitet den Jahrzehntfinal.

2 Zuschauerboom: Basel wird 1980 erstmals zum Nabel der Tenniswelt.

Eine Frage des Stils.

Die einzige Leinenweberei in der Schweiz für die Hotellerie- und Gastronomie-Branche stellt seit 1872 erstklassige Textilien her und pflegt diese professionell.

Schwob ist die richtige Adresse für sämtliche Textillösungen und individuelle Werbegeschenke.

Schwob AG
Leinenweberei und Textilpflege
3401 Burgdorf
schwob.swiss

Borg-Saga 1977–80

1 Schwer in Fahrt: Schiedsrichter Frank Hammond an einer Turnierparty, Heinz Günthardt gefällts.

2 Auch mit dem Kopf stark am Ball: Björn Borg, für einmal völlig losgelöst.

Profi-Schiedsrichter Frank Hammond spricht vom «besten Turnier der Welt in dieser Kategorie; besser als mancher Anlass in höheren Preisgeldklassen». Dies ist ein Lob aus berufenem Mund: Der international anerkannte Profi kann sich seine Turniere aussuchen und geht nur an Orte, wo es ihm gefällt.

Was keiner ahnt: Für Borg wird dies für viele Jahre der letzte Auftritt in Basel bleiben. 1981 gewinnt er zwar noch einen letzten Grand-Slam-Titel in Paris, doch er spielt die Saison nach Finalniederlagen in Wimbledon und am US Open nicht konsequent zu Ende, und schon 1982 wird er seinem Sport den Rücken kehren. Als 26-Jähriger, der in seiner kurzen, mitreissenden Karriere das Tennis revolutioniert und Spuren hinterlassen hat wie kein anderer – speziell hier, in Basel.

Lendl ist den meisten Zuschauern noch nicht bekannt, und viele haben Mühe, sich mit seinem Spiel und seiner Ausstrahlung zu identifizieren. Seine Stärken sind die erstaunliche Ruhe und Übersicht. Jeder Schlag dient der Vorbereitung des Punktes; sei es die stereotyp überzogene Rückhand, die schnörkellos und technisch perfekt wirkt, sei es die Topspin-Vorhand, die jetzt schon zu den besten der Welt gehört. Genau wie Borg verzieht er keine Miene, aus seinem Gesicht mit den markanten Wangenknochen lässt sich nur eine gnadenlose Konsequenz und Hartnäckigkeit ablesen. Wenig überraschend erhält er denn auch den Übernamen «der Schreckliche».

Lendl startet 1980 eigentlich nur in Basel, weil um Borg Verletzungs-Gerüchte kursieren und die Organisatoren alles daransetzen, notfalls einen anderen Spitzenspieler als Zugpferd präsentieren zu können. Der «Traumfinal» hält restlos, was er versprochen hat, die beiden Stars spielen ihr bestes Tennis. Kein Punkt wird verloren gegeben, es wird mit den letzten taktischen Finessen gekämpft, jeder Ball wird bearbeitet. Tennis auf diesem hohen Niveau haben die Zuschauer in der Schweiz noch nie gesehen. Kein Wunder, steigt der Zuschauerrekord erneut, auf 49'100. Das Publikumsaufkommen hat sich damit versechsfacht seit 1976, als Borg noch nicht dabei war.

Die Bilanz in diesem Jahr könnte nicht besser sein: begeisternder Sport, ein Publikum, das mitreisst und sich mitreissen lässt, eine perfekte Organisation. Der ebenso beliebte wie beleibte

Eindringling mit finsterem Blick: Ivan Lendl mit Björn Borg nach einem geschichtsträchtigen Endspiel 1980.

Spannung a
höchstem N

Ein halbes Jahrhundert Spitzentennis in

50 Jahre Swiss Indoors heisst auch Super Monday, magische Momente und tolle Emotionen.
Wir gratulieren Roger Brennwald und dem Basler Turnier zu einem halben Jahrhundert Sportgesch
Grossen Dank für das Engagement in der Region Basel.

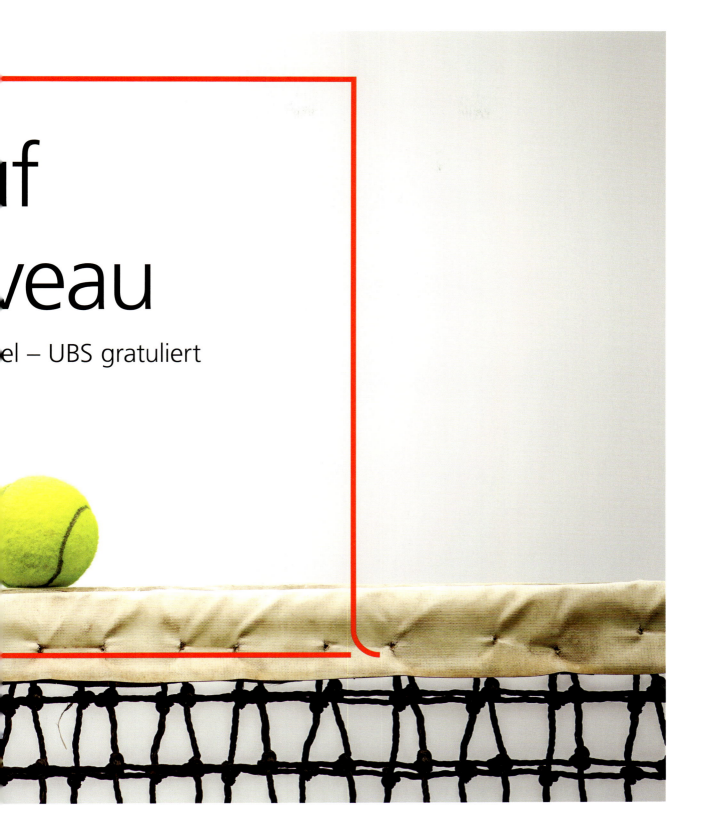

uf
veau

el – UBS gratuliert

SCAN & WIN

EIN WOCHENENDE IM WALLIS.

RISING STARS

1981
LENDL VERTEIDIGT TITEL MIT EISERNER FAUST

Vier Turniere hintereinander bringen acht verschiedene Finalisten aller Schattierungen hervor. Und einen neuen Publikumsliebling.

Angesichts des begeisternden Finals zwischen Björn Borg und Ivan Lendl im Vorjahr sind die Erwartungen hoch in die erstmals ein Preisgeld von 100'000 Dollar ausschüttenden Swiss Indoors 1981. Zu hoch, wie sich in Abwesenheit Borgs herausstellen wird. Lendl lässt seinen fünf Gegnern in elf Sätzen nur 19 Games und wird zum ersten Spieler der Turniergeschichte, der zweimal in Folge den Pokal abholen kann. Basel ist schon sein sechster Turniersieg der Saison, der dritte innerhalb von drei Wochen nach Madrid und Barcelona.

Der Tschechoslowake, als Nummer 1 gesetzt, schlägt der Reihe nach Steve Denton, Marco Ostoja, Eddie Dibbs, Heinz Günthardt (in 50 Minuten mit 6:2, 6:1) und im ebenfalls höchst einseitigen Final José-Luis Clerc (6:2, 6:3, 6:0). Eine derartige Überlegenheit hat es an den Swiss Indoors noch nie gegeben, nicht einmal 1977, als Björn Borg in einer eigenen Liga spielte.

Während Lendls Dominanz nach Superlativen schreit und leistungsmässig auch höchst beeindruckend ist, bringt sie dem Turnier eine Art programmierte Langeweile. Nur ein wirklich geforderter Lendl wäre ein gutes Zugpferd, fehlen ihm doch das Charisma und die Ausstrahlung eines Björn Borg, John McEnroe oder Jimmy Connors. Lendl kann sich denn auch trotz aller Erfolge nicht in die Herzen der Basler Fans spielen.

Als diese sich während seiner Partie gegen Ostoja in Scharen zum benachbarten Court 2 begeben, wo Ilie Nastase gerade ein Doppel spielt, kommt es zum Eklat. Lendl ruft den verbleibenden Zuschauern vom Platz aus beleidigt zu: «Geht doch gleich alle, dann haben wir Ruhe hier …»

Im Gegensatz zum Daviscup im Frühling in Zürich, als er gegen Roland Stadler tatsächlich vom Platz gelaufen ist, spielt und siegt Lendl weiter. Läuferisch und

1 Erster erfolgreicher Titelverteidiger: Ivan Lendl hat es bei den Zuschauern nicht leicht.

Wir gratulieren den Swiss Indoors Basel zu
50 Jahren Turniergeschichte
und wünschen viel Energie für die kommenden 50 Jahre.

Schnelle Energie...

...wenn's drauf ankommt!

Dextro Energy unterstützt Kopf und Muskeln – vor, während und nach dem Training oder Wettkampf.

BEIM SPORT

IN DER SCHULE

FÜR UNTERWEGS

Einfach schneller im Kopf.

Rising Stars 1981–84

schlagtechnisch bewegt sich der harte Arbeiter auf einem eigenen Niveau. Und seit er im letzten Jahr hier Borg geschlagen hat, weiss er, dass es keinen mehr gibt, den er zu fürchten hat, was sein Selbstvertrauen ins Unermessliche steigen lässt.

Die Kehrseite seiner Dominanz ist, dass die Swiss Indoors erstmals in ihrer Geschichte einen Zuschauerrückgang erleben. Und erst noch einen massiven: Mit 40'500 liegt das Total fast 20 Prozent hinter dem letztjährigen Rekord. Nicht befriedigend endet auch der Doppelwettbewerb: Die knapp unterlegenen Markus Günthardt und Pavel Slozil erscheinen aus Protest gegenüber den unsportlichen Einlagen und zahlreichen Mätzchen von Ilie Nastase, der an der Seite von José-Luis Clerc spielt, nicht zur Siegerehrung.

1 Trotz Finalniederlage happy: Der Argentinier José-Luis Clerc.

2 Temperamentvoll und offensiv: Yannick Noah, erklärter Basler Publikumsliebling.

1982

NOAH HOLT SCHWUNG FÜR ROLAND GARROS

Im Profitennis herrscht in diesen frühen 80er-Jahren ein Machtkampf, der auch in Basel Auswirkungen zeigt. Der texanische Öl-Milliardär Lamar Hunt hat eine eigene Turnierserie namens «World Championship Tennis» (WCT) aufgebaut. Sie besteht aus 22 Turnieren, und eines davon findet dieses Jahr auch im Zürcher Hallenstadion statt, und jedes lockt mit 175'000 Dollar Preisgeld. Die Swiss Indoors, die weiterhin zum Grand-Prix-Circuit zählen und 100'000 Dollar ausschütten, lassen sich etwas Spezielles einfallen, um in diesem umkämpften Turnierklima zu bestehen. Sie beteiligen sich an einem sogenannten «Kontinentalwettkampf» zwischen Europa und Amerika, der mit weiteren 100'000 Dollar dotiert ist und mit dem die Mehrzweckhalle Brühl in Solothurn eröffnet wird – am Montag der Swiss-Indoors-Woche. Nach einigen Absagen kommt es vor 1500 Zuschauern zu Partien zwischen Mats Wilander und Bill Scanlon, Yannick Noah und Victor Pecci sowie Roland Stadler und Chip Hooper. Am gleichen Abend spielen in Weil am Rhein zwei andere Swiss-Indoors-Teilnehmer einen lukrativen Schaukampf, Ilie Nastase und Adriano Panatta.

Rising Stars 1981–84

Dem Council, das den Grand-Prix-Circuit überwacht, geht das zu weit. Es erlässt ein Verbot, dass Turniere mit gekoppelten Schaukämpfen mehr Preisgeld ausschütten und dadurch bessere Karten haben, um Stars anzulocken.

Für die Swiss Indoors geht die Rechnung 1982 auf, mit einem weiteren hochklassig besetzten Turnier und einem weiteren Wunschfinal. Der 22-jährige Yannick Noah, drei Jahre zuvor als junger Newcomer noch im Halbfinal an Lendl gescheitert, avanciert mit seinen jamaikanische Rasta-Locken, seinem spektakulären und offensiven Spiel und zahlreichen, in Basel zuvor noch nicht gesehenen Show-Einlagen endgültig zum Publikumsliebling.

Im Final trifft der Ballzauberer auf sein spielerisches und temperamentmässiges Gegenstück, den 18-jährigen Schweden Mats Wilander. Dieser ist mit hart erkämpften Siegen über Ivan Lendl, Vitas Gerulaitis, José-Luis Clerc und Guillermo Vilas im Juni sensationell jüngster French-Open-Sieger geworden. Er spielt fast ausschliesslich von der Grundlinie aus, bringt jeden Ball zurück und wartet mit endloser Geduld auf Fehler des Gegners, ohne selber viel zu riskieren.

Im begeisternden Offensiv-Feuerwerk Noahs geht der junge Schwede aber in Basel glatt unter (6:4, 6:2, 6:3). Die Qualität des einseitigen Finals erreicht nicht den Gehalt des Viertelfinals zwischen Noah und dem ebenso offensiven Paraguayaner

Victor Pecci, der die Zuschauer von den Sitzen reisst und in den Medien als «Match des Turniers» gefeiert wird. Noah fasziniert die Zuschauer auch im Doppel, das er zusammen mit seinem Landsmann Henri Leconte ebenfalls gewinnt und der erste Spieler der Turniergeschichte wird, der mit beiden Pokalen abreist.

1 Zielstrebig: Mats Wilander kommt 1982 als Paris-Sieger, begleitet von Vizepräsident René Mundwiler.

2 Im Final von Noah überrumpelt: Mats Wilander bleibt in Basel ohne Titel.

Emil Frey Basel-Dreispitz

Bei uns erhalten Sie den besten Service!
Ihr Automobil-Fachmann der Region.

Rising Stars 1981–84

Was keiner ahnen kann: Die Partie zwischen Noah und Wilander, die im Basler Final erstmals aufeinander treffen, wird wenige Monate später in Roland Garros sogar zu einem Grand-Slam-Endspiel. Und wie in Basel wird Noah auch am French Open triumphieren und damit Frankreich in ein Tennis-Delirium stürzen. Mit einem Grand-Slam-Titel, der allerdings bis heute der letzte der «Grande Nation» geblieben ist.

Detail am Rand: Erstmals haben die Swiss Indoors dieses Jahr den Zusatz «Acom Championships», nachdem sie mit einer japanischen Elektronikfirma ein Titelsponsoring eingegangen sind. Das Zuschauertotal bewegt sich mit 41'500 im Bereich des Vorjahrs – und damit weiterhin deutlich über jenen der anderen Schweizer Grand-Prix-Turniere in Gstaad (14'000) und Genf (15'000).

1983
GERULAITIS SIEGT OHNE MATCHBALL

Zu den Neuerungen des Turniers gehört 1983, dass erstmals an einer Sportveranstaltung in der Schweiz für Firmen Logen direkt am Spielfeldrand angeboten werden. Ein Privileg, das zukunftsweisend ist und genau dem Pioniercharakter der Swiss Indoors entspricht. Doch auch die Leute am Spielfeldrand können sich nicht erklären, was am Finalsonntag passiert ist.

Im Endspiel zwischen Vitas Gerulaitis und Wojtek Fibak steht es 4:6, 6:1, 7:5 und 5:5, als der Pole abrupt zum Netz läuft, mit dem Schiedsrichter spricht und dieser verkündet: «Game, Set and Championship, Gerulaitis!» Was ist geschehen? Fibak, der in Basel nach langer Verletzungspause ein Comeback gibt, leidet an einer Darmgrippe und kann nicht weiterspielen. Der 29-jährige Gerulaitis, ein dreifacher Grand-Slam-Finalist und der Australian-Open-Sieger von 1977, ist ein eleganter Stilist mit einem Playboy-Image und herrlich offensiven Spielzügen – und ein weiterer grosser Name in der Siegerliste der Swiss Indoors.

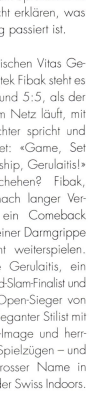

1 Werden 1983 auch im French-Open-Final stehen: Wilander und Noah 1982.

2 Sonnyboy mit tragischem Ende: Gerulaitis holt in Basel seinen zweitletzten Turniersieg.

Unvergessen: Vitas Gerulaitis war jahrelang eine der auffälligsten Figuren im Tennis.

Rising Stars 1981–84

Basel wird allerdings der zweitletzte von insgesamt 26 Turniersiegen des schillernden New Yorkers bleiben, der bis auf Rang 3 der Weltrangliste vorgestossen ist. Sein Leben wird 1994 auf tragische Weise enden, mit einer Kohlenmonoxid-Vergiftung, die von einem fehlerhaften Propanheizgerät verursacht wird. Er wird nur 40 Jahre alt werden.

Es spricht für die hohe Qualität des Teilnehmerfeldes und die überdurchschnittliche Leistungsdichte, dass das Turnier trotz des Ausscheidens seines Zugpferdes und Publikumslieblings Yannick Noah zum Erfolg wird: Der Titelverteidiger und topgesetzte Favorit unterliegt schon im Startspiel dem Südamerikaner Victor Pecci. French-Open-Sieger Noah steckt allerdings nach der Trennung von seiner Freundin auch privat in Turbulenzen und ist mit einem Schlaf- und Trainingsmanko aus Sydney via Hongkong nach Basel gereist.

Obwohl Heinz Günthardt schon im Startspiel an Paul Annacone scheitert, avanciert einer der fünf gestarteten Schweizer zur Tur-

nierüberraschung. Der 24-jährige Dübendorfer Roland Stadler stösst in die Halbfinals vor und erreicht damit eines der besten Turnierresultate seiner Karriere. Trotzdem wird er von einigen Zuschauern ausgepfiffen, denen die meterhohen Topspin-Bälle des Bilateral-Spezialisten sowie seine passive Spielweise an der Grundlinie nicht passen. Einige beklatschen sogar seine Fehler.

Stadler ist enttäuscht und rechtfertigt sich: «Ich habe eben nicht das Talent eines Heinz Günthardt. Die Frage, ob eine von Sicherheitsdenken geprägte Spielweise für die Zuschauer attraktiv ist, halte ich nicht für relevant. Entscheidend ist, dass ich meine Spiele gewinne.» Der Erfolg gibt ihm recht: Nach Basel ist Stadler die Nummer 68 der Welt. Obwohl er 1986 in Gstaad sogar den Final erreichen wird, wird dies die beste Klassierung seiner Karriere bleiben.

1 Frauenliebling aus Paraguay: Victor Pecci schlägt in Runde 1 Titelverteidiger Noah.

2 Überraschung aus Dübendorf: Roland Stadler (rechts) nach dem Halbfinal gegen Fibak.

MAIN-DRAW SWISS INDOORS '84

1	SMID	CSSR
	EDWARDS	USA
	VISSER	SA
	GEHRING	D
	WESTPHAL	D
	ELTER	D
Q	OSTOJA	YUG
6	EDBERG	S
3	NYSTRÖM	S
	MECIR	CSSR
	BECKER	D
	HLASEK	CH
	TAROCZY	HUN
	STADLER	CH
	SLOZIL	CSSR
7	H. GUNTHARDT	CH
5	HIGUERAS	E
	GUNNARSSON	S
Q	SCHAPERS	NL
	HOGSTEDT	S
	DOWDESWELL	GB
	KUHARSZKY	HUN
	SCHWAIER	D
4	VILAS Q	ARG
8	ARRAYA	PERU
Q	DOYLE	IRL
LL	VAN RENSBURG	SA
	BROWN	USA
	WILKISON	USA
	FIBAK	POL
	MOTTA	BRA
2	AGUILERA	E

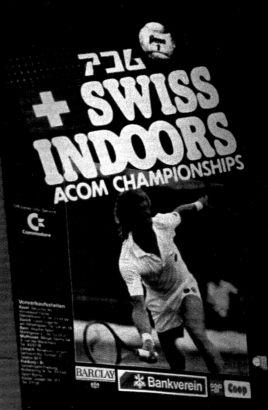

Reizvolles Haupttableau:
Der 16-jährige Boris Becker debütiert in Basel gegen den Zürcher Jakob Hlasek.

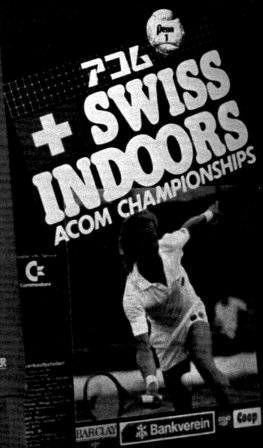

Rising Stars 1981–84

1984
NYSTRÖM SCHAFFT DAS SCHWEIZER DOUBLE

Die erste Überraschung der Turnierausgabe 1984 ereignet sich schon, bevor der erste Ball geschlagen ist: Der Argentinier Guillermo Vilas, immer noch Nummer 19 und eine der schillerndsten Figuren des Welttennis, beantragt eine Wildcard – und zwar für das Qualifikationsturnier! Auf diese ungewohnte Idee will Turnierdirektor Roger Brennwald vorerst nicht eintreten.

Doch einer wehrt sich vehement dagegen: Ion Tiriac, der mit allen Wassern gewaschene Manager des Argentiniers. Der Rumäne ist gleichzeitig auch Manager eines 16-jährigen Deutschen namens Boris Becker, der in Tenniskreisen noch weitgehend unbekannt ist. Tiriac, berüchtigt für seine gute Nase, scheint zu ahnen, über was für ein ungeschliffenes Juwel er hier verfügt – auch wenn dieses zwar kräftig, aber noch etwas schlaksig wirkt.

Laut Tiriac benötigt Becker nach einer Verletzungspause unbedingt Matchpraxis und ATP-Punkte – und deshalb eine Wildcard für das Haupttableau. Der Rumäne macht das sogar zur Bedingung, dass Vilas überhaupt mitspielt. Schliesslich lässt sich die Turnierleitung überzeugen, womit Boris Becker als Nummer 141 zum sechsten Mal in einem Grand-Prix-Hauptfeld antreten darf, während Top-20-Crack Vilas in der Qualifikation startet.

1 Seltsame Auslosung: Guillermo Vilas (links) verzichtet zugunsten des noch unbekannten Boris Becker (hinten) auf eine Wildcard.

2 Einflussreicher Zampano: Der Rumäne Ion Tiriac steuert die Karrieren von Vilas (links) und Becker.

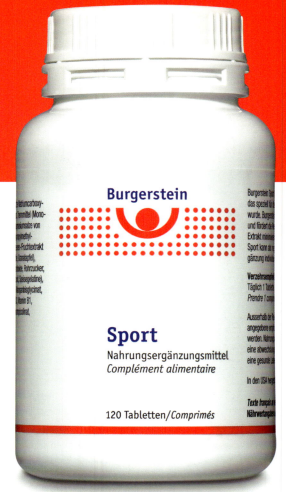

Rising Stars 1981–84

Der Argentinier tut sich schwer, fällt im dritten Satz gegen Jörgen Windahl 1:4 zurück, qualifiziert sich aber in extremis doch noch für das Hauptturnier. Dort wird er als Nummer 4 gesetzt, scheidet aber in den Viertelfinals aus – die besten Tage liegen eben hinter ihm. Becker verliert derweil in der Startrunde auf Court 2 knapp 5:7, 5:7 gegen Jakob Hlasek. «Ich habe ja schon viele Stunden mit Hlasek trainiert, doch so gut war er noch nie», sagt Becker danach zerknirscht. Wie hätte jemand ahnen können, dass er acht Monate später als jüngster Wimbledonsieger Tennisgeschichte schreiben würde?

Für einmal ist das Teilnehmerfeld nicht über alle Zweifel erhaben, zumal Vorjahressieger Gerulaitis wegen einer Verletzung passen muss. Und so kommt es, dass zum vierten Mal in Folge zwei andere Finalisten um den Titel spielen. Den Pokal holt sich der Schwede Joakim Nyström in einem zwar sehenswerten, aber nicht überragenden Final gegen den kämpferischen Amerikaner Tim Wilkison.

«Die Schweiz bringt mir Glück», sagt der 21-jährige Schwede, der im Sommer schon das Swiss Open in Gstaad gewonnen hat. Dank dem Triumph in Basel stösst er erstmals in die Top 10 vor. Doch es wird ein anderer der unzähligen starken Schweden sein, der die Zukunft dieses Turniers in den nächsten Jahren prägen wird. Einer, der dieses Jahr im Halbfinal gegen Nyström noch verloren hat und mit dem Basler Wildcard-Empfänger Boris Becker bald die Hierarchie des Welttennis stürzen wird.

1 Frühreif: Schon 1985 wird Becker Wimbledonsieger.

2 Neuer Schwede: Joakim Nyström holt sieben Jahre nach Borg den Titel zurück in sein Land.

3 Asiatisches Flair: Die Swiss Indoors haben 1984 einen japanischen Sponsor.

Der führende Wirtschaftsclub der Schweiz

«In gegenseitiger Achtung
miteinander kommunizieren;
Freundschaften eingehen, hegen und pflegen;
einander – wo immer möglich –
im Geschäftsleben berücksichtigen.»

WIDENMOOS
T +41 62 726 20 02

WIDENMOOS 1
REITNAU@WIDENMOOS.CH

5057 REITNAU
WIDENMOOS.CH

Edberg-Dynastie 1985–88

EDBERG-DYNASTIE

1985
EIN UNTYPISCHER SCHWEDE BRICHT DURCH

Der elegante Offensiv-Techniker aus Schweden übernimmt die Regentschaft. Er gewinnt drei Titel in vier Jahren.

1 Frühreifer Schwede: Edberg steht in Basel mit 17 im Achtelfinal, mit 19 siegt er erstmals.

Als Stefan Edberg 1983 erstmals die Swiss Indoors bestritten hat, war er 17, überstand aber immerhin eine Runde. Es war das Jahr, in dem er Tennisgeschichte schrieb, indem er alle vier Grand-Slam-Titel der Junioren gewann. 1984 taucht er in der St. Jakobshalle bereits im Halbfinal auf, wo er dem späteren Sieger Joakim Nyström unterliegt. In beiden Jahren steht er zudem im Doppelfinal, verliert aber beide.

Als Edberg 1985 zum dritten Mal nach Basel kommt, ist er der «Aufsteiger des Jahres». Er hat schon drei Profiturniere gewonnen und ist die Weltnummer 8. Damit wird er hinter Yannick Noah als Nummer 2 gesetzt in einem Turnier, das so gut besetzt ist wie keines in Basel zuvor.

Zwölf Turniersieger der Saison sind dabei, drei Spieler aus den Top 10, und wer nicht unter den Top 60 figuriert, muss ins Qualifikationsturnier. Auch für die Doppelkonkurrenz haben sich etliche Weltklassespieler eingeschrieben.

Edberg schlägt in der ersten Runde den jungen Zürcher Jakob Hlasek 6:3, 6:1 und gibt damit den Ton an. Er zeigt auch im weiteren Turnierverlauf sein technisch brillantes Tennis, das völlig untypisch ist für einen Schweden. Die meisten von ihnen pfle-

75

Edberg-Dynastie 1985–88

gen an der Grundlinie auf Fehler des Gegners zu warten – Edberg dagegen sucht permanent den Weg ans Netz, seine Devise lautet «Angriff total».

Der Offensivkünstler bestätigt seine Fortschritte und gibt in Basel keinen Satz ab auf dem Weg in den Final, wo der topgesetzte Yannick Noah wartet. Der Franzose muss gegen Guy Forget und Libor Pimek über drei Sätze, um das Endspiel zu erreichen. Dieses bringt eine der besten Partien, die in Basel bisher geboten worden sind: Athletik und Ästhetik, spektakuläre offensive Ballwechsel, zwei Tiebreaks, Ausgeglichenheit, Abwechslung und Spannung bis zuletzt. Letztlich setzt sich Edberg als kompletterer und frischerer Spieler verdient durch –

6:7, 6:4, 7:6, 6:1. Noch in diesem Jahr wird der Schwede auch seinen ersten Grand-Slam-Titel holen: am Australian Open, das zu dieser Zeit noch auf Rasen und im Dezember ausgetragen wird.

Das Angriffsspektakel der Finalisten, die die Woche prägen, wirkt sich positiv auf den Zuschaueraufmarsch aus. Es kommen 11'400 mehr als im Vorjahr, mit 52'100 registrieren die Swiss Indoors einen sagenhaften neuen Rekord, der erstmals über 50'000 liegt. In der Rangliste der Hallen-Topturniere Europas nehmen sie damit hinter London und Rotterdam den dritten Platz ein. Eine Premiere bringt zudem der Freitag: Mit 9'100 Zuschauern ist die St. Jakobshalle erstmals ausverkauft.

1 Weltklasse-Duo: Günthardt (rechts) und Taroczy scheitern 1985 als amtierende Wimbledonsieger in Runde 1.

2 Zum Verzweifeln: Noah unterliegt Edberg wie 1985 auch 1986 in vier Sätzen.

1986

NOAH MISSGLÜCKT DIE FINAL-REVANCHE

Sportlich ist das Turnier trotz des auf 210'000 Dollar angehobenen Preisgeldes etwas weniger gut besetzt als im Vorjahr. Die Organisatoren haben diesmal trotz ihrer guten Beziehungen und unzähligen Telefongesprächen Mühe, mit ihren zwei letzten Wildcards Spitzenspieler zu engagieren. Schliesslich kommen zwei Profis zum Handkuss, die nicht zu den Top 150 gehören – der Neuseeländer Kelly Evernden und Pavel Slozil.

Bis zuletzt ist auch die Teilnahme von Yannick Noah gefährdet – was die Organisatoren umso mehr beschäftigt, weil der Franzose einmal mehr ihre Werbeplakate ziert. Wegen einer Achillessehnenverletzung hat er in den letzten vier Monaten nur zwei Turniere bestritten, erst zehn Tage vor Basel beginnt er wieder intensiv zu trainieren.

Das Aufatmen ist gross, als Noah dann doch in Basel ankommt. Und obwohl sich die fehlende Spielpraxis in einigen Partien bemerkbar macht – im Viertelfinal fällt er gegen den Amerikaner Aaron Krickstein im dritten Satz 0:3 zurück –, erreicht der Publikumsliebling zum dritten Mal das Basler Finale. In diesem kommt es zu einer Premiere: Erstmals lautet die Final-Affiche gleich wie im Vorjahr – Edberg vs. Noah. Erneut liefern sich die beiden ein begeisterndes Duell über vier Sätze mit

Nicht zu bremsen: Edbergs Filigrantechnik ist keiner gewachsen.

Edberg-Dynastie 1985–88

1 Power-Duo: René Mundwiler und Roger Brennwald, die Erfinder des Tennisdorfes.

2 Oase im hektischen Turnierbetrieb: Das Tennisdorf wird 1986 eingeweiht.

3 Glücklicher Sponsor: Ebel-Inhaber Pierre-Alain Blum gratuliert Noah und Edberg.

diesmal sogar drei Tiebreaks. Und wie im Vorjahr setzt sich nach dreieinhalb Stunden der perfekte Techniker Edberg gegen Noahs Mischung aus Können, Wille, Aggressivität und bühnenreifen Showeinlagen durch. Für Edberg ist es der dritte Turniersieg in Folge in der Schweiz, hat er doch im Sommer auch das Gstaader Swiss Open gewonnen. Mit kecker Ironie fragt er nach seinem zweiten Swiss-Indoors-Titel, ob wohl im kommenden Jahr er – und nicht wieder Noah – das Plakat ziere.

Einmal mehr warten die «Ebel Swiss Indoors», wie das Turnier erstmals heisst, mit einer für die Schweizer Sportszene revolutionären Neuerung auf. Einer Innovation, an der vor allem die Sponsoren und Ehrengäste Freude haben: Auf einer Fläche von

1850 Quadratmetern wird innerhalb der St. Jakobshalle ein Tennisdorf erstellt. Den visionären Gedanken von Roger Brennwald setzt sein langjähriger Wegbegleiter und Vizepräsident René Mundwiler nach dem Vorbild des Hallenturniers von Paris-Bercy hervorragend um. Die Partnerfirmen erhalten damit die Möglichkeit, in einem stilvollen Rahmen Lounges zu mieten und ihre Gäste oder Kunden abseits des hektischen Center Court zu empfangen und zu betreuen.

Die gediegene und ruhige Atmosphäre ist ganz im Sinn des neuen Titelsponsors aus der Uhrenbranche. Das Engagement ist Pierre-Alain Blum zu verdanken, dem Inhaber und Generaldirektor der Firma, die das Tennis breitflächig unterstützt und auch Individualverträge mit Spielern wie Boris Becker, Stefan Edberg und Yannick Noah eingegangen ist.

Wir gratulieren den Swiss Indoors zum Jubiläum!

50

Prof. Dr. Pascal Böni
VR-Präsident & CEO
Remaco Advisory Services AG

Dr. Markus von Escher
VR-Präsident
Remaco Asset Management AG

Prof. Dr. Heinz Zimmermann
VR-Mitglied
Remaco Asset Management AG

Eine kurze Laudatio

Wir gratulieren den Swiss Indoors, ihrem Präsidenten Roger Brennwald und dem ganzen Management-Team rund um Patrick Ammann, zum Jubiläum! Über einen Zeitraum von 50 Jahren hat sich die Marke «Swiss Indoors» zu einem national und international bekannten und anerkannten Träger von Werten wie Tradition, Qualität und Spitzenleistung entwickelt: Als drittgrösstes Hallenturnier der Welt, direkt nach ATP Finals in Turin und dem 1000er Turnier von Paris und London, verwöhnen uns die Swiss Indoors mit Weltklasse-Tennis. So pilgern jedes Jahr über 70'000 Tennisbegeisterte und Geschäftsleute in unsere Stadt am Rheinknie, welche von der Ausstrahlung von TV-Beiträgen in über 150 Länder dieser Welt während über 3'500 Fernsehstunden live oder zeitverschoben profitiert und dank den Swiss Indoors jährlich mehr als 450 Millionen Haushalte mit dem Brand «Basel» erreicht. Hinzu kommen Millionen von begeisterten Social-Media-Viewern. Ohne die Unterstützung der nationalen und lokalen Wirtschaft sowie die Unterstützung durch die öffentliche Hand sind die Swiss Indoors heute nicht mehr denk- und tragbar! Dass sich Basel mit den im Wettbewerb stehenden Weltmetropolen messen und bestens behaupten kann, ist dem einmalig engagierten und überdurchschnittlich stark motivierten Management-Team der Swiss Indoors zu verdanken!
Wir gratulieren Roger Brennwald und dem ganzen Team der Swiss Indoors zum Jubiläum und bedanken uns für viele Stunden der Begeisterung für das Tennis, aber auch für die hochprofessionelle Vorbereitung und Umsetzung dieses wichtigen Schweizer Sport-Events.

remaco

The art of capital management, since 1947.

Nadja Kull
DAS Paralegal
Remaco Advisory Services AG

Christoph Frick
lic. oec. publ., CEO
Remaco Asset Management AG

Lukas Neubauer
lic. rer. pol. et lic. iur., Advokat
Remaco Advisory Services AG

Dr. iur. Christopher Langloh
Advokat
Remaco Advisory Services AG

Unser Wertpapierhaus und Beratungsunternehmen

Auch Remaco ist der Tradition und Qualität verpflichtet. Als Wertpapierhaus und Beratungsunternehmen beraten wir seit 75 Jahren unsere nationale und internationale Kundschaft in finanziellen Fragen. Mit unserem lokal verankerten und qualifizierten Team ebenso wie mit unserem international ausgerichteten Spezialisten-Netzwerk unterstützen wir Sie in folgenden Bereichen:

- **Asset Management**
Unabhängiges, faktenbasiertes und quantitatives Research und Asset Management, welches wir als FINMA-reguliertes Wertpapierhaus mit eigener Konto- und Depotführung direkt bei uns oder auf Wunsch auch bei Drittbanken umsetzen.

- **Asset Advisory**
Beratung von Unternehmern rund um das Thema Private Capital (Unternehmensbeteiligungen, Immobilien, Private Market Investitionen): Wir setzen für Sie umfassende Research-, Management- und Advisory-Dienstleistungen in den Bereichen Corporate Finance (Private Debt, Mergers & Acquisitions), Buchführungen, Immobilien, Recht und Steuern um.

- **Asset Structuring**
Schutz und Bewirtschaftung Ihrer liquiden und illiquiden Assets und Erhalt und Weitergabe von Vermögenswerten an die nächste Generation: Wir begleiten Sie von der Planung über die Gründung und Verwaltung geeigneter Strukturen (wie Stiftungen oder Trusts etc.) bis zur Übergabe an die nächste Generation, nach Massgabe der einschlägigen nationalen und internationalen rechtlichen und steuerlichen Normen.

www.remaco.com

#vorausschauend

Wissen, was Sie um die Ecke erwartet.

Immer einen Schritt voraus zu sein, heisst für uns, nicht nur auf dem Laufenden zu bleiben, sondern unseren Blick und unser Wissen darauf auszurichten, was auf Sie zukommt. Denn unser oberstes Ziel ist die Optimierung Ihrer Finanzen. Unternehmerische Denkweise, persönliche und ganzheitliche Beratung sowie massgeschneiderte Lösungen machen uns unverwechselbar. **Willkommen bei der Bank CIC, Ihrer flexiblen Bank.**

Edberg-Dynastie 1985–88

1987
AGASSI GIBT FULMINANTES DEBÜT, NOAH PROFITIERT

Heinz Günthardt hat seine Karriere zwar 1986 wegen eines Hüftleidens als 27-Jähriger beendet, er lässt sich für diese Indoors aber zu einem Mini-Comeback überreden. Und hat das Pech, schon in der ersten Runde auf Noah zu treffen. «Soll das ein Witz sein?», fragt er, als er vom Los erfährt. Trotz grossem Widerstand unterliegt er in einer wenig berauschenden Partie 5:7, 6:4, 4:6. Es wird Günthardts letzter Auftritt auf der Profitour bleiben. Allerdings wird er in der St. Jakobshalle viele Jahre später noch oft im Mittelpunkt stehen – als Moderator, der fachmännische Siegerinterviews führen wird.

1 Vierter Final, zweiter Triumph: Noah ist in Basel ein sicherer Wert.

2 Überraschungsfinalist: Ronald Agenor unterliegt Noah 6:7, 4:6, 4:6 im ersten rein dunkelhäutigen Final des Welttennis.

Erneut ist es Yannick Noah, der für die Swiss Indoors von den Plakatwänden lacht, denn Stefan Edberg fehlt erstmals seit fünf Jahren. Als der Franzose drei Wochen vor Turnierbeginn seinen Start bestätigt, fällt den Organisatoren ein Stein vom Herzen. Denn in der gleichen Woche wie die Swiss Indoors findet in Atlanta ein lukratives Schauturnier statt, das neben Grössen wie Ivan Lendl und Jimmy Connors auch Edberg angelockt hat. Die Aussichten auf einen attraktiven Noah-Ersatz wären ziemlich düster gewesen.

Noah ist denn auch der einzige Top-10-Spieler am Rheinknie in diesem Jahr, in dem die Gesetztenliste mit Spielern wie Emilio Sanchez, Anders Järryd, Slobodan Zivojinovic, Amos Mansdorf und Tomas Smid nicht die Qualität anderer Austragungen zu erreichen vermag. Von den drei Schweizern ist erneut keiner lange dabei; einzig Claudio Mezzadri übersteht eine Runde.

Edberg-Dynastie 1985–88

Hinter Noah liegen in diesem Herbst ausgedehnte Ferien auf einer Jacht, die ihn nach Griechenland, in die Türkei und nach St. Tropez brachte. In den Medien jagen sich die Gerüchte: Von Rücktritt, einem neuen Coach und einer Scheidung ist die Rede. Dass Noah ausgerechnet an den Swiss Indoors sein Comeback gibt, hat zur Folge, dass allein aus Frankreich drei TV-Stationen, zwei Radiosender und über zehn Zeitungen ihre Medienleute entsenden.

Noah, in seinem Land nur noch die Nummer 2 hinter Henri Leconte, findet nach zwei mühevollen Startpartien zu seiner Topform. Gegen Horst Skoff, Guy Forget und den Überraschungsfinalisten Ronald Agenor verliert er keinen Satz mehr und gewinnt nach fünf Jahren Unterbruch seinen zweiten Titel. Für ihn ist das Fehlen Edbergs ein Glücksfall, denn gegen den Schweden wird er einst mit einer 0:6-Bilanz abtreten. Agenor, ein in Zaire aufgewachsener Sohn eines haitianischen Uno-Beamten, ist Noahs Angriffswirbel nicht gewachsen.

Fortgesetzt wird auch in diesem Jahr eine langjährige Basler Tradition, auf die Roger Brennwald besonderen Wert legt: Immer wieder präsentiert er junge, aufstrebende Spieler, die am Anfang ihrer Karriere stehen – getreu dem Motto «Die jungen Talente von heute sind die Stars von morgen». Dieses Jahr ist es der 17-jährige Amerikaner Andre Agassi, bereits die Nummer 58 der Welt, der seine Visitenkarte abgibt. Mit einer gewaltigen Vorhand, wie sie die Tenniswelt noch nicht gesehen hat, mit grosser Unbekümmertheit, wehenden Haaren und einem schrillen Outfit fasziniert er das Publikum und stösst bis in die Halbfinals vor. Dort erwischt er gegen Agenor einen schlechten Tag und kann nur fünf Games für sich buchen. Und doch ahnt jeder, der ihn sieht: Da bahnt sich etwas an.

1 Bestechendes Debüt: Agassi begeistert in Basel schon als 17-Jähriger.

LES TROIS ROIS

Wir gratulieren den Swiss Indoors Basel zum 50-Jahr-Jubiläum

Das Grand Hotel Les Trois Rois liegt im Herzen der Stadt Basel. Genau dort, wo im Mittelalter die Schiffe am Salzturm anlegten, um die begehrte Ware über den Rhein in die Welt zu bringen. Mit über drei Jahrhunderten Geschichte gehört unser Grand Hotel zu den traditionsreichsten Häusern Europas. Die historische Struktur des Hotelbaus von 1844 wurde mit grosser Liebe zum Detail wiederhergestellt. Das verpflichtet und inspiriert: Unsere Gäste erleben Gastfreundschaft und erlesene Gaumenfreuden in einem lebendigen Umfeld, das natürliche Eleganz mit Luxus vereint. Entdecken Sie die Kunst- und Kulturstadt Basel, das Dreiländereck und den Charme unserer Region. Lassen Sie sich verwöhnen – damit Ihr Aufenthalt in unserer kleinen Weltstadt unvergesslich wird.
Grand Hotel Les Trois Rois - Rich in history, young at heart.

Grand Hotel LES TROIS ROIS
Blumenrain 8 | CH-4001 Basel | Switzerland
T +41 61 260 50 50 | F +41 61 260 50 60 | info@lestroisrois.com
www.lestroisrois.com

Edberg-Dynastie 1985–88

1988
DAS LANGE WARTEN AUF CONNORS HAT SICH GELOHNT

Die Swiss Indoors wagen sich 1988 auf ein neues Feld vor und übernehmen im Februar die Durchführung der Davis-Cup-Begegnung Schweiz–Frankreich. Doch der Zuschaueraufmarsch ist enttäuschend. Während bei den Swiss Indoors regelmässig über 50'000 Besucher in die St. Jakobshalle strömen, sind es in den drei Davis-Cup-Tagen fünfmal weniger, trotz Yannick Noah.

Umso spektakulärer verlaufen dafür im Herbst die Swiss Indoors, die einen neuen Superstar präsentieren können. In Basel-Mulhouse landet am Dienstagvormittag, den 4. Oktober, aus Turin ein Privatjet. Aus ihm steigt: James Scott «Jimmy» Connors. 14 Jahre lang hat Brennwald diesen Moment herbeigesehnt. Während all der Jahre hat er sich vergeblich darum bemüht, die amerikanische Tennislegende zu verpflichten – einer der wenigen Superstars, die noch nie in Basel angetreten sind.

Connors macht sich unmittelbar nach der Ankunft auf den Weg ins Grand Hotel Les Trois Rois, wo man sich um das Wohl der Spieler kümmert. Dann begibt sich der Superstar ins leere Stadion. Locker testet er den Belag, zehn Minuten lang, in Jeans. Dann nickt er kurz. Er ist startbereit. Schon am Abend steht sein erster Auftritt auf dem Programm, er gewinnt ihn gegen den Tschechoslowaken Marian Vajda 6:3, 6:4.

Am Tag darauf erfüllt er Promotionsverpflichtungen: Er signiert im Tennisdorf, führt small talk mit Sponsoren, lächelt freundlich, beantwortet mit dem ihm eigenen Schalk Fragen über Fragen, gibt auch ein Interview im Sportstudio der St. Jakobshalle. Der Mann, der schon 106 Turniere gewonnen hat (weitere drei werden noch dazukommen), weiss auch abseits der Courts, wie man Leute in den Bann zieht. «Jimbo», wie der für seinen Kampfgeist bekannte Linkshänder mit einer Mischung aus Bewunderung und Affinität genannt wird, schlägt auch Eduardo Masso und Amos Mansdorf,

1 Späte Liebe: Jimmy Connors bestreitet die Swiss Indoors erstmals als 36-Jähriger.

THE ART OF INVESTMENT

Verleihen Sie Ihrem Investment Game den nötigen *Topspin*.

—

VERMÖGENSVERWALTUNG
KOMPETENT, ERFAHREN, UNABHÄNGIG

JMA Jürg Maurer Asset Management AG
Zollikerstrasse 3 - 8008 Zürich
+41 44 385 50 40
info@jmasset.ch
www.jmasset.ch

Edberg-Dynastie 1985–88

womit es zu einem Schlagerspiel im Halbfinal kommt: Der frühere Weltranglistenerste, immer noch auf Rang 11 platziert, trifft auf Jakob Hlasek, der 16 Ränge hinter ihm liegt, sich aber vom Unfall gut erholt hat und sich in der besten Phase seiner Karriere befindet. Im dritten Duell mit Connors kommt er nach zwei klaren Niederlagen prompt zum ersten Sieg, einem 6:4, 3:6, 6:1.

«Sensation! Hlasek fegt Connors vom Platz», schreibt der «SonntagsBlick» am Tag danach. Connors ist sichtlich erschüttert, stürmt vom Platz direkt zur Pressekonferenz, wo ihm kaum ein Wort zu entlocken ist. Auch nach 17 Jahren Profitennis hasst er Niederlagen wie der Teufel das Weihwasser. Derweil ist Hlasek euphorisch: «Mein schönster und bester Match, den ich je gespielt habe. Connors ist doch der, der dem Tennis am meisten gegeben hat.»

Edberg, im Vorjahr abwesend, hat derweil seine Basler Siegesserie wieder aufgenommen, und er verlängert diese im Final gegen Hlasek auf 15 Stationen. «So ist er unschlagbar», urteilt der Zürcher nach dem 5:7, 3:6, 6:3, 2:6 gegen den Weltranglistendritten, der im Sommer gegen Boris Becker erstmals Wimbledonsieger geworden ist. Der 22-jährige Schwede holt sich damit nach 1985 und 1986 den dritten Titel in Basel, was vor ihm noch keinem gelungen ist.

Der 24-jährige Hlasek hat nach seinem vierten Endspiel auf der Profitour das Schweizer Publikum, das ihm vor noch nicht allzu langer Zeit eher kritisch begegnet ist, für sich eingenommen. In den ersten vier Anläufen hat er in der St. Jakobshalle auch nur einen Gegner besiegen können, den 16-jährigen Boris Becker.

«Kuba», wie Hlasek genannt wird anhand seines eigentlichen Vornamens Jakub, nimmt den Basler Schwung mit. Er erreicht auch in Toulouse und Paris-Bercy die Halbfinals, gewinnt darauf die Turniere im Londoner Wembley und Johannesburg und steht auch im Final von Brüssel. Damit stösst er als erster Schweizer in die Top-10 vor und qualifiziert sich auch noch für das Masters im Madison Square Garden von New York. Dort glänzt er weiter, schlägt in der Gruppenphase Tim Mayotte, Ivan Lendl und Andre Agassi, ehe er mit 6:7, 6:7 gegen Boris Becker im Halbfinal ausscheidet.

Derweil nimmt in diesem Jahr eine ganz spezielle Figur Abschied vom Profitennis: Frank Hammond, der erste Profi-Umpire, hat nach 40 Jahren Karriere genug. An den Swiss Indoors, an denen er acht Jahre in Folge arbitrierte, verabschiedet sich der 58-jährige New Yorker mit bewegenden Worten von den Swiss Indoors. «21 Veranstalter wollten, dass ich bei ihnen meinen Abschied gebe. Doch Basel gab ich den Vorzug. Das Turnier und alle Leute hier haben mich immer wieder mit offenen Armen empfangen. Sie haben es verdient.»

1 «Mein schönster und bester Match»: Jakob Hlasek schlägt Connors im Halbfinal.

2 Verlängert Siegesserie: Edberg gewinnt seinen 3. Titel, ist seit 15 Partien unbesiegt.

DER PERFEKTE MATCH

Nero d'Avola und Cabernet Franc vereint im THERON – unserem Rotwein des Jahres

Die kunstvolle Vermählung von Nero d'Avola und Cabernet Franc unter der sizilianischen Sonne ist auf exzellente Art und Weise gelungen. Der THERON erfreut das Auge mit seinem tiefen Rubinrot. In der Nase gefällt das dichte Bouquet von reifen Früchten wie dunklen Beeren und schwarzen Kirschen, dazu reizvolle Würzkomponenten, die an Rosmarin und Lorbeer erinnern. Herrlich reichhaltiger Gaumen mit paradiesischem Schmelz im Auftakt! Dazu intensive Aromen wie aus einem prall gefüllten Früchtekorb, perfekt reife und harmonisch eingebundene Tannine sorgen für die faszinierende Frische.

Der **THERON** ist damit niemals üppig und schon gar nicht konfitürig. Im Gegenteil: Er bleibt trotz seiner begeisternden Intensität auf der eleganten, raffinierten Seite. So gönnt man sich von unserem «Rotwein des Jahres» noch so gerne ein zweites Glas.

SCHULER
GUTE WEINE SEIT 1694

Wir sind 24/7 für Sie da!

 SERVICE
Persönliche Beratung und ein kulanter Kundenservice.

 QUALITÄTSWEINE
Grosse Auswahl an Qualitätsweinen aus aller Welt.

 GENUSSVERSPRECHEN
Vollumfängliches SCHULER Genussversprechen.

16 VINOTHEKEN
Baden | Binningen/Basel | Horw Hünenberg | Langenthal | Lyss Münsingen | Seewen (SZ) | St. Gallen Unterentfelden | Uster | Wädenswil Würenlos | Zollikofen | Zürich-Oerlikon Puls 5 Zürich-West

 ONLINE
www.schuler.ch

 TELEFON
041 819 33 33

 E-MAIL
kundendienst@schuler.ch

Outstanding CHAMPIONS

1989
COURIER BEENDET EDBERGS SERIE

Die Amerikaner Courier, McEnroe und Connors sorgen für Höhepunkte. Trotzdem kommt es, dass drei Sieger hintereinander Deutsch sprechen.

1 Durchbruch in Basel: Jim Courier feiert seinen ersten Turniersieg.

2 Wie eine Dampfwalze: Gegen Couriers Powertennis ist auch Edberg machtlos.

Zwar sagt Yannick Noah seine Teilnahme an den Swiss Indoors im letzten Moment ab, weil er sich beim Grillieren Verbrennungen zweiten Grades zugezogen hat. Dafür ist neben dem dreifachen Champion Stefan Edberg – der erstmals das Turnierplakat ziert – auch Zuschauermagnet Jimmy Connors wieder dabei. Auch sind erstmals drei starke Russen von der Partie, Andrej Tschesnokow, Alexander Wolkow und Andrej Tscherkasow. Und, natürlich, Jakob Hlasek, der Vorjahresfinalist, der hinter Edberg als Nummer 2 gesetzt ist – aber schon im Achtelfinal gegen Goran Ivanisevic knapp ausscheidet.

Einen Meilenstein in der Turniergeschichte bildet die erstmalige Fernsehübertragung ins Ausland. Via Eurosport können europaweit während insgesamt zwölf Stunden 17,2 Millionen Haushalte erreicht werden. Einzigartig ist ist auch der neue Bodenbelag des Schweizer Unternehmens Forbo: ein neuartiges Gemisch aus Kunstharz, Sand und Granulat, das im Urteil der Spieler sehr positiv aufgenommen wird. Genau wie die erneute massive Preisgeld-Erhöhung, von 270'000 auf 391'000 Dollar.

Obwohl er in der Startrunde gegen Tscherkasow beinahe ausscheidet, erreicht Stefan Edberg erneut den Final, wie schon in seinen drei letzten Basler Anläufen, und verlängert seine Siegesserie am Rheinknie auf 19 Partien. Mit seinem Finalgegner

DER NEUE OUTBACK 4×4
AB CHF 43'900.–

Der neue Subaru Outback begeistert als rundum überragender Crossover: edel und elegant auf der Strasse, kraftvoll und robust im Gelände. Als sicherster und technologisch fortschrittlichster Outback, der je gebaut wurde, überzeugt dieser vielseitige SUV mit seinem überragenden Raumangebot und seiner reichhaltigen Ausstattung. Profitieren Sie von mehr Bodenhaftung, dank dem besten 4×4-Antrieb der Welt, dem tiefen Schwerpunkt des Boxermotors, dem proaktiven Fahrerassistenz-System EyeSight und dem X-Mode für noch bessere Traktion und Kontrolle.

Abgebildetes Modell: Outback 2.5i AWD Luxury, 169 PS, Energieeffizienz-Kategorie F, CO_2-Emissionen kombiniert 193 g/km, Treibstoffverbrauch kombiniert 8,6 l/100 km, CHF 50'800.– (inkl. Metallic-Farbe). Outback 2.5i AWD Advantage, 169 PS, Energieeffizienz-Kategorie F, CO_2-Emissionen kombiniert 193 g/km, Treibstoffverbrauch kombiniert 8,6 l/100 km, CHF 43'900.– (Farbe Crimson Red Pearl).

subaru.ch SUBARU Schweiz AG, 5745 Safenwil, Tel. 062 788 89 00, multilease.ch.

Outstanding Champions 1989–93

jedoch hat niemand gerechnet: Jim Courier heisst der Senkrechtstarter, ein 19-jähriger Amerikaner aus Florida, der in der Talentschmiede von Nick Bollettieri geschliffen worden ist.

Der ungesetzte Rotschopf ist ein Winnertyp, der vor Selbstvertrauen und Selbstbewusstsein strotzt und die Bälle mit brachialer Gewalt bearbeitet. Er versetzt die Basler Fans mit seiner Aggressivität, einer hohen Risikobereitschaft und seiner kämpferischen Einstellung in Verzückung. Der hartnäckige Grundlinienstratege gibt keinen Ball verloren.

Als Courier im Final vor einem gebannten Publikum nach drei Sätzen 7:6, 3:6, 2:6 in Rückstand liegt, scheint sein Schicksal besiegelt. Da pocht er auf die reglementarische Pause von zehn Minuten – und hetzt während dieser Zeit in den Katakomben herum wie ein aufgescheuchtes Tier. Derart aufgestachelt, lässt er Edberg im vierten Durchgang mit 6:0 keine Chance. Und so

gipfeln die Swiss Indoors erstmals seit dem legendären Final zwischen Björn Borg und Ivan Lendl vor neun Jahren wieder in einem fünften Satz.

Dramatik und Spektakel sind kaum zu überbieten – und es kommt sogar zu einer Sensation: Courier, zurzeit auf Rang 35 klassiert, beendet Edbergs Sie-

gesserie mit einem 7:5 im Entscheidungssatz und sichert sich seinen ersten Turniersieg auf grosser Bühne. «Wie hoch ist überhaupt mein Preisgeld?», fragt Courier hinterher. Die Antwort – 72'200 Dollar – lässt seine Augen leuchten. Genau wie die bisherige Siegerliste des Turniers, in der er Namen wie Björn Borg, Guillermo Vilas, Ivan Lendl, Vitas Gerulaitis, Stefan Edberg und Yannick Noah entdeckt. Vielleicht spürt er zu diesem Zeitpunkt erstmals so richtig, dass auch er in den Kreis der Grand-Slam-Sieger und Weltranglistenersten vorstossen könnte.

1 Eine Niederlage, die schmerzt: Edbergs Basel-Serie reisst nach 19 Siegen.

2 Mann mit Vorhandpeitsche: Aaron Krickstein fordert Courier im Achtelfinal hart.

3 Für einmal privat in Basel: Noah machte später auch als Musiker Karriere.

Versöhnt mit der Welt: John McEnroe strahlt nach seinem Comebacksieg.

Outstanding Champions 1989–93

1990
MCENROE KEHRT ZURÜCK VOM ABGRUND

Mit dem TV-Welt-Pool eröffnen sich den Swiss Indoors Perspektiven, von denen sie kaum zu träumen gewagt haben. Sie werden in 35 Länder übertragen, 213 Millionen TV-Anschlüsse können erreicht werden, was rund 800 Millionen potenziellen Kontakten entspricht – dem Hundertfachen vom Bisherigen! Aus dem kleinen regionalen Turnier von 1970 ist ein Spektakel für ein Millionenpublikum geworden.

Schon drei Monate vor Turnierbeginn machen die Swiss Indoors 1990 Schlagzeilen: Unterstützt von einer massiven Plakat- und Inseraten-Kampagne, künden sie die Teilnahme von John McEnroe an, der erstmals nach zwölf Jahren und seinem verlorenen Final gegen Guillermo Vilas wieder in Basel spielt – «Mac is back».

Hinter McEnroe liegt ein turbulentes Jahr, mit einer Disqualifikation am Australian Open und einer Startniederlage in Wimbledon – aber auch einem Halbfinal am US Open, den er gegen einen Jungstar namens Pete Sampras verloren hat.

«Wenn ich in der Lage bin, beim US Open um den Sieg mitzuspielen, kann ich durchaus noch Turniere wie dieses gewinnen», sagt er nach seiner Ankunft in Basel. Und er lässt seinen Worten Taten folgen. McEnroe steigert sich von Match zu Match, erreicht das Endspiel und holt dort gegen einen anderen Linkshänder – Goran Ivanisevic – einen 0:2-Satzrückstand auf. Er wehrt im neunten Game des dritten Satzes einen Matchball des Kroaten ab und gewinnt mit 6:7, 4:6, 7:6, 6:3, 6:4 das 76. Turnier seiner Karriere. «Einen verrückteren Final gewann ich noch nie», freut sich McEnroe. Zu diesem Zeitpunkt würde keiner ahnen, dass er in seiner Karriere nur noch ein weiteres Turnier gewinnen wird, im kommenden Jahr in Chicago.

In Abwesenheit von Jakob Hlasek, der mit Rückenproblemen ausfällt, steht wieder einmal nur ein Schweizer im Hauptfeld – der Genfer Aufsteiger Marc Rosset, der als Nummer 33 noch in die Gesetztenliste aufgenommen wird. Das Turnier endet für den noch nicht ganz 20-jährigen Zweimetermann mit einem peinlichen Albtraum:

---

1 Der «Herr der Asse»: Goran Ivanisevic verspielt gegen McEnroe eine 2:0-Satzführung.

Walder Wyss Ltd.　　Zurich, Geneva, Basel, Berne, Lausanne, Lugano　　Phone + 41 58 658 58 58　　www.walderwyss.com

Your business
is our expertise.

Eine dynamische Präsenz im Markt – Walder Wyss gehört mit rund 240 juristischen Experten an sechs Standorten in allen Sprachregionen zu den führenden Schweizer Kanzleien für Wirtschaftsrecht. Kontinuierliches Wachstum, Kollegialität, Teamarbeit und Leistungswille haben bei uns einen hohen Stellenwert – über alle Bereiche und Funktionen hinweg.

walderwyss rechtsanwälte

Outstanding Champions 1989–93

Er unterliegt dem 34-jährigen Iraner Mansour Bahrami, der nur die Nummer 673 ist, den Übernamen «Tennisclown» trägt und dessen wichtigste Ambition es ist, eine gute Show zu liefern.

Dies gelingt Bahrami dann vor allem im Achtelfinal gegen Yannick Noah, der zu einem der verrücktesten Matches der Turniergeschichte wird und mehr mit einem Schau- als einem ernsthaften Wettkampf zu tun hat. Was die beiden aufführen, hat selbst mit Tennis nur noch entfernt zu tun: Da wird mit Ping-Pong-Bällen gespielt, Bahrami versuchts auch mit Äpfeln. Beide imitieren gekonnt andere Stars der Szene und bieten eine Show, die das Publikum vor Begeisterung immer wieder von den Sitzen reisst. «Ein Tennismatch mit Zirkusreife», schreibt die NZZ.

Trotz einer enttäuschenden Vorstellung von Jimmy Connors, der in einer Erstrundenpartie zweier Ungesetzter gegen Michael Stich verliert, wird das 20-Jahr-Jubiläumsturnier zu einem Erfolg und lässt den Zuschauerrekord auf 61'100 Besucher hochschnellen. Es sei auch «das revolutionärste Jahr der Turniergeschichte» gewesen, schreibt das Fachblatt «Sport».

Die St. Jakobshalle ist neu konzipiert worden: Im Stadion wird nur noch der Center Court aufgebaut, der 9000 Zuschauern Platz bietet und ausschliesslich nummerierte Sitzplätze bietet. Court 2 wird in die Nebenhalle verlegt. Mit neuen Dienstleistungen wird das Foyer im Zuschauerbereich ausgestattet. Es gibt Bildschirme an den neuralgischen Orten, Teppiche in den Gängen, ein einheitlicher Standbau, die Restaurationsbetriebe werden erweitert.

Aber die wichtigste Änderung betrifft den Fernsehbereich: Die Swiss Indoors werden von der ATP in den TV-Welt-Pool aufgenommen, dem weltweit nur 16 ATP-Turniere angehören (aus dem deutschsprachigen Raum nur Basel). Längst bestimmen nicht mehr nur klangvolle Namen und Höchstleistungen den Wert einer Sportveranstaltung; Sendeminuten, Zuschauerkontakte und Übertragungsreichweiten sind ebenso repräsentative Faktoren.

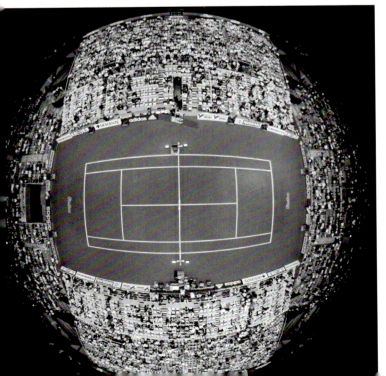

1 Für einmal Startverlierer: Connors scheitert gleich an Michael Stich.

2 Spektakel garantiert: Tennisclown Mansour Bahrami spielt mit Noah.

3 Neue Dimensionen: Die St. Jakobshalle hat jetzt nur noch einen Court.

SAVOIR-VIVRE IM HERZEN VON BASEL

MÄRTHOF

Wo das Leben pulsiert, Menschen zusammenkommen, Genuss an jedem Marktstand wartet, Kunst von Welt zum Greifen nah und eine Abkühlung wortwörtlich nur einen (Katzen) Sprung entfernt ist – genau da befindet sich unser Hotel Märthof.

Hotel Märthof, Martkgasse 19, 4051 Basel | +41 61 466 15 15 | hotel-maerthof@balehotels.ch | hotel-maerthof-basel.ch

Outstanding Champions 1989–93

1991
HLASEK KRÖNT SEINE KARRIERE

Die Swiss Indoors des Vorjahres haben aus Schweizer Sicht einen Tiefpunkt gebracht, dafür enden sie 1991 mit einer Sternstunde: Erstmals seit den Anfängen in der Ballonhalle im Jahr 1972 kann Roger Brennwald den Siegespokal einem Landsmann übergeben. Marc Rosset scheidet zwar auch beim dritten Auftritt sofort aus, dafür läuft Jakob Hlasek zur Höchstform auf. Er gibt im ganzen Turnier nur einen Satz ab – im Halbfinal gegen Alexander Wolkow, gegen den er einen Matchball abwehren kann. Im Jahr, als die Schweiz ihren 700. Geburtstag feiert, bezwingt er im Endspiel auch John McEnroe, mit einem trockenen 7:6, 6:0 und 6:3.

Endlich darf der 27-jährige Zürcher mit seinem ersten Turniersieg im eigenen Land (seinem fünften insgesamt) jenes Gefühl von Nationalstolz geniessen, das Heinz Günthardt 1980 in Gstaad, Claudio Mezzadri 1987 in Genf und Marc Rosset 1989 ebenfalls in Genf schon vor ihm erfahren konnten. Wie bedingungslos ihn die total über 60'000 Zuschauer unterstützen, beeindruckt Hlasek: «Die Begeisterung der Zuschauer hat mich am meisten gefreut. Es ist phantastisch, wenn man sich bewusst wird, 9000 Fans auf seiner Seite zu haben.»

Dies sei sein bisher grösster Erfolg, kommentiert Hlasek seinen ersten Turniersieg seit über einem Jahr und spricht von einer der besten Partien seiner Karriere. Er stuft diesen Titel sogar höher ein als seine Halbfinalqualifikation beim Masters in New York 1988. Nach dem Einzel gewinnt er auch gleich noch das Doppel – zusammen mit Patrick McEnroe gegen Petr Korda und ... wieder John McEnroe.

Auch für den New Yorker verläuft das Turnier denkwürdig. Im Achtelfinal schlägt er seinen Bruder Patrick, und im Halbfinal lässt er seinem alten Erzrivalen Jimmy Connors keine Chance. In der 34. offiziellen Begegnung kommt McEnroe mit 6:1, 6:3 zum 20. Sieg. Es wird das letzte Duell der zwei US-Giganten bleiben.

1 Gratulation unter Freunden: John McEnroe und Jakob Hlasek.

2 Auf dem Höhepunkt der Karriere: Hlasek feiert seinen grössten Turniersieg.

3 Verlässlicher Stammgast: Connors erreicht 1991 zum 3. Mal die Halbfinals.

Energiegeladen: Connors heizt den Vorverkauf an.

Outstanding Champions 1989–93

1992
BECKER GIBT SICH DIE EHRE

Die Schweiz befindet sich in diesem Herbst im Tennisfieber: Im September bezwingt das Davis-Cup-Team in Genf Brasilien und erreicht erstmals das Endspiel, danach können die Swiss Indoors mit einer neuerlichen Starbesetzung aufwarten. Roger Brennwald ist mit der Verpflichtung von Boris Becker, der nach achtjähriger Absenz ans Rheinknie zurückkehrt, ein weiterer Coup gelungen. Oft war er nahe an einem Engagement des deutschen Superstars, aber immer kam etwas dazwischen.

Becker ist inzwischen 24-jährig, fünffacher Grand-Slam-Champion und hat auch schon zwölf Wochen die Weltrangliste angeführt – was für ein Unterschied zu seinem Basler Debüt 1984, als er als 16-jähriger Nobody im Startspiel Jakob Hlasek unterlegen war. Aktuell die Nummer 8, ist er hinter dem Tschechen Petr Korda die Nummer 2 des Turniers. In den ersten drei Runden tut er sich zwar schwer, kommt aber durch. Und schlägt dann auch Marc Rosset klar, der im Sommer in Barcelona sensationell Olympiasieger geworden ist und mit seinen ersten drei Siegen an den Swiss Indoors als einziger Ungesetzter in die Halbfinals vorgestossen ist.

Im Endspiel gibt Becker gegen Korda den ersten Satz ab, ehe er die Partie gegen den einen Rang besser klassierten French Open-Finalisten in den Griff bekommt und 3:6, 6:3, 6:2, 6:4 siegt. Ein Wunschsieger, der die Zuschauer nicht nur mit seiner Tenniskunst fasziniert, sondern sich auch durch das faire und kämpferische Auftreten viele Sympathien geholt hat.

Becker erfreut sich in Basel – wo 64'100 Zuschauer einen weiteren Rekord bedeuten – einer derartigen Popularität, dass er sich wie bei einem Heimspiel fühlt. Er verteilt denn auch nur Komplimente: «Man fühlt sich wohl hier, wird gut betreut und ist deshalb motiviert, sein Bestes zu geben. Das Publikum ist fachkundig und begeisterungsfähig. Die Voraussetzungen an den Swiss Indoors sind optimal.»

Weniger ideal sind sie für den 36-jährigen Altstar Björn Borg, der bei seinem Comeback-Ver-

1 Rückkehr nach acht Jahren: Boris Becker ist inzwischen fünffacher Grand-Slam-Champion.

2 Basler Wunschsieger: Becker begeistert das Publikum mit seinem Aufschlag.

3 Gefeiert: Olympiasieger Marc Rosset erreicht als Ungesetzter die Halbfinals.

Gegenseitige Liebe: Becker und Basel haben sich 1992 gefunden.

Outstanding Champions 1989–93

such gegen seinen Landsmann Niklas Kulti nur drei Games holt und ein wenig Mitleid erweckt, wenn man bedenkt, wie er in seinen Glanzzeiten die Gegner dominiert hat. Erfolgreicher ist die Basler Rückkehr für den zweifachen Sieger Ivan Lendl. Er verliert bei seiner ersten Teilnahme seit elf Jahren erst im Halbfinal gegen Korda, der damit erstmals sein Jugendidol bezwingen kann. Aber der 32-jährige Lendl ist ja auch immer noch ein Spitzenspieler, nicht wie Borg, der schon mit 26 zurückgetreten ist und es acht Jahre später nochmals versucht – aber auf der Profitour keinen Match mehr gewinnen wird.

Auffälligste Neuerung des Turniers ist die verbesserte Infrastruktur der St. Jakobshalle, die mit grossem Aufwand saniert worden ist, wodurch Akustik und Lichtverhältnisse nun dem höchsten Standard entsprechen. Das neuartige Beleuchtungssystem gehört zu den modernsten Einrichtungen in Europa. Am auffälligsten ist die veränderte Atmosphäre im Stadion, in dem eine Vereinheitlichung der Farben erfolgt ist. Die Werbebanden sind in Weiss und Blau gehalten, in den Spielfeldecken sind sogenannte «Corner Clocks» platziert. Dadurch setzen die Veranstalter dem wilden Durcheinander von Werbetafeln ein Ende und vollziehen den Schulterschluss zu den qualitativ und stilistisch wegweisenden Turnieren der Nobelklasse, wie Paris-Bercy oder das ATP-Saisonfinale in Frankfurt.

1 Prominente Gäste: Im Interview-Corner werden Persönlichkeiten aus allen Gebieten befragt.

2 Sie verstehen Spass: Boris Becker mit Schauspieler René Besson und Entertainer Harald Schmidt.

DESIGN UND DIGITAL KOMPETENZ

IDEEN WERDEN WIRKLICHKEIT:

- Branding
- Corporate Design
- Grafikdesign
- Websites
- E-Commerce

Rapperswil & Schaffhausen

www.onflow.ch

Outstanding Champions 1989–93

1993
STICH LANCIERT DEN GIPFELSTURM

Die Tenniseuphorie des Vorjahres ist in der Schweiz verflogen. Das Davis-Cup-Team, im Jahr zuvor in Fort Worth gegen die USA im Final knapp unterlegen, ist inzwischen mit Niederlagen in Indien und Israel abgestiegen. Zudem wirkt das Teilnehmerfeld der Swiss Indoors eher unspektakulär, nachdem Boris Becker am Freitag vor dem Turnier kurzfristig absagt. «Orthopädische Beschwerden lassen keine sportliche Betätigung zu», lässt der Titelverteidiger durch seinen Arzt per Fax ausrichten.

Damit werden die schlimmsten Befürchtungen wahr, der Albtraum aller Turnierdirektoren: Der angekündigte Superstar, mit dessen Konterfei auf Plakaten seit Monaten geworben wird, fällt aus. Nun ist die Erfahrung der Organisatoren gefordert. Nach unzähligen Telefonaten in die ganze Welt präsentiert die Turnierleitung nur 24 Stunden nach Beckers Absage einen attraktiven Ersatzstar – Michael Stich, den Wimbledonsieger von 1991.

«Ein Antistar, der siegt und siegt», schreibt der «Tages-Anzeiger» in einem Porträt über den Wildcard-Empfänger. Das trifft auch in Basel zu: Der Weltranglistensechste Stich, ein begnadeter Stilist mit unnachahmlichem Ballgefühl, aber wenig Starappeal, begeistert die Zuschauer die ganze Woche mit spektakulären Volleys. Er gerät auf dem Weg ins Endspiel nur im Halbfinal gegen den überraschenden Qualifikanten Martin Damm leicht ins Wanken.

1 Brillanter Allrounder: Michael Stich tritt auch in Basel aus dem Schatten Beckers.

2 Im Spielrausch: Stich wird zum zweiten Finalbezwinger Stefan Edbergs.

CECCHETTO
COFFEE EXCELLENCE

YOUR **EXCELLENT** COFFEE EXPERIENCE

- Zu Hause
- Im Büro
- Ho.Re.Ca
- Vending

An der Kaffeestrasse 10 erhalten Sie erstklassige Produkte und innovative Lösungen mit unlimitierter Garantie seit 1986.

COFFEE PARTNER

ENTDECKEN SIE MEHR AUF:
www.cecchetto.org

Outstanding Champions 1989–93

Die Ehre der Schweizer rettet nach Startniederlagen von Jakob Hlasek und Claudio Mezzadri Marc Rosset, der wie im Vorjahr die Halbfinals erreicht, wo er von Edberg gestoppt wird. Trotz der Turbulenzen vor dem Turnier, das neu mit 800'000 Dollar Preisgeld dotiert ist, wird ein weiterer Zuschauerrekord registriert (64'500). Stich sei Dank.

---

1 Das Endspiel erneut verpasst: Marc Rosset gratuliert nach dem Halbfinal Edberg.

2 Ratlos: Gegen Edberg hat Rosset in nun drei Duellen noch keinen Satz gewonnen.

Im Final trifft Stich auf einen alten Bekannten in Basel: den dreifachen Sieger Stefan Edberg, der das Kunststück fertigbringt, seinen fünften Swiss-Indoors-Final hintereinander zu erreichen (nach 1985/87/88/89). Wie schon oft haben die Swiss Indoors ihren Traumfinal – die Nummer 1 gegen die Nummer 2, der Clash zweier Wimbledonsieger. «Die Tennisgötter meinen es gut mit uns», sagt Roger Brennwald.

Stich und Edberg liefern sich ein packendes Offensivspektakel, in dem sich der Deutsche als würdiger Becker-Ersatz zeigt. Er steigert sich ab dem dritten Satz in einen Spielrausch und wird mit einem 6:4, 6:7, 6:3, 6:2 zum zweiten Finalbezwinger Edbergs nach Jim Courier – und zum dritten deutschsprachigen Basel-Sieger in Folge. Der Titel beflügelt ihn: Stich siegt auch in Stockholm, lässt sich in Frankfurt als Champion des Saisonfinals feiern (womit er als «ATP-Weltmeister» gilt) und holt mit Deutschland auch noch den Davis-Cup-Titel. Er beendet das Jahr auf Rang 2, seiner besten Klassierung.

Sternstunden 1994/95

STERNSTUNDEN

1994
DIE GEBURTSSTUNDE EINES NEUEN TURNIERS

Davidoff läutet als Titelsponsor eine ausgedehnte neue Ära ein. 1995 wird das 25-Jahr-Jubiläum zum Klassentreffen der Stars.

Der 9. Juni 1994 geht in die Annalen der Turniergeschichte ein. Es ist der Tag, an dem Turnierdirektor Roger Brennwald und Dr. Ernst Schneider, Präsident des Verwaltungsrats von Oettinger Davidoff, einen Vertrag unterzeichnen, der den in Basel ansässigen Weltkonzern zum Titelsponsor macht. Es ist die Geburtsstunde der Davidoff Swiss Indoors, wie das Turnier von nun an während 17 Turnieren heissen wird, ehe Werberestriktionen im Tabakbereich die Liebesehe 2010 brechen.

Die Partnerschaft mit dem renommierten Basler Familienunternehmen wird für die Swiss Indoors und die gesamte Schweizer Tennisszene zum Glücksfall. «Lebensqualität, Genuss, Exklusivität, Luxus und Tradition stehen in der Philosophie von Davidoff im Vordergrund», erklärt Dr. Ernst Schneider an diesem denkwürdigen Tag. «All diese Merkmale treffen wir auch bei den Swiss Indoors an: Qualität durch eine professionelle Organisation, Genuss durch eine ästhetisch schöne Sportart, Exklusivität durch ein hervorragendes Teilnehmerfeld mit den besten Spielern der Welt, Luxus durch ein attraktives Umfeld, und Tradition durch den Stellenwert der Swiss Indoors als grössten Sportanlass der Schweiz.»

Auch vonseiten der Regierung und Behörden erfahren die Davidoff Swiss Indoors ein zuvor unerreichtes Ansehen. Roger Brennwald wird als «Unternehmer des Jahres des Kantons Basel-Landschaft» ausgezeichnet und erhält zudem den Innovationspreis der Kantonalbank. Auch der Regierungsrat des Kantons Basel-Stadt ehrt sein Turnier und anerkennt dessen Bedeutung, den Namen Basel in die gesamte Welt hinauszutragen.

1 Beginn einer grossen Ära: Dr. Ernst Schneider, Verwaltungsrats-Präsident des neuen Titelsponsors Davidoff, mit Roger Brennwald und dem Plakat von 1994.

Verlässlicher Partner: Das Schweizer Fernsehen gehört zu den treuen Stützen der Swiss Indoors.

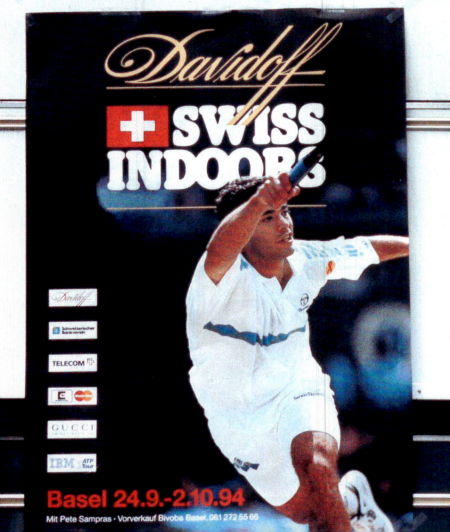

Sternstunden 1994/95

Die Zusammenarbeit mit Davidoff eröffnet dem Turnier finanziell und damit auch sportlich neue Perspektiven. 1994 wird ein Teilnehmerfeld angekündigt, das selbst für das verwöhnte Basler Publikum aussergewöhnlich ist. Erstmals seit Björn Borg soll mit Pete Sampras wieder die aktuelle Weltnummer 1 antreten, dazu mit Titelverteidiger Michael Stich die Nummer 2, mit Stefan Edberg die Nummer 5, und daneben viele weitere Spitzenspieler wie Andrej Medwedew, Jewgeni Kafelnikow, Wayne Ferreira und Marc Rosset.

Der Draht zwischen den Tennisgöttern und Brennwald ist für einmal gestört. Pete Sampras muss verletzungsbedingt kurzfristig absagen, während Edberg und Kafelnikow, die Nummern 2 und 3, schon in den Achtelfinals scheitern. Im Viertelfinal erwischt es den topgesetzten Stich gegen die Weltnummer 165, Cristiano Caratti. Marc Rosset, an Nummer 5 gesetzt, verpasst seine 3. Halbfinals in Serie in Basel mit einem 5:7, 7:6, 4:6 gegen Wayne Ferreira.

Damit kommt es zu wenig spektakulären Halbfinal-Affichen: Qualifier Cristiano Caratti trifft auf Wildcard-Empfänger Patrick

1 Genuss und Qualität: Dr. Schneider vor dem Bild des legendären Zino Davidoff.

2 Vor dem Jubiläumsplakat von 1995: Die Davidoff-Spitze mit Georges Schelker und Dr. Ernst Schneider.

3 Topgesetzt: Dr. Ernst Schneider mit Michael Stich.

Sternstunden 1994/95

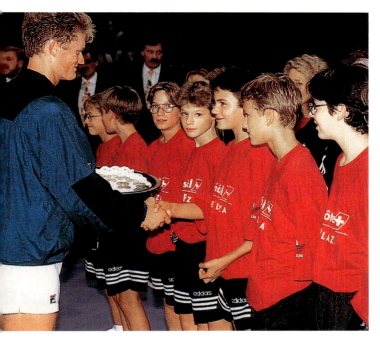

McEnroe, der Franzose Guy Forget auf Wayne Ferreira, den einzig verbliebenen Gesetzten. Im Final wird Ferreira, der in seiner Karriere 15 Turniere gewinnen und bis auf Rang 6 vorstossen kann, von Patrick McEnroe zwar hart gefordert, letztlich aber seiner Favoritenrolle gerecht. Die Weltnummer 13 schlägt den auf Rang 100 klassierten Amerikaner in 3:02 Stunden 4:6, 6:2, 7:6, 6:3. Aus Freude, bei seinem Basel-Debüt gleich sein bisher grösstes Hallenturnier gewonnen zu haben, verschenkt Ferreira sein Racket einer Zuschauerin.

Wer die «Basler Zeitung» vom 3. Oktober 1994 genau betrachtet, findet darin auch ein Bild, in dem Ferreira den Balljungen traditionell eine Medaille verteilt. Falls Ihnen der Junge, dem er gerade die Hand drückt, etwas bekannt vorkommen sollte, würden Sie sich nicht täuschen. Es ist der 13-jährige Roger Federer, dessen Mutter Lynette in der St. Jakobshalle die Badges für die Offiziellen ausstellt.

«CHAMPIONSHIP OF CHAMPIONS»: DIE BASLER STARPARADE

Schon 1994 hatte Roger Brennwald angekündet, er würde im kommenden Jahr zum 25-Jahr-Jubiläum seines Turniers «ein Feuerwerk zünden». Damit hatte er nicht zu viel versprochen. Vom Freitag, 22. September bis zum Finalsonntag neun Tage später wird die St. Jakobshalle 1995 zum Nabel der Tenniswelt. Acht frühere Weltranglistenerste, zwölf Grand-Slam-Sieger und acht aktuelle Top-20-Spieler treten in diesen Herbsttagen auf dem Center Court auf – eine geballte Ladung von Prominenz, wie sie in der Schweizer Tennisgeschichte wohl nie mehr an einem Ort versammelt sein wird.

Roger Brennwald hat mit unermesslichem Einsatz alles daran gesetzt, um möglichst viele Stars der Swiss-Indoors-Historie zum Jubiläum nach Basel zu holen. Und die meisten sind gekommen, aus allen Winkeln der Welt. Von den Siegern der ersten 25 Turniere sind 20 anwesend, einzig Ivan Lendl, Jan Kodes, Michael Stich sowie der

1 Denkwürdiges Treffen: Sieger Wayne Ferreira übergibt Ballboy Roger Federer eine Erinnerungsmedaille. Marco Chiudinelli (rechts neben Federer) wartet, bis er an der Reihe ist.

2 Tennisnostalgie: John McEnroe schlägt im Jubiläums-Vorturnier Björn Borg.

Herzliche Gratulation zum 50-jährigen Jubiläum

Scannen Sie den QR-Code und schauen Sie sich die Video-Botschaft von **Christian Wyss,** Leiter Aussendienst Vorsorge & Vermögen, und **Antonia Lepore,** Leiterin Marketingkommunikation, der AXA Schweiz an:

AXA.ch

Sternstunden 1994/95

verstorbene Vitas Gerulaitis fehlen. Die «Championship of Champions», wie die Jubiläumsveranstaltung heisst, steigt vom Freitag bis Sonntag vor dem Hauptturnier. Dabei bereiten die Sieger und Grössen der früheren Turniergeschichte ein Vorturnier, während im «Turnier der Champions» Legenden wie Björn Borg, Jimmy Connors, John McEnroe und Guillermo Vilas in einem Achterfeld über drei Tage und drei Runden den Sieger erküren.

Es ist der 43-jährige Evergreen Connors, der im Endspiel John McEnroe 6:3, 6:4 besiegt. Der New Yorker hat dafür zuvor das Prestigeduell mit Borg für sich entschieden. Für Connors ist es eine späte Genugtuung, hat er doch an den Swiss Indoors in seiner späten Karriere viermal teilgenommen und drei Halbfinals erreicht, für einen Final reichte es ihm aber nicht im Gegensatz etwa zu Borg, McEnroe und Vilas, drei früheren Basel-Siegern.

22'600 Zuschauer kommen an dieses dreitägige Tennisfestival, bei dem auch die Show nicht fehlt – insbesondere, wenn Mansour Bahrami oder Ilie Nastase auf dem Court stehen. Die «Basler Zeitung» weist am Montag aber explizit auf den Wettkampfcharakter der meisten Partien hin: «Wer gedacht haben sollte, ein Champions-Turnier sei eine lockere und ausgemachte Sache, wurde eines Besseren belehrt. Wettkampftypen bleiben das ein Leben lang.» Zu einer ähnlichen Konklusion kommt die «Sonntags-Zeitung», die titelt: «Bei Borg – McEnroe hört der Spass auf».

1 Doch noch siegreich: Jimmy Connors gewinnt das Jubiläumsturnier «Championship of Champions».

2 Showtime: Wenn Mansour Bahrami auftritt, bleibt kein Auge trocken.

3 Stolzer Junior: Roger Federer erhält einen Nachwuchspreis, flankiert von Bahrami und Connors.

Nah.
Am Tennis.
An den Swiss Indoors.
Seit 50 Jahren. |

Blick |

Ich bin dabei.  beim Jubiläum

Sternstunden 1994/95

1995
COURIER HÄLT DURCH UND DOPPELT NACH

Zu Superlativen verleitet auch die Besetzung des Hauptturniers, dessen Preisgeld von 800'000 auf eine Million Dollar erhöht worden ist und nach dem traditionellen spielfreien Montag am Dienstag beginnt. Zwar ist die Teilnahme von Boris Becker kurz vor Turnierbeginn unsicher, nachdem er in der Vorwoche mit Rückenbeschwerden während einer Davis-Cup-Begegnung in Russland am Sonntag spielunfähig war. Sicherheitshalber verpflichten die Organisatoren mit der letzten Wildcard Goran Ivanisevic, einen weiteren Top-10-Spieler und ehemaligen Finalisten.

Als der Main Draw am Dienstag beginnt, ist Becker aber zur Stelle. Mit Stefan Edberg, Jim Courier, Jewgeni Kafelnikow und Ivanisevic sind fünf weitere Top-10-Cracks im Feld. Selbst unter den Ungesetzten sind grosse Namen zu finden, wie Yannick Noah oder Mats Wilander, die sich 13 Jahre zuvor noch im Endspiel duelliert hatten, wie Cédric Pioline, Petr Korda oder Greg Rusedski, die alle schon in Grand-Slam-Endspielen standen – oder, was Rusedski betrifft, dieses noch tun werden.

Die starke Besetzung fordert schon früh prominente Opfer. Etwa Mats Wilander, der weit weg von seiner Bestform ist und nach einem 2:6, 2:6 gegen Jason Stoltenberg schon packen kann. Aber auch Marc Rosset und Jakob Hlasek, die beiden einzigen Schweizer, scheiden

sofort aus, der Genfer gegen Korda, der Zürcher gegen Rusedski. Und dann wird Goran Ivanisevic auch noch krank und muss seinen Platz einem Lucky Loser überlassen.

Schon früh kommt es bei dieser Leistungsdichte gezwungenermassen zu Schlageraffichen. So trifft Boris Becker schon im Achtelfinal im Duell zweier Grand-Slam-Sieger zum letzten Mal auf Yannick Noah – und gleich danach auf seinen früheren Erzrivalen Stefan Edberg. Ein Duell, in dem 1989, 1990 und 1991 der Wimbledonfinal entschieden wurde.

1 Drei Starts, zwei Titel: Jim Courier triumphiert 1995 nach einem Hitchcock-Endspiel und wird von Dr. Ernst Schneider beglückwünscht. Im Hintergund Turnierarzt Dr. Felix Marti und OK-Mitglied Ernst Emmenegger.

Sternstunden 1994/95

Wendungen geprägtes Abnützungsduell verstrickt, das erst nach 4:08 Stunden einen Sieger findet.

Genau wie 1989 gegen Stefan Edberg holt sich Jim Courier auch seinen zweiten Swiss-Indoors-Titel nach einem 1:2-Satzrückstand im Endspiel – 6:7, 7:6, 5:7, 6:2, 7:5. «Es war ein grossartiges und finalwürdiges Spiel», sagt er, seine Freude ist aber weniger überschäumend als sechs Jahre zuvor. «Damals erwartete ich nicht zu gewinnen, heute schon», begründet er. Das einzige grössere Missgeschick widerfährt ihm an diesem Tag nach der Partie, als er in den Katakomben über ein Fernsehkabel stolpert und sich ärztlich behandeln lassen muss.

Während in der unteren Tableauhälfte Jim Courier souverän und ohne Satzverlust seine ersten vier Gegner bezwingt, schmuggelt sich in der oberen Hälfte trotz der starken Besetzung ein Aussenseiter in die entscheidende Phase. Der auf Rang 25 klassierte Niederländer Jan Siemerink steht nach Siegen über Enqvist und Korda als Ungesetzter im Halbfinal.

Am Samstag, dem Halbfinaltag, herrscht Unruhe in der Halle. Rasch verbreitet sich das Gerücht, dass Becker am späten Freitagabend, als er im Doppel neben Patrik Kühnen einen Viertelfinal bestritten hat, erneut einen Stich im Rücken gespürt habe – die Spätfolgen seines Davis-Cup-Marathonprogramms von Moskau, wo er in zwei Tagen neun harte Sätze zu bestreiten hatte. Becker versucht alles, lässt sich in der Nacht auf Samstag bis 3.30 Uhr pflegen, schläft kaum und nimmt frühmorgens die Behandlung wieder auf. Er versucht es sogar noch mit Einspielen, doch wer ihn dabei beobachtet, weiss, dass er sich vor einer Mission impossible befindet.

«Beckers Forfait stiess in der mit 8700 Zuschauern gefüllten Halle auf sehr viel Mitgefühl», schreibt die «SonntagsZeitung» am nächsten Tag. Brennwald kommt mit Becker persönlich auf den Court, um die schlechte Nachricht zu verkünden. «Natürlich bin ich sehr enttäuscht, denn sowohl gegen Courier als auch gegen Siemerink hätte ich meine Chancen als sehr gut eingestuft, nachdem ich gegen Noah und Edberg zwei hervorragende Spiele zeigte», sagt der Deutsche.

Nach dem Kurzprogramm vom Samstag erleben dafür die Finalzuschauer ein unerwartetes Spektakel. Favorit Jim Courier wird von Aussenseiter Siemerink – beide sind 1970 zur Welt gekommen, im Geburtsjahr der Swiss Indoors – in ein turbulentes, spannendes und von vielen

1 Das letzte Shake-hands: Becker und Noah nach ihrem Achtelfinal.

2 Duell zweier Wimbledon-Grössen: Edberg erwartet den Aufschlag Boris Beckers.

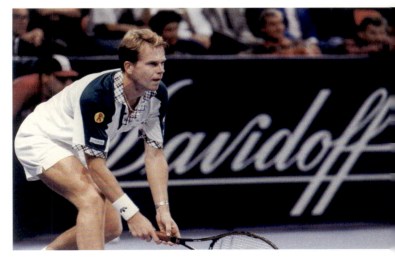

Norge Mining

Sourcing minerals for a more sustainable future

| 23 V Vanadium 50.9415 | 15 P Phosphorus 30.973761998 | 22 Ti Titanium 47.867 | 79 Au Gold 196.966569 |

Norge Mining has a clear vision: to become a global leader in sourcing and developing valuable minerals using modern, sensitive mining methods. We are creating a legacy and we understand our responsibility as its gatekeepers.

The European Union has declared vanadium, phosphate and titanium as 'critical' to Europe. Recently the US followed when it declared these same materials as critical to the "national security" of the US and to the US economy. With a high supply risk involved, they are strategically important. Phosphate is being used as a substitute for lithium-ion batteries in electric vehicles and vanadium for the storage of large amounts of renewable energy, giving them a pivotal role in our green energy revolution and in the fight to reduce CO_2 emissions.

While phosphate fertilizers may be a natural answer to global food security, phosphate is also a key ingredient for the latest generation of car batteries, lithium-iron-phosphate (LFP) batteries. Excitement around all three of our target minerals is gathering pace – as is demand.

Norge Mining is sitting on the largest deposits of phosphate rock in Norway, making Norge Mining a significant global player in the supply of critical raw materials but also a focal point for the battery industry.

We are at the forefront of Norway's emerging mineral exploration industry, with additional licences for sought-after titanium and gold.

A reliable partner, we aim to build value for our shareholders.

norgemining.com

Veni, vidi, vici: Pete Sampras gewinnt wie vor ihm Jim Courier beim ersten Anlauf.

English, please 1996–01

ENGLISH, PLEASE

1996

SAMPRAS, DER EROBERER

Nach Jim Courier holt auch Pete Sampras beim Debüt den Titel, Andre Agassi jagt diesen vergebens. Die Briten erleben ein Hoch.

Wer befürchtet, dass auf das rauschende 25-Jahr-Jubiläum ein durchzogener Jahrgang folgt, täuscht sich. Schon bei der Medienkonferenz im Mai im ehrwürdigen Grossratssaal im Rathaus kündigen die Organisatoren Pete Sampras an. Im Gegensatz zu 1994, als er bereits das Turnierplakat zierte, sich aber noch verletzte, klappt es mit dem Debüt des momentan achtfachen Grand-Slam-Siegers, womit zum zweiten Mal nach Björn Borg eine Weltnummer 1 das Feld anführt.

Als Titelverteidiger Jim Courier absagt, holt Roger Brennwald mit einer Wildcard noch Stefan Edberg ins Feld, das stilvoll im Basel Musical Theater vor der Kulisse des «Phantom of the Opera» ausgelost wird. Mit Sampras, Becker und Kafelnikow schlagen erstmals drei aktuelle Grand-Slam-Champions auf. Edberg ist inzwischen 30-jährig und auf Abschiedstournee. Er ist gesundheitlich angeschlagen und unterliegt im Achtelfinal Marc-Kevin Goellner. Auch Becker stolpert in seiner zweiten Partie gegen Jiri Novak.

Ebenfalls im letzten Jahr der Karriere steht Jakob Hlasek, der die fünfte Startniederlage in Folge am Ort seines grössten Titels (1991) hinnehmen muss, gegen Teenager Tommy Haas. Neben ihm scheitern auch Marc Rosset sowie die Gesetzten Ivanisevic, Stich, Enqvist und Philippoussis sogleich. Dass es ein unvergessliches Turnier wird, liegt vor allem an Sampras, der um seinen im Mai an einem Gehirntumor verstorbenen Coach Tim Gullikson trauert. Er gibt gegen den Qualifikanten Radulescu zwar den ersten Satz des Turniers ab und muss im Achtelfinal auch gegen Haas über drei Sätze. Dann ist er warmgespielt und bleibt gegen Tillström, Kafelnikow und den deutschen Überraschungsfinalisten Hendrik Dreekmann makellos.

1 Denkwürdige Auslosung: Moderator Bernard Thurnheer präsentiert das Tableau, das erstmals von Pete Sampras angeführt wird. Rechts Florian Schneider, Hauptakteur in «Phantom of the Opera».

2 Sport und Show kombiniert: Das «Phantom of the Opera» spielt an dem Draw im Musical Theater mit.

Im Ranking «Tore und Türen» sind wir Europas Nummer 1

www.hoermann.ch
0848 463 762

HÖRMANN
Tore • Türen • Zargen • Antriebe

English, please 1996–01

Die Davidoff Swiss Indoors haben wieder ihren Wunschsieger und 62'700 Zuschauer angezogen. «Ich schlug sehr gut auf und spielte solid. Aber meinen besten Match habe ich im Halbfinal gegen Kafelnikow gezeigt», sagt Sampras nach seinem 7. Titel des Jahres. Auch Roger Brennwald strahlt: «Eine aktuelle Nummer 1 als Turniersieger – das ist wie ein Sechser im Lotto.»

1 Wie gewohnt offensiv: Pete Sampras.

2 Ein homogenes Team: Das OK der Swiss Indoors.

1997

WATERLOO UND HAPPYEND

«Das beste Feld aller Zeiten in der Schweiz in 25 Jahren ATP-Tennis», schreibt der langjährige Turnierberater Jürg Vogel in einem Medien-Communiqué Ende August. Etwas voreilig, wie sich zeigen wird. Gleich reihenweise treffen in den folgenden Wochen prominente Absagen ein, aus Argentinien von Marcelo Rios, aus Brasilien von Paris-Sieger Gustavo Kuerten und aus Australien von Patrick Rafter, der das US Open gewonnen hat.

Damit nicht genug. Am Sonntag kommt Pete Sampras, der das Plakat zum dritten Mal ziert, zwar am Rheinknie an. Der Titelverteidiger, Melbourne- und Wimbledonsieger ist aber nur da, um sich reglementskonform abzumelden, wegen Erschöpfung. Statt allen vier Grand-Slam-Sieger der Saison ist damit gar keiner dabei. «Die vergangenen Tage waren die kritischste Phase in meinem Berufsleben», bekennt Roger Brennwald. Er sieht aber auch Lichtblicke: «Erfreulich ist, dass im Stadion eine Stimmung herrscht, als ob nichts passiert wäre.» Die Zuschauer erscheinen in Scharen, 60'000 an der Zahl.

English, please 1996–01

Sie profitieren von der Investition in einen langsameren Bodenbelag namens Forbo-Taraflex, der spektakuläre Ballwechsel begünstigt. Und da immer noch acht Top-20-Spieler um den Pokal kämpfen, erleben sie trotz allem ein äusserst attraktives Turnier mit vielen umstrittenen Partien.

Für eine Überraschung sorgt Ivo Heuberger. Der 21-jährige Wildcard-Empfänger eliminiert als Nummer 198 Marc Rosset und zwingt im Achtelfinal den topgesetzten Jewgeni Kafelnikow über drei Sätze. Der Russe muss im Viertelfinal Mark Philippoussis den Vortritt lassen, im Halbfinal schlägt der Australier auch Tim Henman. Trotzdem erhält das Turnier erstmals seit 1974 (Roger Taylor) einen britischen Sieger: Greg Rusedski, der das Duell der Aufschlaggiganten mit Philippoussis im Final 6:3, 7:6, 7:6 gewinnt. Der Linkshänder mit kanadischen Wurzeln hat zuvor Ferreira, Enqvist und Korda geschlagen und steht auf seinem Karrierehoch. Dank Basel stösst er auf Rang 4 vor.

Dass die Turnierbilanz letztlich positiv ausfällt, hängt auch mit Davidoff zusammen, das sein Titelsponsoring um drei Jahre verlängert. Und bevor das Jahr vorbei ist, gibt es noch eine erfreuliche Nachricht: Am Saisonfinale in Hannover empfängt Roger Brennwald im Namen der Swiss Indoors den «ATP-Award für herausragende Einrichtungen».

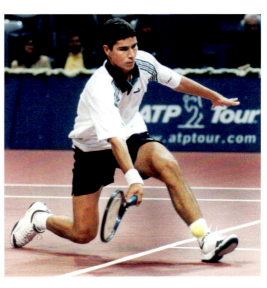

1 Strahlender Sieger: Greg Rusedski gewinnt als erster Brite seit 1974.

2 Zielstrebiger Australier: Mark Philippoussis stösst in den Final vor.

3 Überraschender Schweizer: Ivo Heuberger überrumpelt Marc Rosset.

Spass am Spiel: Andre Agassi lässt dem 17-jährigen Debütanten Federer keine Chance.

English, please 1996–01

1998
TURNIER DER SUPERLATIVE

Gleich sechs ehemalige Grand-Slam-Champions sind 1998 am Start, mit Pete Sampras und Patrick Rafter kommen erstmals die Nummern 1 und 2, dazu Andre Agassi, Jewgeni Kafelnikow, Petr Korda, Boris Becker und Tommy Haas. «Das bestbesetzte Turnier der Geschichte», freut sich Roger Brennwald.

Mit Sampras hatte er nicht gerechnet. Der Amerikaner braucht Punkte, um das Jahr als Nummer 1 zu beenden, und gelangt mit einer Wildcard ins Feld. Ebenso rasch ist er wieder weg: Er scheitert 6:4, 6:7, 3:6 an Wayne Ferreira. Am gleichen Tag verabschieden sich der zweifache US-Open-Sieger Rafter sowie Becker. Der bald 31-jährige Deutsche steht kurz vor dem Rücktritt, braucht als Nummer 60 eine Wildcard und unterliegt beim letzten Auftritt in Basel Thomas Johansson, der 2002 das Australian Open gewinnen wird.

Vor dem «schwarzen Mittwoch» («Tages-Anzeiger») stehen Agassi und der mit 17 Jahren jüngste und als Nummer 396 schlechtestklassierte Spieler im Fokus – Roger Federer. Der Wimbledon-Juniorensieger hat eben in Toulouse die Viertelfinals erreicht und im Ranking fast 500 Ränge gutgemacht. Erstmals sind an einem Dienstag 8000 Zuschauer da. Spannung kommt keine auf. Nach 56 Minuten gewinnt Agassi 6:3, 6:2. Er findet ein paar lobende Worte für Federer, sagt aber auch: «Es war ein ideales Erstrundenspiel, in dem ich nicht allzu viel tun musste und mich an die Bedingungen gewöhnen konnte.»

1 Entspannte Grössen: Tommy Haas und Players Agent Sergio Palmieri.

2 Favoritensterben: Pete Sampras, der Weltranglistenerste und …

3 … Patrick Rafter, der Weltranglistenzweite, scheitern bereits in der Startrunde.

Agassi bekommt es noch mit zwei anderen Schweizern zu tun. Im Achtelfinal schlägt er Ivo Heuberger 6:0, 7:6, im Halbfinal Marc Rosset. Für den Turniersieg reicht es dem Amerikaner aber nicht: Wie im Vorjahr geht der Pokal in die Hände eines Briten. Nach Rusedski ist die Reihe an Tim Henman, der im Halbfinal gegen Johansson zwei Punkte vor dem Out gestanden ist. «Die ersten zwei Sätze waren wohl die besten, die ich je gespielt habe, und Basel die beste Woche meines Lebens», sagt der 24-Jährige aus Oxford nach dem 6:4, 6:3, 3:6, 6:4, für das ihm 2:15 Stunden reichen.

1 Mit letztem Einsatz: Tim Henman, Sieger von 1998 …

2 … und Jewgeni Kafelnikow, der in Basel ohne Titel bleiben wird.

1999
BIS ZUM SPÄTEN ENDE

Noch nie war die Harmonie so gross zwischen Basel und Roger Brennwald. 110 Fahnen auf Stadtgebiet weisen auf die Swiss Indoors hin, der Turniergründer wird zum «Basler des Jahres» gewählt. Sein 30. Turnier hat mit French- und US-Open-Sieger Andre Agassi und Melbourne-Champion Jewgeni Kafelnikow die Nummern 1 und 2 und drei der vier Grand-Slam-Sieger am Start. Dass Wimbledonsieger Pete Sampras wegen einer Rückenverletzung nach dem US Open auch Basel absagen muss, hat sich abgezeichnet.

Mitglieder:

SWISSTOPSPORT
Vereinigung der bedeutendsten Sportveranstaltungen

Sportgrossveranstaltungen sind gut für die Schweiz.

Die Schweiz ist weltweit das Land mit der breitesten Dichte und Vielfalt an international führenden Sportgrossveranstaltungen. Die unter dem Label «SwissTopSport» vereinten Spitzensport-Events gehören zu den Besten der Welt. Das ist gut für unser Land und gut für den Schweizer Sport. «SwissTopSport» engagiert sich dafür, dass die Werte und Leistungen ihrer Events erkannt und von Sport, Politik und Wirtschaft verstärkt gefördert und genutzt werden.

SWISSLOS

Unsere Partner: BASPO Bundesamt für Sport, Blick, Schweiz Tourismus, SRG SSR idée suisse und Swiss Olympic.
Kontakt: SwissTopSport, Geschäftsstelle, Flurstr. 50, CH-8048 Zürich, Tel. +41 (0)43 499 19 99, viva@swiss-top-sport.ch

English, please 1996–01

Agassi will erstmals ein Jahr als Nummer 1 beenden (was ihm auch gelingen wird). In der St. Jakobshalle muss er schon im Achtelfinal gegen Nicolas Escudé drei Matchbälle abwehren, im folgenden Match gehen für ihn die Lichter aus – 4:6, 5:7 gegen Karol Kucera. Der 25-jährige Slowake ist ein früherer Top-10-Spieler. Er schlägt auch Nicolas Kiefer und Tim Henman und wird zum zweiten ungesetzten Basler Champion, zehn Jahre nach Jim Courier. Der solide und taktisch schlaue Kucera trägt den Übernamen «kleine Katze»; sein Coach Miloslav Mecir war einst als «grosse Katze» bekannt. Die Nummer 20 und Titelverteidiger Henman duellieren sich fast vier Stunden in einem hochklassigen und an Dramatik kaum zu übertreffenden Endspiel, ehe der Slowake seinen fünften und wichtigsten Turniersieg holt. Es ist auch der fünfte Fünfsatzfinal der Swiss Indoors und der erste, der in einem Tiebreak entschieden wird – 6:4, 7:6 (12:10), 4:6, 4:6, 7:6 (7:2).

In seiner Turnierbilanz betont Roger Brennwald, dass er neue Herausforderungen angehen will. Er hat eine treibende Rolle übernommen in der von ihm mitbegründeten Vereinigung Swiss Top Sport. «Dieser Wert an Tradition und Kontinuität ist ein Kapital, das nicht mit Gold aufgewogen werden kann», meint Roger Brennwald. «Darüber hinaus sind diese Events der beste Botschafter für das Land und auch der Motor für den Breitensport. Dieser Verbund ist der Kopf und das Herz einer starken, exklusiven Plattform für den Sport.» STS-Gründer und Präsident Daniel Plattner ist stolz auf die Vereinigung, die weltweit einzig und einzigartig ist. «Diese 13 Grossanlässe sind die leuchtenden Sterne im Sportland Schweiz.»

1 Gründerversammlung von Swiss Top Sport mit (von links) Jacky Delapierre (Athlétissima), Rolf Theiler (CSI Zürich), Rolf Hunkeler (Ruderwelt Luzern), Pierre Genecand (CSI-W Genève), Beat Ritschard (Swisscom Challenge), Viktor Gertsch (Lauberhornskirennen Wengen), Res Brügger (Weltklasse Zürich), Hansruedi Schaerer (UBS Open Gstaad), Roger Brennwald (Davidoff Swiss Indoors), Daniel Plattner (Präsident Swiss Top Sport), Jörg Fuchs (Finanzen Swiss Top Sport), Fredy Pargätzi (Spengler Cup), Peter Stössel (CSIO Schweiz). Es fehlen: Christian Barras (Canon European Masters), Marc Biver (Tour de Suisse).

2 Überraschungssieger: Karol Kucera erhält von Dr. Ernst Schneider den Pokal.

English, please 1996–01

2000
ZWEI TEENAGER BEGEISTERN

Wenn auf der obersten Zeile eines Turnierrasters der Name eines Lucky Losers erscheint, ist das kein gutes Zeichen, denn dies wäre der Platz des Topgesetzten. Genau das trifft an den Swiss Indoors 2000 ein. Weil sich Magnus Norman, Weltnummer 4, mit Rückenproblemen abmeldet, rutscht Stéphane Huet für ihn nach. Aber die Aufregung hält sich in Grenzen. Erstens ist Norman kein Agassi oder Sampras, und zweitens stehen viele aufstrebende Jungstars im Feld – allen voran die 19-jährigen Lleyton Hewitt und Roger Federer, der schon im Achtelfinal auf den späteren Coach von Stan Wawrinka getroffen wäre.

Der Münchensteiner ist als Nummer 34 ungesetzt, setzt aber die Glanzpunkte. Erst revanchiert er sich bei Tommy Haas für die Halbfinalniederlage in Sydney, die ihn eine Olympiamedaille kostete. Dann schlägt er Andrei Pavel, womit sein Name nun selber zuoberst im Tableau erscheint. Und es wird noch besser: Nach einem 6:4, 6:4 gegen den ungesetzten Franzosen Nicolas Thomann kommt es zum erhofften Schlagerhalbfinal: Federer gegen Hewitt.

Federer hat gegen den frühreifen Australier die drei bisherigen Duelle verloren, doch vor seinem Publikum gelingt ihm ein Meisterstück. Als er nach zweieinhalb Stunden 6:4, 5:7, 7:6 (8:6) gewonnen hat, werfen viele Zuschauer entzückt Sitzkissen auf den Court. Es ist Federers erster Sieg gegen die australische Kampfmaschine, die er fortan immer besser kontrolliert: Am Ende wird er in dieser Rivalität 18 von 27 Duellen gewonnen haben.

Federer ist der zweite Schweizer nach Jakob Hlasek, der in der St. Jakobshalle in ein Endspiel einzieht. Er hat aber das viel härtere Programm hinter sich als Finalgegner Thomas Enqvist, der Tim Henman 6:1, 6:3 abblitzen lässt. Trotzdem hält er gut mit, vergibt aber zwei Chancen zur 2:1-Satzführung und beendet nach einem 2:6, 6:4, 6:7, 6:1, 1:6 auch seinen zweiten ATP-Final als Verlierer. «Ich kann mir keine Vorwürfe machen», sagt Federer, der auch den Doppelfinal verliert. Für Enqvist, die Nummer 6, ist es der 18. Turniersieg. Bei ihm wird nur noch einer dazukommen, bei Federer werden es einige mehr sein.

Mit 64'900 Zuschauern wird das Total des Vorjahres egalisiert. «Dieses Turnier beflügelt uns», sagt Roger Brennwald. Er bezeichnet Federer als «Jahrhundertgeschenk».

1 Frühreifer Australier: Lleyton Hewitt glänzt in Basel als Teenager.

2 Dramatik pur: Federer schlägt erstmals Hewitt.

3 Kraftvoller Sieger: Thomas Enqvist bezwingt Federer in fünf Sätzen.

Gewinner 1970 - 2000

1970 Klaus Berger (Deutschland)
1971 Jiri Zabradnicek (Tschechien)
1972 Michel Burgener (Schweiz)
1973 Jean-Claude Barclay (Frankreich)
1974 Roger Taylor (Grossbritanien)
1975 Jiri Hrebec (Tschechien)
1976 Jan Kodes (Tschechien)
1977 Björn Borg (Schweden)
1978 Guillermo Vilas (Argentinien)
1979 Brian Gottfried (USA)
1980 Ivan Lendl (USA)
1981 Ivan Lendl (USA)
1982 Yannick Noah (Frankreich)
1983 Vitas Gerulaitis (USA)
1984 Joakim Nyström (Schweden)
1985 Stefan Edberg (Schweden)
1986 Stefan Edberg (Schweden)
1987 Yannick Noah (Frankreich)
1988 Stefan Edberg (Schweden)
1989 Jim Courier (USA)
1990 John McEnroe (USA)
1991 Jakob Hlasek (Schweiz)
1992 Boris Becker (Deutschland)
1993 Michael Stich (Deutschland)
1994 Wayne Ferreira (Sudafrika)
1995 Jim Courier (USA)
1996 Pete Sampras (USA)
1997 Greg Rusedski (Grossbritanien)
1998 Tim Henman (Grossbritanien)
1999 Karol Kuccra (Slovakei)
2000 Thomas Enqvist (Schweden)

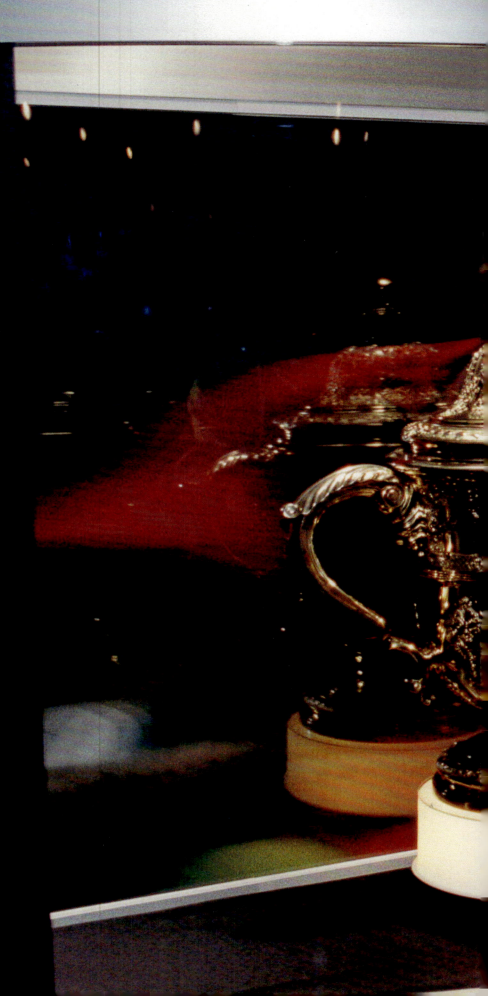

So nah, so fern: Für Alex Corretja – und bisher alle Spanier – bleibt der Pokalgewinn in Basel nur ein Traum.

Filigran in allen Lagen:
Tim Henman, Sieger 2001.

2001
DAS GROSSE FAVORITENSTERBEN

Zum zweiten Mal organisiert Roger Brennwald im Februar eine Davis-Cup-Begegnung für Swiss Tennis, in Zusammenarbeit mit seinem langjährigen Weggefährten René Stammbach, dem Vater des grossen Zürcher Frauenturniers. Roger Federer nutzt seine Heimbühne, um die USA praktisch im Alleingang zu bezwingen, mit Siegen über Jan-Michael Gambill, Todd Martin und im Doppel neben Lorenzo Manta über Gambill/Gimelstob. Die Veranstaltung in der St. Jakobshalle endet mit Freudentränen Federers, aber bei nur 14'500 Zuschauern auch mit einem Verlust.

Ende Oktober vergiesst Federer nach den Swiss Indoors im gleichen Stadion erneut Tränen, doch nun aus Enttäuschung. Wie im Vorjahr gegen Thomas Enqvist hat er auch seinen zweiten Basler Final verloren. Diesmal fällt die Niederlage klarer aus, im 4. Duell mit Tim Henman setzt es mit 3:6, 4:6, 2:6 die 4. Niederlage ab. «Gentleman Tim» wird zum fünften Spieler, der die Swiss Indoors mehr als einmal gewonnen hat, nach Edberg (3), Lendl, Noah und Courier.

Das Turnier hat mit Rückschlägen begonnen. Andre Agassi, der das Plakat schmückt, sagt wegen Erschöpfung ab. Pete Sampras beantragt eine Wildcard, verzichtet aber Stunden später wegen eines tauben Schlagarms. Und der dreifache French-Open-Sieger Gustavo Kuerten, der die Weltrangliste anführt, scheitert beim einzigen Start in Basel sogleich an Julien Boutter. Tags danach schreibt die «Basler Zeitung», die Niederlage sei durch Buhrufe und Pfiffe quittiert worden, das 6:7, 2:6 sei «eine 91-minütige Blamage» gewesen, die in den kommenden Tagen sicher nicht für einen erhöhten Zuschauer-Aufmarsch sorgen wird. Kuerten steckt allerdings in einer Baisse und sagt: «Ich habe im Moment einfach nicht viel Selbstvertrauen. Und ich bin selbst auch wütend, wenn ich so schlecht spiele.»

Dafür glänzen Schweizer: Erstmals erreicht in der St. Jakobshalle ein Trio die Viertelfinals, neben Federer Michel Kratochvil und George Bastl. Weiter kommt nur Federer, der in einem wechselhaften Viertelfinal den 19-jährigen Andy Roddick 3:6,

6:3, 7:6 (7:5) niederringt und im Halbfinal auch Boutter bezwingt. Nach dem Final tröstet Henman ihn und die Zuschauer mit einer Prognose, die nicht sehr gewagt ist: «Ich bin sicher, er wird sein Heimturnier auch einmal gewinnen.»

1 Brasilianischer Strahlemann: Gustavo Kuerten.

2 Amerikanisches Kraftpaket: Andy Roddick.

WORLD CLASS TALENT

Whether you're looking for designer sunglasses or iconic perfumes, Dufry offers an unmatched selection of brands in over 65 countries across the world.

Sign up to the Red By Dufry Loyalty Scheme today to receive instant benefits from in store discounts, access to airport lounges and many more.

DUFRY
WorldClass.WorldWide.

RED By DUFRY — SIGN UP... & SAVE TODAY

Die Armada 2002–05

DIE ARMADA

2002
NALBANDIAN GIBT VOLLGAS

24 Jahre nach Vilas geht der Pokal wieder nach Südamerika – und dann gleich dreimal in vier Jahren, dank Nalbandian, Coria und Gonzalez. Federer hat doppelt Pech.

Zum 7. Mal ist Pete Sampras dieses Jahr gemeldet, doch schon zum 5. Mal sagt der Sieger von 1996 ab. Er hat am US Open seinen 14. Grand-Slam-Titel gewonnen und die Saison abgebrochen. Was noch keiner weiss: Die Karriere des Amerikaners ist mit diesem Major-Triumph zu Ende gegangen – auch wenn er dies erst ein Jahr später offiziell bestätigen wird.

Roger Federer hat derweil in Hamburg – ausgerechnet auf Sand – sein erstes Turnier der Masters-Serie gewonnen. Er ist die Nummer 8 und schmückt erstmals das Plakat der Swiss Indoors, deren Budget sich inzwischen bei über 12 Millionen Franken bewegt. Alles beginnt programmgemäss für den umjubelten Schweizer, das grösste Kronjuwel der Tenniswelt. Martin Verkerk und Alexander Waske wirft er ohne Satzverlust aus dem Turnier, und im Viertelfinal schlägt er Andy Roddick 7:6, 6:1 – in einer Partie, die nach Mitternacht endet und am Schweizer Fernsehen über 600'000 Zuschauer anlockt. Sie beinhaltet einen der spektakulärsten Gewinnschläge in Federers Karriere, mit dem er von weit hinter dem Court den verdatterten Amerikaner mit einem Smash-Passierball mirakulös ausspielt.

1 Explosiver Chilene: Fernando Gonzalez, Finalist.

2 Zäher Argentinier: David Nalbandian, Sieger.

Im Halbfinal trifft Federer auf den 20-jährigen Turnierneuling David Nalbandian, was ein gu-

Argentinischer Aufsteiger: David Nalbandian gewinnt als Wimbledonfinalist die Swiss Indoors.

Die Armada 2002–05

Nalbandian stand einige Monate zuvor überraschend im Wimbledonfinal, wo er aber gegen den Australier Lleyton Hewitt chancenlos war (auf ein zweites Grand-Slam-Endspiel wird er seine ganze Karriere lang vergeblich warten). Er bezwingt im Endspiel auch den Chilenen Fernando Gonzalez, einen anderen Base-Neuling. Das 6:4, 6:3, 6:2 bringt dem wieselflinken und bullig wirkenden Konterspieler mit der brandgefährlichen doppelhändigen Rückhand den zweiten Turniersieg. Er ist der erste südamerikanische Swiss-Indoors-Sieger seit 24 Jahren und Guillermo Vilas. Und er wird 2003 drei weitere Begegnungen mit Federer gewinnen.

tes Los zu sein scheint. Denn der Argentinier, der in der Freizeit gerne Autorennen fährt und auch im Tennis permanent aufs Tempo drückt, hat Tim Henman eliminiert, mit dem sich Federer weiterhin schwertut. Der Schweizer geht vor einem entzückten Publikum am Samstag denn auch 7:6, 3:1 in Führung, da reisst der Film unvermittelt. «Gescheitert», schreibt die «SonntagsZeitung» am Tag danach in fetten Lettern. «Ich habe einfach meine Chancen nicht gepackt», sagt Federer kleinlaut nach dem 7:6, 5:7, 3:6. Trotz des Rückschlags wird er sich erstmals für das ATP-Saisonfinale der acht Jahresbesten qualifizieren und in Shanghai sogar die Halbfinals erreichen.

2003

DER FINAL, DER NICHT WAR

Den Swiss Indoors scheint 2003 das Glück zu lachen. Roger Federer und Andy Roddick haben in Wimbledon und am US Open ihre ersten Grand-Slam-Trophäen erobert und sind an Nummer 1 und 2 gesetzt. Gemeldet ist auch Juan-Carlos Ferrero, der neue French-Open-Sieger, der aber kurzfristig absagt. Und erstmals stehen sechs Schweizer im Hauptfeld. Neben Michel Kratochvil erhalten auch Marc Rosset und der 18-jährige Neuling Stan Wawrinka eine Wildcard, Jean-Claude Scherrer übersteht die Qualifikation, Ivo Heuberger rutscht als Lucky Loser ins Feld.

Ein klarer Fall von Quantität vor Qualität: Nach einer Runde ist nur noch Federer dabei, der Rosset nur vier Games überlässt. Für den Genfer, inzwischen Davis-Cup-Captain, wird es das letzte Einzel in Basel bleiben. In 13 Anläufen hat er drei Halbfinals erreicht und acht Startniederlagen angehäuft. «Merci pour tout», verabschiedet er sich vom Publikum. Wirklich schmerzhaft ist für das Turnier aber, was im Achtelfinal passiert: Federer wirkt gegen Ivan Ljubicic, den er später als Coach verpflichten wird, unerklärlich steif und verliert 6:7, 7:6, 4:6. Am Tag danach erklärt er sich: «Meine

1 Auf Vilas' Spuren: David Nalbandian.

2 Grosser Auftritt: Jean-Claude Scherrer springt am Finalsonntag für den verletzten Nalbandian ein.

3 «Merci pour tout»: Marc Rosset tritt ab.

Champion ohne Finalsieg: Guillermo Coria und der verletzte David Nalbandian, dahinter Ernst Schneider.

Die Armada 2002–05

Wirbelsäule war blockiert. Es passierte im Lauf des Tages. Ich spürte es von Anfang an, und es wurde immer schlimmer.»

Das Turnier steht unter keinem guten Stern. Am Donnerstag fällt fünfmal das Licht aus, 36 Lampen werden ausgewechselt. Die dunkelste Stunde folgt aber noch. Als Roger Brennwald am Sonntag vor dem Final gerade Bilanz zieht, erreicht ihn die Hiobsbotschaft: Nalbandian ist wegen eines entzündeten Handgelenks spielunfähig. Die 9200 Zuschauer (total 65'800 bedeuten Rekord) erfahren kurz vor Spielbeginn von ihrem Pech, Nalbandian erklärt ihnen die Lage persönlich. Der Titel geht kampflos an seinen 21-jährigen Jugendfreund Guillermo Coria. Es ist dessen erster Pokal fernab der Sandplätze – und wird es auch bleiben. Wie Borg, Courier, Sampras und Nalbandian kann er Basel schon nach dem Debüt als Champion verlassen.

Zuvor bestreitet Coria noch einen Schaukampf gegen Scherrer, der notfallmässig per Helikopter eingeflogen wird und so zum zweiten grossen Auftritt kommt, nachdem der Qualifikant gegen Roddick gut mitgehalten hat. Ehrengast ist Mark Miles, der Geschäftsführer der ATP. Was er sieht, begeistert ihn trotz des ausgefallenen Finals. Die Swiss Indoors erhalten ihren zweiten ATP-Award, als «Turnier des Jahres 2003 für das beste Marketing». Im gleichen Jahr bekommen sie einen Ehrenplatz im Schweizer Sportmuseum.

2004
SHOWTIME UND OLYMPIASIEGER

1 Mann mit Slice: Guillermo Coria überrascht als Sandspezialist.

2 Ungewohnte Aufschlagposition: Komiker Marco Rima sorgt für Klamauk.

3 Ungleiche Ehrengäste: Francine Jordi, Werner Günthör und Marco Rima.

Zum dritten Mal ziert Roger Federer, inzwischen Nummer 1 und dreifacher Grand-Slam-Sieger, das Turnierplakat. Doch wieder schlägt die Verletzungshexe zu, am Montag kurz nach der Auslosung des Turniers und nur Stunden vor seiner geplanten Startpartie. Sogar noch massiver als zwölf Monate zuvor: Federer muss das Training mit Ivo Heuberger in Roger Brennwalds Tennisanlage Paradies in Allschwil wegen Schmerzen im linken Oberschenkel abrupt abbrechen. Am Dienstag erhält er die brutale Diagnose: Muskelfaserriss, mehrere Wochen Zwangspause. «Ich hatte die perfekte Vorbereitung und eine gute Chance, das Turnier zu gewinnen», sagt er zu den Journalisten.

Grosses Schlussfeuerwerk: Jiri Novak holt in Basel seinen siebten, grössten und letzten Turniersieg.

Die Armada 2002–05

1 Der nächste Star aus Südamerika: Olympiasieger Nicolas Massu.

2 Ungesetzter Champion: Der Tscheche Jiri Novak.

Er weint, als er Roger Brennwald die Nachricht überbringt. Der OK-Präsident ist aber längst abgehärtet und sagt: «Die Stärke eines Unternehmens zeigt sich erst in der Krise.» Tatsächlich wird mit 65'800 Zuschauern die letztjährige Bestmarke eingestellt, und die verschiedenen gastronomischen Betriebe in der Halle, die jedermanns Wünsche erfüllen, sind so gut besucht wie noch nie.

Neuling Rafael Nadal scheidet ebenso im Startspiel gegen Rainer Schüttler aus wie Stan Wawrinka gegen Tommy Robredo. Obwohl Titelverteidiger Coria wegen einer Schulterverletzung fehlt, setzen erneut Südamerikaner die Akzente: Der Chilene Nicolas Massu, in Athen eben Olympiasieger im Einzel und Doppel geworden, wird erst im Halbfinal von Nalbandian gestoppt. Der Argentinier wird damit der zweite Spieler, der drei Basler Finals in Folge erreicht, nach Yannick Noah in den 80er-Jahren.

Der Champion von 2002 kann aber nicht verhindern, dass es zum dritten Mal einen ungesetzten Swiss-Indoors-Champion gibt, nach Jim Courier (1989) und Karol Kucera (1999): Der 29-jährige Tscheche Jiri Novak fügt ihm in drei Stunden mit 5:7, 6:3, 6:4, 1:6, 6:2 seine erste Niederlage in Basel nach 13 Siegen zu. Eine Sensation ist das nicht: Obwohl ungesetzt, ist Novak die Nummer 20. Er hat bereits zweimal das Swiss Open in Gstaad und damit 16 seiner letzten 17 Partien in diesem Land gewonnen. Basel ist Novaks siebter und wichtigster Turniersieg – und wird sein letzter bleiben.

Wenigstens für einen Schweizer enden die Swiss Indoors mit einem Titel: Roger Brennwald wird «für herausragende Dienste um den Basler Sport» als «Basler Sportchampion 2004» ausgezeichnet.

helvetia.ch

50 Jahre. Grosses Engagement. Wir Gratulieren.

Wir gratulieren Roger Brennwald und seinem Team zur perfekten Organisation von Weltklasse-Tennis in Basel.

einfach. klar. helvetia

Ihre Schweizer Versicherung

Die Armada 2002–05

2005
SYNERGIEN HINTER DER GRUNDLINIE

GASTREFERENTEN
IM BUSINESS CLUB IM
GRAND CASINO BASEL

2005	Adolf Ogi
2006	Bernhard Russi
2006	Hans-Dieter Cleven
2006	Karlheinz Böhm
2007	Rolf Knie
2007	Veronica Ferres
2008	Franziska van Almsick
2009	Ottmar Hitzfeld
2010	Lynette Federer
2011	Roger Köppel
2012	Jörg Schild
2015	Belinda Bencic
2016	Dario Cologna
2017	Fabian Cancellara
2018	Marco Rima
2019	Sepp Blatter

Roger Brennwald lässt seine Innovationskraft 2005 in ein neues Feld fliessen. Am 3. März lanciert er im Grand Casino Basel den Business Club. Die Idee dahinter ist so einfach wie kraftvoll: Alle aus dem wirtschaftlichen, politischen, sportlichen und kulturellen Umfeld der Swiss Indoors sollen näher zusammenrücken und zum führenden Netzwerk im Schweizer Sport, zugleich aber karitativ aktiv werden.

Taufpate ist Adolf Ogi, der schon vor dessen Zeit bei Swiss Ski und als Bundesrat ein Weggefährte Brennwalds war. Inzwischen UNO-Sonderbeauftragter für Sport, ist der Berner die Idealbesetzung für diese integrative Führungsrolle, als Mann des Sports, der Politik und der Integration. Der Business Club bereichert und erweitert das soziale Umfeld des Turniers weit über die Tennisszene hinaus. Offiziell wird er in den ersten 15 Jahren 1'668'155 Franken für karitative Zwecke sammeln. Doch diese Zahl spiegelt das soziale Engagement der Swiss Indoors nur verzerrt.

Schon lange vor der Entstehung des Business Club sind sie im wohltätigen Bereich engagiert – als das Motto «Tue Gutes und sprich darüber» noch verpönt war. Einer der grösseren frühen Nutzniesser war die 1977 gegründete Stiftung «Basler Zeitung hilft Not lindern». Mit dem Business Club wird das Engagement besser strukturiert und durch

1 Prominenter Taufpate: alt Bundesrat und UNO-Sonderberater Adolf Ogi (Mitte) mit Patrick Ammann und Roger Brennwald.

2 Geht mit gutem Beispiel voran: Veronica Ferres, zusammen mit Prof. Dr. Pascal Böni, Vizepräsident der Swiss Indoors.

messerli

Markenauftritte,
die aktivieren.

Real, digital und gerne auch vernetzt – wir konzipieren und realisieren für Sie Bühnen, Welten und Erlebnisse, die faszinieren, überzeugen und in Erinnerung bleiben. So entstehen einzigartige Auftritte, die Menschen bewegen und Ihre Marke weiterbringen – kreativ, zuverlässig und immer präzis auf Ihre Ziele abgestimmt.

Mehr Infos auf messerli.live

Moving people and brands.

Die Armada 2002–05

eine Plattform ergänzt, die den Zusammenhalt und Austausch unter den Partnern stärkt und hilft, Synergien zu entwickeln. Etwa 150 von ihnen kommen jeweils in den Genuss von Gastvorträgen von Rednern, die im Grand Casino aus dem Nähkästchen plaudern.

Den Anfang macht Ogi, ihm folgen Rednerinnen und Redner, die die Gemeinsamkeit haben, eng mit den Swiss Indoors oder Roger Brennwald verbunden zu sein. Wie Bernhard Russi, Karlheinz Böhm, Rolf Knie oder Veronica Ferres. Wie Ottmar Hitzfeld, Lynette Federer oder Swiss-Olympic-Präsident Jörg Schild, mit dem Brennwald einst Handball gespielt hat. Das Feld ist offen – von Sportlern wie Dario Cologna, Franziska van Almsick, Belinda Bencic oder Fabian Cancellara über Politiker wie Roger Köppel, Sportfunktionäre wie Sepp Blatter bis hin zu Komiker Marco Rima.

Über zwei Dutzend Namen lang ist die Liste der Institutionen, die profitieren können. Mit sechsstelligen Beträgen werden etwa die Roger Federer Foundation, die Stiftung «Menschen für Menschen» von Karlheinz Böhm, die United Kids Foundation und die Prostatakrebsforschung bedacht. Dazu passt, dass die Swiss Indoors 2005 zum dritten Mal von der ATP ausgezeichnet werden – für «herausragende Organisation und Dienstleistungen».

1 Rad-Olympiasieger Fabian Cancellara,

2 Dario Cologna (neben Politiker Christoph Eymann),

3 und Lynette Federer, im Bild zwischen Roger Brennwald und Ehemann Robert.

Bewegter Sieger: Der 18-jährige Andy Murray nach dem Coup gegen Tim Henman.

Die Armada 2002–05

MURRAY UND «EL BOMBARDERO»

2005 ist neben Federer auch Nadal gemeldet, aber es ist wie verhext: Federer übertritt sich zehn Tage vor dem Turnier im Sportcenter Allschwil den rechten Fuss, reisst sich ein Band und muss bis zum Saisonfinale in Shanghai pausieren. Minuten vor der Auslosung trifft auch die Absage Nadals ein, dessen Knie schmerzt. Mit Coria und Nalbandian führen nun zwei Argentinier die Gesetztenliste an.

Die Schweizer Wawrinka, Bastl und Lammer scheiden gleich aus, Marc Rosset beendet mit einem letzten Auftritt im Doppel (neben Wawrinka) offiziell seine Karriere. Trotzdem hat die bewährte Medienchefin Mägi Blaser alle Hände voll zu tun: Dutzende britische Medienleute wollen sich kurzfristig akkreditieren. Denn Tim Henman trifft in Runde 1 ausgerechnet auf den 18-jährigen Schotten Andy Murray, der eine Wildcard erhalten hat und als Supertalent gilt. Tatsächlich: Die Nummer 71 schlägt Henman und auch Tomas Berdych. Endstation ist im Viertelfinal Fernando Gonzalez.

Erneut gibt es kein Durchkommen gegen die Phalanx der Südamerikaner. Der Chilene Gonzalez, «El Bombardero», holt den Titel zum dritten Mal in vier Jahren nach Südamerika. Zur Turnierüberraschung avanciert der 20-jährige Zypriote Marcos Baghdatis. Als Nummer 85 übersteht er die Qualifikation, schlägt Haas und Nalbandian und erreicht als erster Qualifier das Endspiel. Dort gehen ihm die Kräfte aus. Nach dem 7:6, 3:6, 5:7, 4:6 hat er in neun Tagen 21 Sätze bestritten.

1 Britischer Senkrechtstarter: Andy Murray zeigt seine Klasse.

2 Überraschungsfinalist: Baghdatis wird erst von Gonzalez gestoppt.

Der Hattrick 2006–08

DER HATTRICK

2006
ERLÖSUNG IM 7. ANLAUF

Roger Federer beendet den Spuk und schreibt eines der faszinierendsten Kapitel der Tennisgeschichte.

Dass 2006 für Roger Federer und die Swiss Indoors zu einem speziellen Jahrgang wird, hängt auch mit Sir Charles Spencer Chaplin Jr. zusammen – oder einfach Charlie Chaplin. Natürlich ist es nur ein Double des Weltstars und Komikers, der im Grossratssaal bei der Auslosung die Kugeln mit den Spielern zieht. Dass die Draws in diesem ehrwürdigen Rahmen stattfinden, ist eine der vielen Traditionen, die die Swiss Indoors abheben und ihnen einen eigenen Stempel aufdrücken. Die Wahl des Schauplatzes symbolisiert den Schulterschluss zwischen der Stadt und dem Event. Noch ahnt an diesem Tag hier niemand, welch' glückliches Händchen Charlie Chaplin hat betreffend den ersten Turniersieg von Roger Federer im 7. Anlauf.

1 Glückliches Händchen: «Charlie Chaplin» an der Auslosung.

2 Ehrwürdiger Rahmen: Der Grossratssaal im Rathaus.

Im süssen Gefühl des Sieges: Roger Federer bricht 2006 den Bann.

Der Hattrick 2006–08

Roger Federer ziert zum fünften Mal in Folge schweizweit das Plakat. Nachdem er zweimal verletzt ausgefallen ist, sind die Organisatoren aber vorsichtig geworden: Sie zeigen ihn nicht spielend, sondern im Anzug und mit dem Nummer-1-Pokal – die Tennisgötter sollen nicht provoziert werden. Der 25-Jährige steht auf dem Höhepunkt seiner Karriere. Er führt die Weltrangliste haushoch an und ist bereits neunfacher Grand-Slam-Sieger. Am Qualifikations-Sonntag der Swiss Indoors gewinnt er in Madrid sein 43. Turnier. Es ist sein 10. Titel der Saison, nach klaren Siegen über Nalbandian und Gonzalez.

Federer startet fulminant in seine 7. Swiss Indoors, die ersten seit drei Jahren. Gegen Tomas Zib und Guillermo Garcia-Lopez gibt er in zwei Blitzsiegen nur fünf Games ab. Nach einem epischen Tiebreak mit sechs abgewehrten Satzbällen zum 6:3, 7:6 (16:14) gegen David Ferrer erreicht er erstmals seit vier Jahren die Halbfinals. Dort stehen – eine Premiere in der St. Jakobshalle – zwei Schweizer, nachdem im Jahr zuvor keiner auch nur eine Partie gewann. Der in den ersten drei Anläufen sieglose Wawrinka schlägt mit Henman und Nalbandian zwei frühere Champions. Gegen den dritten, Gonzalez, reicht es nicht mehr.

1 Stolzer Moment: Die Botschafterin der Stiftung «Menschen für Menschen» und Ehefrau von Karlheinz Böhm nimmt den Scheck entgegen von Patrick Ammann, Stan Wawrinka, Paradorn Srichaphan, Sébastien Grosjean, Juan Martín del Potro, Rolf Knie, Tanja Frieden, Pirmin Zurbriggen, Charlie Chaplin und Roger Brennwald.

2 Verpasst die Titelverteidigung knapp: Fernando Gonzalez.

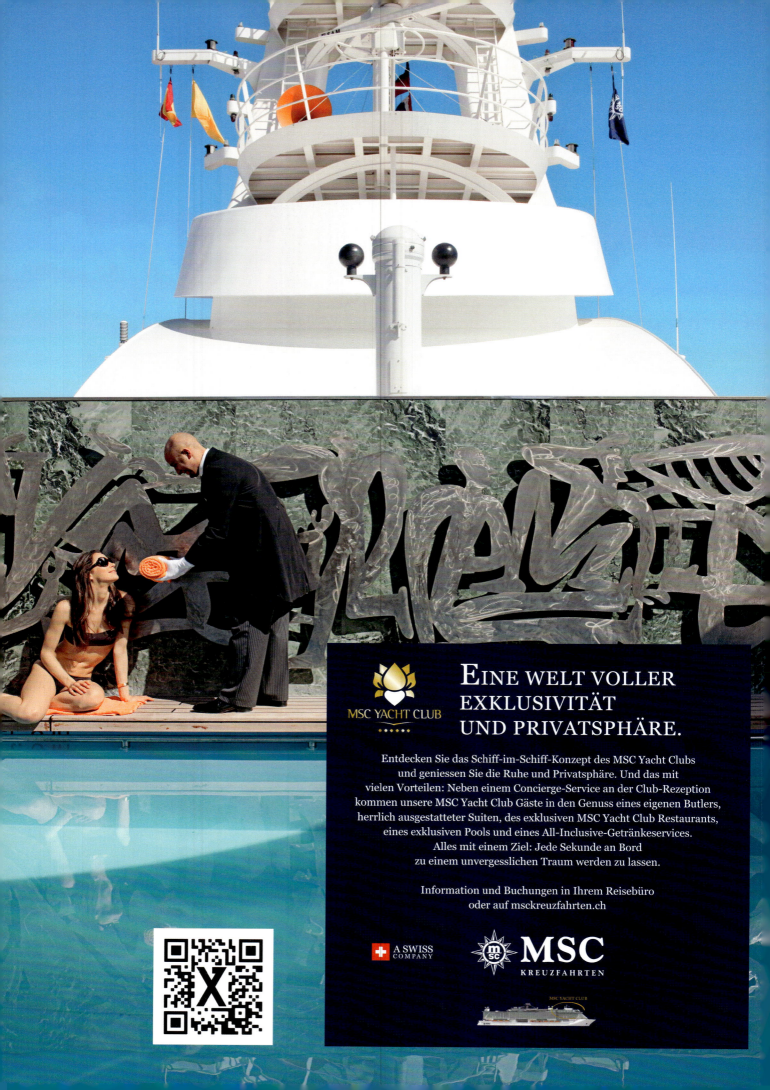

Der Hattrick 2006–08

Federer tut sich am Halbfinaltag ebenfalls schwer, kommt aber durch. Beim 6:4, 3:6, 7:6 (7:5) gegen den Thailänder Paradorn Srichaphan kämpft er sich im entscheidenden Tiebreak nach 1:3, 2:4 und 3:5 zurück. Im letzten Basler Endspiel über Best-of-five steht ihm Titelverteidiger Gonzalez gegenüber, gegen den er nach Duellen 8:0 führt. Schon vor dem Turnier hat Federer erklärt, wie viel ihm dieses bedeutet; es sei für ihn wichtiger als der höher dotierte Anlass danach in Paris-Bercy. «Basel ist für mich viel emotionaler, nachdem ich hier früher Balljunge war und meine Mutter in der Organisation mitarbeitete. Hierher kommen enorm viele Freunde und Leute, die mich kennen.»

Nachdem er seine ersten Endspiele gegen Enqvist und Henman 2000/2001 verloren hat, sind für ihn aller guten Dinge drei. Gegen Gonzalez führt er schon nach weniger als einer Stunde mit 2:0 Sätzen. «Ich dachte, vielleicht gibt es hier für mich einen Fluch», sagt er nach dem 6:3, 6:2, 7:6 (7:3), mit dem er die Dominanz der Südamerikaner beendet, die sieben der letzten zehn Finalisten gestellt haben.

Es ist ein lang ersehnter, erdauerter Triumph. Acht Jahre sind vergangen seit seinem Debüt gegen Andre Agassi 1998. Der dritte einheimische Sieger nach Michel Burgener 1972 und Jakob Hlasek 1991 gibt zu, bei der Siegerehrung feuchte Augen gehabt zu haben. «Emotional ist das einer meiner grössten Erfolge.» Schon am Morgen hat er beschlossen, den Ballkindern nach dem Final Pizza zu spendieren, ob siegreich oder nicht. Als die Pizza kommt, gesellt er sich zu ihnen und isst mit. Am meisten habe ihn bewegt, dass er den Ballkids eine Anerkennungsmedaille übergeben durfte, sagt er. Wie er 1994 von Ferreira einst selbst eine erhalten hatte.

1 Talentierter Thai: Paradorn Srichaphan bringt Federer in Not.

2 Beginn einer Tradition: Roger Federer spendiert den Ballkids Pizza.

Der Hattrick 2006–08

2007
SPIELEND ZUR TITELVERTEIDIGUNG

Gut zwei Wochen vor Turnierbeginn erreichen die Swiss Indoors im Oktober 2007 eine der bedeutendsten und schönsten Nachrichten ihrer Geschichte: Die ATP gibt bekannt, dass Basel ab 2009 eine der zehn Stationen der neu geschaffenen, weltweit begehrten ATP-500-Kategorie sein wird. «Das ist der stolzeste Tag in meinem Berufsleben», sagt Roger Brennwald.

Die erfolgreiche Titelverteidigung fällt Roger Federer nicht allzu schwer. Die drei anderen Top-10-Spieler, David Ferrer, Fernando Gonzalez und James Blake, gewinnen zusammen nur drei Partien. Dies hat zur Folge, dass Federer für einmal nur auf Ungesetzte trifft. Er gibt auch nur einen Satz ab, im Startspiel gegen Michael Berrer. Juan Martín del Potro (ATP 49), Nicolas Kiefer (64), Ivo Karlovic (25) und Jarkko Nieminen (29) schlägt er auf dem Weg zu seinem 7. Titel des Jahres – schon der 52. seiner Karriere – in zwei Sätzen.

Der 26-jährige Linkshänder Nieminen eliminiert mit Gonzalez und Baghdatis die Finalisten von 2005 im Alleingang und qualifiziert sich überraschend als erster Finne für den Final. Doch dieser zieht an ihm vorbei wie im Schnelldurchlauf, und schon nach 61 Minuten steht das Schlussresultat auf dem Scoreboard – 6:3, 6:4. Viele der 9200 Zuschauer (66'700 bedeuten Rekord) bedauern, dass auf Geheiss der ATP das Endspiel nicht mehr über drei Gewinnsätze führt.

Federer zeigt für die Neuerung Verständnis: «Es ist zwar schade für den Live-Fan, aber besser für die Spieler. Und für die Tour ist es besser, wenn man sie an verschiedenen Orten zeigt, als wenn man sie ausquetscht.» Seine Freude ist deshalb nicht kleiner: «Die Ovationen, als ich den Pokal in die Höhe streckte, waren unheimlich schön. Kein Wunder, wird man da emotional», Federer hat 2007 drei weitere Majortitel gewonnen, er stand in allen der letzten zehn Grand-Slam-Turniere im Final und wird einmal mehr ein Jahr als klare Nummer 1 beenden.

1 Umjubelt: Federer schafft die Titelverteidigung.

2 Begehrt: Fanartikel der Swiss Indoors.

3 Beliebt: James Blake zieht die Vorhand durch.

Tradition Sternfahrt: Am Finalsonntag rollen die Busse nach Basel.

Der Hattrick 2006–08

Der Zuschauerboom beim Schweizerischen Tennishöhepunkt hält an. Zum Endspiel reisen viele der Besucher mit dem Postauto an. Roger Brennwald hat 1995 die Schweizer Sternfahrt ins Leben gerufen, wonach aus 40 Destinationen der Schweiz sich die Fans mit dem Postauto auf die Reise machen. Die Aktion besteht heute noch.

Die Swiss Indoors sind derweil weiter austariert, optimiert und den anderen herbstlichen Hallenturnieren angeglichen worden. Neu wird statt auf Forbo-Taraflex- auf Greenset-Belag gespielt, und auch das Hawkeye, der Videobeweis, wird erstmals installiert. Das Turnier passt damit perfekt in den Turnierkalender jener Spieler, die noch um eine Teilnahme am Saisonfinale kämpfen. Zudem ist einmal mehr auch das Gastronomieangebot erweitert worden.

2008
FEDERER WIE EDBERG

Erstmals in der 38-jährigen Geschichte beginnt das Hauptturnier am Montag – ein weiteres Gebot der ATP-Tour nach der Verkürzung des Finals. Zur offiziellen Eröffnung treten der Opernchor des Theaters Basel und das Basler Festival Orchester auf. Hinter Roger Federer liegt ein schwieriges Jahr, in dem er am Drüsenfieber erkrankt ist, seinen Wimbledontitel an Rafael Nadal verloren hat und auf Rang 2 zurückgefallen ist. Mit Estoril, Halle und dem US Open hat er für einmal nur drei Turniere gewonnen, neben dem Olympiagold im Doppel mit Stanislas Wawrinka in Peking.

1 Über ein Vierteljahrhundert für die Swiss Indoors im Einsatz: René Mundwiler, Peter Minder und Roger Walmer.

2 Au Backe! Benjamin Becker überrascht Stan Wawrinka.

50 years in our game

As one of Switzerland's leading international logistics providers and a strong supporter of Swiss entertainment and sporting, Swissterminal is proud to celebrate its 50th anniversary together with Swiss Indoors Basel.

To see us in action, please scan the QR code.

DP World Affiliated Company

SWISSTERMINAL AG, FLACHSACKERSTRASSE 7
4402 FRENKENDORF, SWITZERLAND

T +41 (0) 61 906 45 45
info@swissterminal.com
www.swissterminal.com

Der Hattrick 2006–08

In Basel kommt der vierte Einzeltitel dazu. Der Weg zum Swiss-Indoors-Hattrick weist verblüffende Parallelen zu Federers zweitem Titelgewinn auf. Wieder verliert er den zweiten Satz seines Startspiels – beim 6:3, 6:7, 6:3 gegen Bobby Reynolds –, wieder gibt er danach keinen Satz mehr ab. Im Final treffen erstmals seit 1993 (Edberg–Stich) die Nummern 1 und 2 des Turniers aufeinander. Für Federer ist der Gegner ein alter Bekannter: David Nalbandian, der bereits zum vierten Mal im Endspiel auftaucht. Das Bild ihrer Rivalität hat sich über die Jahre stark verändert. Lag Federer einst 0:5 zurück, führt er gegen den bulligen Argentinier nun 9:8. In Basel holt er den 10. Sieg in nur 69 Minuten (6:3, 6:4). Als Nalbandian mit 31 Jahren nach Schulter- und Hüftoperationen einst abtreten wird, steht es 11:8.

Mit dem dritten Titel schliesst Federer zu Rekordmann Stefan Edberg auf. Er ist der Erste, dem der Hattrick gelungen ist. Für seine Leistung im Final gibt er sich Bestnoten, er denkt aber auch an die schwierigen Jahre zurück: «Ich bin froh, wie ich in Basel alles zurechtgebogen habe mit drei Titeln am Stück, nachdem ich zuvor einmal einen blockierten Rücken hatte und zweimal verletzt passen musste.»

Von den anderen Schweizern gibt es wenig zu sehen. Stanislas Wawrinka, ein letztjähriger Halbfinalist und erstmals gesetzt, unterliegt am Eröffnungstag trotz klarer Führungen und zwei Matchbällen dem Qualifikanten Benjamin Becker. Einzig Stéphane Bohli überrascht, mit einem Sieg über den 88 Ränge besser klassierten José Acasuso. Weil das Turnier durch den Montag erweitert worden ist, wird erstmals seit dem aussergewöhnlichen 25-Jahr-Jubiläum von 1995 die Marke von 70'000 Zuschauern übertroffen.

1 Swiss Tennis Connection: Severin Lüthi, Coach von Roger Federer und Davis-Cup-Captain, im Gespräch mit René Stammbach, Präsident Swiss Tennis und ITF-Vizepräsident.

2 Scheue Blicke: Federer verteilt Erinnerungsmedaillen.

Sicherheitsdienste und smarte Alarmsysteme

Mit Sicherheit mehr Wohlbefinden. Dank Smart Alarm und Service.

Mit unseren Alarmsystemen können Sie und Ihre Liebsten sich beruhigt zurücklehnen. Verlangen Sie eine kostenlose Sicherheitsanalyse für Ihr Zuhause. Sie erreichen uns unter **0800 80 85 90** oder besuchen Sie uns: www.securitas-direct.ch

Sicherheitsdienste und smarte Alarmsysteme

DER AUFSTIEG

DER GRÖSSTE SCHRITT DER TURNIERGESCHICHTE

Die Swiss Indoors steigen in die Champions League auf, in die neue ATP-500-Kategorie. Und es heisst Abschied nehmen vom treuen Partner Davidoff.

Für Roger Brennwald und seine Crew waren die Swiss Indoors 2008 die Hauptprobe für den grossen Schritt, der 2009 bevorsteht – der Aufstieg in die ATP-500-Kategorie. «Wir haben den Test bestanden», resümiert er. Massive organisatorische Steigerungen sind an den ziemlich ausgereizten Swiss Indoors gar nicht möglich. Sein 900-köpfiges Organisationsteam ist insbesondere dadurch mehr gefordert, dass der Montag zwischen Qualifikation und Hauptturnier nun nicht mehr spielfrei ist und eine alte Tradition zu Ende geht. Die Turniermaschinerie muss nun neun Tage in Folge funktionieren.

Was bedeutet dieser Aufstieg überhaupt, und wie ist es dazu gekommen? Im Zug der grössten Reform der 1990 gegründeten ATP-Tour wird ab 2009 eine neue Turnierkategorie geschaffen, die ATP-500. Sie bildet die neue Champions League hinter der bestehenden Masters-Serie, die neu ATP-1000 genannt wird und die Stationen Indian Wells, Miami, Monte Carlo, Rom, Madrid, Cincinnati, Montreal/Toronto, Shanghai und Paris umfasst. Der grosse Rest der Turniere gehört zur ATP-250-Stufe – wobei alle Kategorien benannt sind nach der Zahl der Weltranglisten-Punkte, die der Sieger erhält.

22 Turniere haben sich für den 500er-Status beworben. Roger Brennwald reist im Frühling 2007 nach Monte Carlo, um seine Bewerbung vorzulegen, ein hundertseitiges Dossier. Am 4. Oktober kommt die frohe Botschaft: Die Davidoff Swiss Indoors gehören zum erlauchten Kreis, haben sich gegen Weltstädte wie Moskau, St. Petersburg, Wien, Stockholm und Lyon durchgesetzt. Brennwald

1 Ein Bijou: Die St. Jakobshalle bewährt sich auch für ein Turnier der Kategorie ATP-500.

Der Aufstieg 2009–11

spricht von einer Sternstunde und feiert das Ergebnis mit seinem Team in Bottmingen. Auf diesen Moment hat er – Schritt für Schritt – hingearbeitet, mit akribischer Sorgfalt, Verlässlichkeit, guten Partnerschaften, einem aussergewöhnlichen Team und einem Anlass, der organisch über die Jahre gewachsen ist. Aber er macht sich nichts vor: «Wir haben den Zuschlag auch dank dem Support Federers erhalten.»

Die Swiss Indoors sind zwar schon lange eines der führenden Hallenturniere der Welt, gehörten bisher aber zur untersten Kategorie. Wie die anderen neun 500er-Turniere – Rotterdam, Dubai, Acapulco, Memphis, Barcelona, Washington, Peking, Tokio und Valencia; später wird noch Hamburg dazukommen – sind sie privilegiert. So werden die internationalen TV-Rechte in einem Pool von der ATP gemeinsam vermarktet.

Der Aufstieg bringt für die Swiss Indoors auch eine Verdoppelung des Preisgelds mit sich, von 891'000 auf 1,75 Millionen Euro. Dadurch erhöht sich das Budget weiter, von 16 auf rund 18 Millionen Franken. Das Turnier rutscht im Kalender auch eine Woche nach hinten und ist nun eine der letzten entscheidenden Stationen für jene Spieler, die noch Punkte brauchen, um sich für das Saisonfinale zu qualifizieren. Zudem müssen sie sich die Woche nur noch mit einem Turnier teilen, bisher waren es zwei.

Als Schwachpunkt der längst teuersten jährlich stattfindenden Sportveranstaltung der Schweiz ortet Roger Brennwald die Infrastruktur der St. Jakobshalle, die während des Turniers aus allen Nähten platzt. In der Beleuchtung, Verkabelung und bei den Multimediaanlagen besteht schon lange Nachholbedarf. Um den «Betonklotz in ein Bijou zu verwandeln», wie der Turnierchef es formuliert, sind jährlich 3,5 Millionen Franken nötig. An der Siegerehrung 2007 appelliert auch Federer «an Stadt und Land, mit Verbesserungen hinter den Kulissen noch mehr aus dem Event herauszuholen». Es müssen ja nicht gerade Verhältnisse wie in Valencia sein, das zukünftig zeitgleich mit den Swiss Indoors ein ATP-500-Turnier austrägt und dafür fast 100 Millionen Euro in einen Prestigebau von Stararchitekt Santiago Calatrava investierte.

Aus der Not, den spielfreien Montag aufzugeben, entwickelt Brennwald die Idee des «Super Monday», der 2008 seine Premiere erlebt. Er begegnet damit der Gefahr, dass das Hauptturnier zum Auftakt vor schlecht gefüllten Rängen dahinplätschert, weil viele Spieler noch nicht einsatzfähig sind. Mit der neuen, feierlichen Eröffnungszeremonie, zu der am frühen Vorabend die Halle regelmässig voll sein wird und die viele Ehrengäste anzieht, werden Sport, Show und Musik auf im Tennis einzigartige Weise verschmolzen.

1 Fühlt sich in Basel wohl: Stilstudie von Roger Federer.

2 Fühlt sich am Netz wohl: Der Spanier Feliciano Lopez.

Enge Bande: Montserrat Caballé und Roger Brennwald.

Der Aufstieg 2009–11

2009
IN NEUEN DIMENSIONEN

STARGÄSTE AM SUPER MONDAY

2008	Theaterchor Basel
2009	Montserrat Caballé
2010	Paul Potts
2011	Freddy Sahin-Scholl
2012	Fabienne Louves
2013	Udo Jürgens
2014	Paul Anka
2015	Albert Hammond
2016	Katherine Jenkins
2017	Amy Macdonald
2018	ABBA Gold
2019	Anastacia

Herausragende Sportler suchen immer weiter nach Wegen, sich zu verbessern. Auch Roger Brennwald funktioniert so. Im Frühling wird er vom Verband Expo+Event Swiss Association für den Aufbau der Swiss Indoors mit dem «Xaver of the Year 09» ausgezeichnet, dem bedeutendsten nationalen Gütesiegel der Live-Branche. Doch anstatt sich zurückzulehnen, sucht er unentwegt nach Wegen, die Swiss Indoors noch attraktiver zu gestalten. Und er wird fündig in zwei ganz unterschiedlichen Persönlichkeiten: in Montserrat Caballé und Novak Djokovic.

Die Opernsängerin eröffnet das Turnier am Super Monday mit einem musikalischen Feuerwerk, reisst die Leute mit ihrer Stimme von den Sitzen. Caballé zögerte nicht lange, als Brennwald sie anrief. In den Anfängen ihrer Karriere wohnte die Spanierin einst bei seinen Schwiegereltern in Basel und genoss deren Unterstützung. Ihre Gage für den Auftritt an den Swiss Indoors spendet sie wohltätigen Zwecken.

1 Feuertaufe: Der Super Monday wird feudal eingeweiht.

2 Powerstimme: Opernsängerin Montserrat Caballé erobert die Herzen der Zuschauer.

Die Basler Versicherungen gratulieren herzlich!

www.baloise.ch

Der Aufstieg 2009–11

Djokovic ist derweil der aufstrebende Mann im Tennis. Er hat 2008 am Australian Open mit 20 seinen ersten Grand-Slam-Titel gewonnen und jagt seitdem Roger Federer und Rafael Nadal hinterher. Schon als Siebenjähriger sagte er in einem TV-Interview in einer Kindersendung in seiner Heimat, sein Ziel sei die Nummer 1. Der Mann hat hohe Ambitionen – begründete, wie sich weisen wird, stellt er doch später einen neuen Rekord für Wochen an der Weltranglistenspitze auf.

Das Turnier steht im Zeichen des Duells von Federer und Djokovic. Aber zunächst brillieren auch andere Schweizer. Erstmals seit 2001 qualifizieren sich mit Federer, Stanislas Wawrinka und Marco Chiudinelli drei Einheimische für die Viertelfinals. Im Halbfinal kommt es sogar zur Begegnung der früheren Ballboys Federer und Chiudinelli, der im Viertelfinal mit einem Sieg über Richard Gasquet begeistert hat. Der Favorit tut sich schwer, gegen seinen Jugendfreund zu spielen, setzt sich aber knapp (7:6, 6:3) durch.

Debütant Djokovic tritt vom ersten Ballwechsel an grimmig entschlossen auf. Den Tschechen Jan Hernych fegt er 6:0, 6:0 vom Court – ein Resultat mit Seltenheitswert an einem Hallenturnier. Dann erschweren sich die Dinge. Sowohl im Viertel- wie auch im Halbfinal verliert er den Startsatz, zuerst gegen Stan Wawrinka, gegen den er einst einen Grand-Slam-Final verlieren wird, dann gegen Radek Stepanek. Gegen beide gewinnt er den 3. Satz aber souverän 6:2.

1 Konzentriert: Roger Federer bereitet eine Rückhand vor.

2 Nachdenklich: Marco Chiudinelli und Tennisförderer Max Baumann.

3 Skeptisch: Novak Djokovic verfolgt den Flug des Balles.

Willkommen im Goldenen Buch der Sieger: Novak Djokovic wird von Roger Brennwald zum ersten Triumph in Basel beglückwünscht.

Der Aufstieg 2009–11

So kommt es zum Basler Traumfinal zwischen Federer und Djokovic, die sich sieben Wochen zuvor schon im US-Open-Halbfinal duelliert haben, mit dem besseren Ende für den Schweizer. Es ist in Basel die bis dato hochwertigste Finalpaarung gemäss Weltrangliste, Nummer 1 gegen Nummer 3. Und die Erste, die es zuvor schon in einem Grand-Slam-Endspiel gegeben hat (US Open 2007). Djokovic gelingt die Revanche, er siegt 6:4, 4:6, 6:2, stoppt Federer nach 19 Siegen an seinem Heimturnier und erweitert die Liste der Basel-Champions, die schon im ersten Auftritt ungeschlagen blieben.

Nicht nur sportlich ist 2009 eine Ausgabe der Superlative. Mit 71'600 Zuschauern stellen die Swiss Indoors im ersten Jahr als Masters-500-Turnier eine neue Bestmarke auf.

2010
EIN ABSCHIED, DER SCHMERZT

Die Swiss Indoors feiern ihr nächstes Jubiläum mit einem Weltklassefeld von noch nie dagewesener Dichte. 40 Jahre, nachdem der Südbadener Klaus Berger bei der Premiere in der Ballonhalle in Muttenz triumphierte, liegt der Cut-off, um ins Haupttableau zu gelangen, bei der Weltranglistenposition 49. Novak Djokovic tritt zur Titelverteidigung an, Roger Federer sinnt auf Revanche, mit Andy Roddick und Tomas Berdych sind zwei weitere Top-10-Cracks dabei.

Von den Topshots scheitert nur Berdych früh, im Halbfinal treffen Federer und Roddick erstmals seit ihrem legendären Wimbledon-Endspiel 2009 aufeinander, das der Baselbieter 16:14 im Entscheidungssatz gewonnen hat. Diesmal werden die Zuschauer nicht so lange auf die Folter gespannt, setzt sich Federer locker in zwei Sätzen durch und verschafft sich das Rematch gegen Djokovic. Die Sonntagszeitungen kündigen eine Revanche an, und tatsächlich holt sich Federer mit einem 6:4, 3:6, 6:1 den Pokal zurück.

1 Am Ziel: Djokovic beendet Federers Siegesserie in Basel.

2 Im Fokus: Über das TV blickt die Tenniswelt nach Basel.

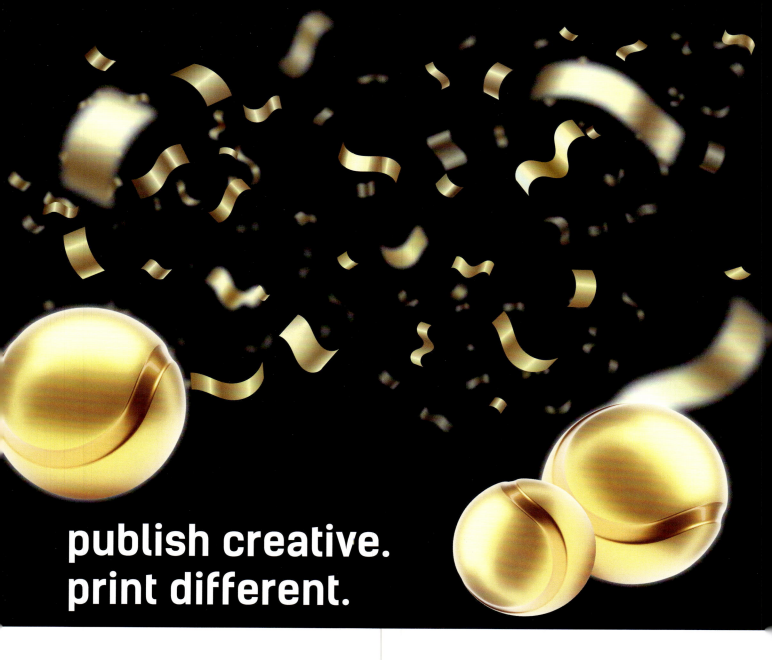

publish creative.
print different.

Emotionen. Spektakel. Geschichte.

50 Jahre World's Best Tennis. Gratulation!

www.vsdruck.ch

Ein Unternehmen der ch media

Der Aufstieg 2009–11

Nach dem verwandelten Matchball tragen Frau Mirka und Coach Severin Lüthi die 15-monatigen Zwillingstöchter Myla und Charlene in die Arena. Sie machen bei ihrem ersten öffentlichen Auftritt grosse Augen. Mit dem vierten Basel-Titel wird Federer alleiniger Rekordhalter vor Stefan Edberg. «Das Turnier von Roger Brennwald ist so perfekt und emotional, angefangen bei der Musik beim Einlaufen bis hin zur Siegerehrung», sagt der sichtlich bewegte Champion.

Mit 72'100 Zuschauern wird der dritte Rekord in Serie erzielt, den Final verfolgen in über 180 Ländern gegen 100 Millionen TV-Zuschauer.

Doch die Freude ist getrübt, denn es ist Zeit zum Abschied nehmen vom treuen Partner Davidoff. Seit Längerem haben Anti-Tabak-Gruppierungen gegen das Titelsponsoring des Konzerns Oettinger Davidoff gekämpft. Durch den Aufstieg des Turniers in die ATP-500-Kategorie ist der internationale Widerstand weiter gewachsen. In Frankreich wurde mit einer Klage sogar ein Verbot der TV-Übertragung angestrebt. Diesem Druck gibt die ATP nach, die die Fernsehrechte vertreibt, seit das Turnier zur 500er-Serie zählt. Sie teilt den Veranstaltern mit, dass sie es nicht mehr unter dem Namen Davidoff Swiss Indoors vermarkten könne.

Diese Entwicklung forciert im August das Ende der 17-jährigen Ära mit Davidoff, per Ende 2010. Es ist eine der längsten Partnerschaften im Schweizer Sport – und eine äusserst erfolgreiche. Das unschlagbare Doppel mit Roger Brennwald und Davidoff-Patron Dr. Ernst Schneider hat das Turnier in neue Sphären gehievt. Die Premium-Marke strahlte auf die Swiss Indoors ab und animierte andere grosse Firmen zum Sponsoring. Der Verlust des Titelsponsors geht weit über das Monetäre hinaus. Roger Brennwald und seine Crew stehen vor ganz neuen Herausforderungen.

1 Backhand-Volley zum Ersten: Andy Roddick.

2 Backhand-Volley zum Zweiten: Novak Djokovic.

3 Lächelnde Rivalen: Federer holt sich von Djokovic den Pokal zurück.

Mit grosser Freude und vielen unvergesslichen Erinnerungen blicken wir zurück auf die Zeit, in der wir als Titelsponsor der Swiss Indoors das Turniergeschehen mit Spannung verfolgen und die Kontakte mit unseren Gästen genussvoll pflegen konnten.

17 Jahre lang (1994 bis 2010) hat Dr. Ernst Schneider zusammen mit Roger Brennwald und seinem Team die Swiss Indoors massgeblich geprägt. Die Swiss Indoors sind heute aus der Tenniswelt nicht mehr wegzudenken und wir sind stolz, einen wichtigen Beitrag zum Erfolg dieses Turniers geleistet zu haben.

HÖCHSTSPANNUNG UND GENUSS AUF UND NEBEN DEM COURT

Wir gratulieren herzlich zum 50-jährigen Jubiläum und wünschen den Swiss Indoors weiterhin viele spannende Spiele und genussvolle Momente.

Beat Hauenstein
CEO, Oettinger Davidoff AG

Zeichen der Zeit

Eine Schweizer Geschichte

Mit der Zeit gehen heisst den Wandel zu antizipieren, insbesondere den technologischen. Davon ist auch der Sport nicht ausgenommen. Spitzensportler kombinieren heute physische und digitale Technik für beste Ergebnisse.

Die Geschichte der Swiss Indoors zeigt dies eindrücklich und lässt uns auch künftig daran teilhaben. Wir sind stolz darauf, beim 50-Jahr-Jubiläumsbuch dabei zu sein. Herzlichen Glückwunsch!

kpmg.ch

Der Aufstieg 2009–11

2011
DIE BESTANDENE REIFEPRÜFUNG

Erstmals seit 1993 firmiert das Turnier nicht mehr als Davidoff Swiss Indoors, sondern nur als Swiss Indoors. Das ist gewöhnungsbedürftig. Das Sponsoring-Konzept ist ohne den Titelsponsor neu aufgebaut worden, angeführt von einer Gruppe mit zehn «Premium-Sponsoren» und zehn nationalen Sponsoren. Bereits für das erste Jahr hat Roger Brennwald sieben von zehn Partnern für die höchste Kategorie gefunden, die am Center Court präsent sind. Dieser ist erstmals blau statt rot, wie am ATP-Finale in London.

Das Teilnehmerfeld ist erneut hochklassig. Angeführt von Roger Federer, der in einer Leserwahl von Ringier und Manor zum grössten Spieler der Turniergeschichte gewählt und am Super Monday von Roger Brennwald geehrt wird. Mit Novak Djokovic, Tomas Berdych und Mardy Fish sind wieder vier Top-10-Spieler dabei. Fast wären es sogar drei der Top 4 gewesen: Andy Murray hat eine Wildcard erbeten und ist bereits in Basel, als er sich kurz vor seinem Startspiel wegen einer Gesässmuskelzerrung zurückziehen muss. Die Ironie der Geschichte: Marco Chiudinelli, der seine Wildcard als noble Geste zugunsten von Murray zurückgegeben hat, rutscht für den Schotten als Lucky Loser ins Haupttableau.

1 Ehre, wem Ehre gebührt: Jean-Pierre Blanchard kreiert auf dem Center Court sein Instant-Kunstwerk.

2 Alles Roger: Federer wird von Brennwald als «grösster Spieler der Turniergeschichte» geehrt.

Der Aufstieg 2009–11

Mit der Verpflichtung von Kei Nishikori beweisen die Swiss Indoors erneut ihr gutes Gespür für aufstrebende Spieler. Der Japaner, erst 21-jährig, verzückt mit seinen technisch perfekten Grundschlägen und seiner Schnelligkeit. Mit 14 zog er nach Florida, in der Bollettieri-Akademie wurde er zum Profi geschliffen. In Basel gibt der Japaner, der 2014 in New York sogar einen Grand-Slam-Final erreichen wird, einen Vorgeschmack darauf, was noch kommen wird: Mit Berdych und Titelverteidiger Djokovic (Halbfinal) bodigt er zwei Favoriten in drei Sätzen und beweist seine Zähigkeit.

1 Als Ungesetzter im Halbfinal: Wawrinka fordert Federer bis zum 6:7 (5:7), 2:6 hart.

2 Bescheidener Finalist: Kei Nishikori mit dem langjährigen Turnierarzt Dr. Felix Marti.

3 Die Co-Vorsitzenden der Turnierorganisation (von unten/von links): Massimiliano Iuliano, Peter Reichenstein, Madlaina Barth und Simone Weiss.

Im Endspiel gegen Federer ist er aber am Ende seiner Kräfte. Der Baselbieter eilt in 71 Minuten zu einem 6:1, 6:3 und damit zum fünften Titel. Darauf übermannen ihn wieder die Emotionen. Wohl auch darum, weil ihn der Triumph versöhnt mit einem durchzogenen Jahr, in dem er erstmals seit 2002 keinen Grand-Slam-Titel gewonnen hat. Die Swiss Indoors haben die Reifeprüfung im ersten Jahr ohne Davidoff bestanden und weisen mit 72'200 Besuchern ihren nächsten Rekord aus.

Naturgewalt: Juan Martín del Potros grösste Gegner sind Verletzungen.

Die Titanen 2012–16

DIE TITANEN

2012
DER TURM AUS TANDIL

Del Potro fügt dem Rekordsieger zwei Finalniederlagen zu. Danach wird die grösste Rivalität der Tennisgeschichte neu lanciert: Federer gegen Nadal.

Anlässlich des 100-Jahr-Jubiläums von Swiss Olympic werden am Super Monday die grössten Schweizer Olympiahelden geehrt. Für einmal ist Roger Federer, 2008 in Peking Doppel-Olympiasieger mit Stan Wawrinka und 2012 in London Silbermedaillen-Gewinner im Einzel, bei einer Wahl chancenlos. Eine Fachjury hat zehn Ausnahmeathleten nominiert, das Publikum kürt den vierfachen Olympiasieger Simon Ammann zum Grössten. Bei den Frauen triumphiert Skifahrerin Vreni Schneider, die dreifache Goldmedaillengewinnerin aus Elm. In der Kategorie Behindertensportler setzt sich Edith Wolf-Hunkeler durch. 21 Olympiasieger erscheinen zur Preisverleihung. Dass Roger Brennwald ein sportartübergreifendes Zeichen setzt, ist bezeichnend: Er ist stets auf der Suche nach Synergien und spielt auch eine wichtige Rolle bei «Swiss Top Sport», der Vereinigung der grössten Schweizer Sportveranstalter.

1 Geehrte Olympiagrössen: Simon Ammann, Edith Wolf-Hunkeler und Vreni Schneider umrahmt von Jörg Schild (Swiss-Olympic-Präsident), Bertrand Jungo (CEO Manor), Marc Walder (CEO Ringier) und Roger Brennwald (von links).

Geglückter Auftritt: Udo Jürgens erhält von einer Swiss-Indoors-Hostesse ein Blumenbouquet.

Die Titanen 2012–16

Passend ist die Olympiawahl auch, weil sich Federer und Juan Martín del Potro, die Nummern 1 und 2 des Turniers, knapp drei Monate zuvor an den Olympischen Spielen ein erbittertes Halbfinal-Duell geliefert haben. Der Schweizer setzte sich nach viereinhalb Stunden 19:17 im dritten Satz durch, war im Final aber zu entkräftet, um Andy Murray ernsthaft zu fordern. Del Potro tritt erstmals in Basel an. 2009 musste der «Turm von Tandil» als frisch gekürter US-Open-Champion wegen seines Handgelenks kurzfristig absagen. Verletzungen und Operationen an den Handgelenken und am Knie werden die Karriere Del Potros immer wieder länger unterbrechen.

In Basel strotzt er aber vor Tatendrang und Selbstvertrauen und verblüfft mit seiner rasanten Vorhand. Er und Federer bleiben ihren Favoritenpositionen nichts schuldig und treffen sich am Sonntag im Final. Er wird zum hochklassigen Tenniskrimi mit einem filmreifen Ende – aus Sicht des Argentiniers: Nachdem er die ersten sechs Duelle gegen Federer in diesem Jahr verloren hat, setzt er sich vor dessen Haustüre hauchdünn 6:7, 6:4, 7:6 durch. Tennis-Kenner Heinz Günthardt spricht von einem «Wahnsinnsfinal». Der Sieger bedankt sich beim Publikum, das fachkundig sei und ihn sehr fair behandelt habe. «Ich spürte einen grossen Respekt mir gegenüber.» Mit 72'200 Zuschauern wird der Rekord des Vorjahres egalisiert.

1 Geglückte Olympiarevanche: Juan Martín del Potro schlägt Roger Federer.

2 Aufstrebender Schweizer: Henri Laaksonen unterliegt dem späteren Sieger Del Potro.

2013
DIE VERPASSTE REVANCHE

Roger Brennwald engagiert für den Super Monday für einmal keinen Opernsänger, sondern Entertainer Udo Jürgens. Ein Volltreffer. Jürgens widmet Roger Federer ein Lied, das er einst für den Österreicher Thomas Muster geschrieben hat: «Wer nie verliert, hat den Sieg nicht verdient.» Federer hat ein schwieriges Jahr hinter sich, hat erstmals seit 2002 keinen Grand-Slam-Final erreicht. Nach einem ansprechenden Start am Australian Open (Halbfinal) ist er zusehends von Rückenproblemen geplagt worden und hat selbst in Wimbledon (Aus in Run-

GAME SET MATCH
BEI SCHÖNER AUSSICHT UND KULINARISCHEM HOCHGENUSS

MAMMERTSBERG
Freidorf über dem Bodensee

Guide MICHELIN

www.mammertsberg.ch   +41 71 455 28 28

Die Titanen 2012–16

de 2 gegen Sergei Stachowski) nicht zu alter Stärke gefunden.

Punkto Namen und Rankings der Teilnehmer verspricht die Ausgabe der Swiss Indoors 2013 einiges. Das Turnier kündigt sich als das bestbesetzte überhaupt an, mit sechs Top-10-Spielern. Doch ausgerechnet Rafael Nadal meldet sich nach einem Marathonpensum, dank dem er wieder die Nummer 1 geworden ist, kurzfristig ab – wegen Erschöpfung. Wie im Vorjahr erfüllen primär die beiden Topcracks die hohen Erwartungen, Roger Federer und Juan Martín del Potro.

In der St. Jakobshalle kämpft sich Federer, getragen vom Heimpublikum, ins Endspiel, wo sich ihm die Chance zur Revanche gegen Del Potro bietet. Er zeigt seine beste Leistung der Woche, und doch reicht es nicht ganz. Der Argentinier ist einen Hauch kaltblütiger und siegt 7:6, 2:6, 6:4. «Sorry», sagt Del Potro, der schüchterne Hüne, bei der Siegesrede.

Doch er muss sich nicht entschuldigen. Das Publikum, das Federer mit minutenlangen Ovationen feiert, ist ihm nicht gram. Auf Federer hat die Woche gleichwohl befreiende Wirkung. Er hat an den Swiss Indoors Kraft und Vertrauen getankt und greift 2014 wieder an. Trotz seiner Finalniederlage schreibt er ein kleines Stück Tennisgeschichte: Vor ihm ist es nur dem unermüdlichen Guillermo Vilas in Buenos Aires geglückt, am gleichen Turnier zehn Endspiele zu erreichen.

Die Swiss Indoors schmieden derweil an ihrer Zukunft. Das Schweizer Fernsehen verlängert seinen Vertrag als Host-Broadcaster vorzeitig bis 2018. Es ist ein starkes Signal, dass die SRG langfristig ans Turnier glauben, unabhängig davon, wer auf dem Court antritt. Die Partnerschaft besteht seit 1974 und ist äusserst fruchtbar. Mittlerweile übernehmen 180 Länder das Bildmaterial aus Basel, das höchste Standards erfüllt. Und die Platzinterviews von Co-Kommentator Heinz Günthardt geniessen inzwischen Kultstatus.

1 Kultige Interviews: Heinz Günthardt befragt Del Potro.

2 Überragender Sieger: Del Potro erhält von Bundesrat Ueli Maurer den Pokal. Mitten im Geschehen Patrick Ammann.

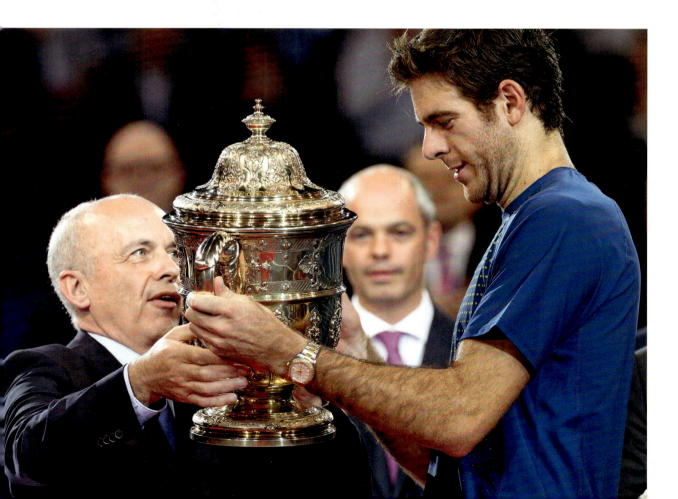

Moment der Ruhe nach dem Spektakel: Adolf Ogi applaudiert Federer und Del Potro.

Hommage an die Swiss Indoors: der kanadische Weltstar Paul Anka.

Die Titanen 2012–16

2014
MAGIC OPENING MIT PAUL ANKA

2014 bringt schon wieder ein Jubiläum: Die Tennis-Weltelite schlägt zum 40. Mal in der St. Jakobshalle auf. Thomas Kastl, der Direktor der Halle, hat sich eine spezielle Überraschung ausgedacht: Der Betonturm vor der Arena wird mit einem 460 Quadratmeter grossen Transparent verkleidet, auf dem unter anderem in grossen Lettern steht: «Herzlichen Dank, Roger Brennwald». Mitbeteiligt an der Aktion sind die politischen Instanzen der Kantone Basel-Stadt und Basel-Landschaft. «Die Swiss Indoors sind ein Leuchtturm, der in die ganze Welt hinaus strahlt», hält der Baselbieter Regierungsrat Urs Wüthrich in einem Kurzfilm fest, der zur Würdigung produziert wurde.

1 Verblüffend: Borna Coric.

2 Auf Reserve: Rafael Nadal.

Das sieht auch Paul Anka so, der kanadische Sänger und Songwriter, der am Super Monday das Tennispublikum während 45 Minuten auf eine Reise durch die Musikgeschichte mitnimmt. Er gibt sogar eine neu getextete Version von «My Way» zum Besten, als Hommage an die Swiss Indoors und Brennwald.

Die Schweiz hat inzwischen zwei männliche Grand-Slam-Sieger: Stan Wawrinka hat im Januar mit seinem Powertennis sensationell am Australian Open triumphiert. Inzwischen ist der Vaudois auf Rang 4 vorgestossen – damit sind mit ihm, Federer und Nadal am Rheinknie drei der Top 4 am Start, nur Djokovic fehlt. Im Herbst rutscht Wawrinka aber in eine Baisse und verliert dreimal in Serie in Runde 1, auch an den Swiss Indoors. Zum Saisonende wird er sich wieder fangen und die Schweiz mit Federer zum Davis-Cup-Triumph in Lille führen.

In Basel verblüfft dafür ein anderer Kliert des britischen Managers Lawrence Frankopan: der erst 17-jährige Borna Coric. Der Kroate schlägt mit Ernests Gulbis erstmals einen Top-20-Spieler und im Viertelfinal auch Nadal. Dieser bricht nach seinem Aus die Saison ab. Eine Entzündung des Blinddarms hat ihn schon länger geplagt, eine Woche nach Basel lässt er sich diesen operativ entfernen.

Fixpunkt im Herbst: Die Swiss Indoors gehören zu den führenden Hallenturnieren der Welt.

Die Titanen 2012–16

Zur Krönung einer gelungenen Saison fehlt Roger Federer zwar ein Grand-Slam-Triumph, in der St. Jakobshalle ist er aber nicht zu stoppen. Im Final fegt er den flinken Belgier David Goffin in 52 Minuten 6:2, 6:2 vom Court – sein sechster Titel am Heimturnier.

Dass 2014 erneut ein grosser Jahrgang war, bestätigt zum Jahresende die ATP: Wie 2003 zeichnet sie die Swiss Indoors in Europa als Turnier des Jahres aus für «Best Marketing, Promotion and Development». Es ist der vierte ATP-Award in den letzten zwei Jahrzehnten. Und auch ein Ritterschlag für Daniel Chambon, der als langjähriger Tennischef von Eurosport für die Vermarktung der TV-Rechte verantwortlich zeichnet und das Turnier gegenüber der ATP vertritt – sowie eine Hommage an den Tennisinsider und Fachjournalisten Jürg Vogel, der über dreissig Jahre lang als Berater an der Seite von Roger Brennwald und den Swiss Indoors steht.

1 Stolz auf den vierten ATP-Award (von links): Daniel Chambon, Roger Brennwald und Jürg Vogel.

2 Geschichtsträchtig: Federer und Nadal nach ihrem 34. Duell.

2015
DIE MUTTER ALLER DUELLE

Die Swiss Indoors sind ein Mikrokosmos des Welttennis der letzten 50 Jahre. Die Grössten machen hier fast ausnahmslos Station und tragen die Faszination und Vielseitigkeit dieses Sports an den Rhein. Und ihre Rivalitäten. Die wohl grösste überhaupt erfährt 2015 in der St. Jakobshalle ihr Revival: Roger Federer gegen Rafael Nadal. In zwölf Städten rund um den Globus haben sich die beiden Titanen zuvor schon duelliert, in Cincinnati, Dubai, Hamburg, Indian Wells, London, Madrid, Melbourne, Miami, Monte Carlo, Paris, Rom und Shanghai. Nun kommt auch Basel dazu.

Der Reiz ihrer Rivalität erklärt sich nicht allein durch die Bedeutung ihrer Matches – meist spielten sie um grosse Titel –, sondern auch durch ihren Kontrast. Aber es gibt auch vieles, das die beiden eint: ihre Leiden-

Aufschlagriese Milos Raonic, Wimbledonfinalist 2016, posiert mit Managing Director Patrick Ammann.

Die Titanen 2012–16

schaft für diesen Sport, ihr Familiensinn, ihre Dauerhaftigkeit. Und je länger, desto mehr werden sie sich bewusst, welche Bedeutung der andere für seine Karriere hat.

In Basel müssen beide hart arbeiten, um sich ihr 34. Duell zu verschaffen. Nadal kämpft sich dreimal über drei Sätze zum Sieg, Federer zweimal. Fast zwei Jahre – exakt 646 Tage – haben sich die beiden nach dem Australian-Open-Halbfinal 2014 gedulden müssen, bis sie sich in Basel endlich wieder auf dem Court treffen. Ob er Nadal vermisst habe, wird Federer vor dem grossen Spiel gefragt. «Nicht wirklich», gibt er zurück. Er habe ihn immer wieder an den Turnieren gesehen. Der Spanier fügte Federer ja manch schmerzhafte Niederlage zu.

Mit diesem Final wird sich die Dynamik zwischen den beiden verändern. Federer ringt Nadal 6:3, 5:7, 6:3 nieder und besiegt seinen Erzrivalen damit erstmals seit Indian Wells 2012. Die psychologische Bedeutung des Erfolgs ist massiv, und Federer wird auch die nächsten vier Duelle gegen Nadal gewinnen. Die Niederlage in Basel ist für den Mallorquiner nach einer durchzogenen Saison leicht zu akzeptieren. «Es war grossartig für mich, gegen Federer in seiner Heimatstadt zu spielen, in einer solchen Atmosphäre. Ich fühlte mich fast ein wenig zu Hause.»

Federer ist nach dem siebten Sieg im zwölften Basler Final im siebten Himmel: «Es war einer meiner schönsten Siege hier. Vielleicht sogar der schönste, weil ich ihn gegen Rafa errang.» Auch Managing Director Patrick Ammann schwärmt: «Wenn man jetzt nicht zufrieden ist, wird man es nie sein. Früher hatten wir McEnroe gegen Vilas oder Borg gegen Lendl, jetzt Federer gegen Nadal.» Das 650-köpfige Organisationskomitee habe eine Meisterleistung vollbracht, lobt er.

Die Swiss Indoors befassen sich derweil nicht nur mit der Gegenwart, sondern auch mit der Zukunft. So öffnen sie ihre Trainingshalle im Sportcenter Paradies, die jahrelang nur während des Turniers von den Spielern fürs Training genutzt wurde, ab dem Frühjahr für den Nachwuchs. Die TIF Tennis Academy kann an der Bettenstrasse die Stars von morgen ausbilden. Für den Relaunch investieren die Swiss Indoors rund 250'000 Franken, um die Halle auf den neuesten Stand zu bringen. Es ist ein Bekenntnis zur Förderung des Nachwuchses.

Gute Neuigkeiten gibt es auch aus der Politik: Der Grosse Rat von Basel-Stadt bewilligt den Kredit von 105 Millionen Franken für den Umbau der St. Jakobshalle mit 89 Ja-Stimmen bei einer Enthaltung. 2018 soll die modernisierte Arena bezugsbereit sein.

---

1 Emotionaler Moment für die Ballkids: Nadal verteilt Erinnerungsmedaillen.

2 Sportcenter Paradies: Hauseigene Anlage am Sitz der Swiss Indoors Basel.

Mit grimmiger Entschlossenheit:
Rafael Nadal gibt immer alles.

Die Titanen 2012–16

2016
WIE AM US OPEN

Die beiden Rivalen, die im Vorjahr begeistert haben, fehlen diesmal in Basel. Roger Federer hat die Saison Ende Juli abgebrochen, drei Wochen nach seinem Scheitern im Wimbledon-Halbfinal gegen Milos Raonic. Sein linkes Knie hat sich nach der Operation nie richtig gut angefühlt, dann kamen noch Rückenschmerzen dazu. Rafael Nadal beendet sein Tennisjahr ebenfalls vorzeitig, um eine Verletzung am linken Handgelenk auszuheilen, die ihn schon länger plagte und zum Forfait in Roland Garros zwang. Was keiner ahnt: Die zwei werden sich gut drei Monate nach Basel im Endspiel des Australian Open wieder treffen, das zum Klassiker und Federer den 18. Grand-Slam-Titel bescheren wird.

In der St. Jakobshalle ist erstmals Stan Wawrinka topgesetzt, nach seinem Triumph am US Open die neue Weltnummer 3. Doch der Romand hat in New York alles aus sich herausgepresst und ist erschöpft. Er kämpft sich zweimal über drei Sätze in den Viertelfinal, scheitert dort aber am erstaunlichen Angriffsspieler Mischa Zverev, dem älteren Bruder des schon früh hoch gehandelten Alexander.

1 Ehrwürdig: Das Basler Rathaus, Schauplatz der Auslosung.

Erstmals topgesetzt: Stan Wawrinka unterliegt 2016 im Viertelfinal Mischa Zverev.

Die Titanen 2012–16

1 «The Voice»: Christoph Schwegler, die Stimme der Swiss Indoors.

2 Jungstar aus Österreich: Dominic Thiem mit Michael Spitteler, Mitglied der Geschäftsleitung der Swiss Indoors.

3 Kroatischer Premierensieger: Marin Cilic.

Auch der zweifache Champion Juan Martín del Potro ist zurück, erstmals seit drei Jahren, aber nach langwierigen Handgelenkproblemen noch nicht ganz der Alte – auch er ist nur bis am Freitag dabei. Damit ist der Weg frei für einen anderen US-Open-Champion: Marin Cilic. Der 1,98-Meter-Mann lässt Kei Nishikori in ihrer Reprise des New Yorker Finals von 2014 keine Chance und wird zum ersten kroatischen Sieger in Basel.

Erneut werden über 70'000 Zuschauer gezählt, die Tribünen sind bis auf den letzten Platz besetzt. Wie stark verankert das Turnier ist, bestätigt eine Studie von «4Trend», eines Schweizer Unternehmens für Daten-Analyse: Gemäss dieser sind die Swiss Indoors der führende Sportevent der Schweiz punkto Reichweite und Relevanz, gefolgt von Weltklasse Zürich und der Tour de Suisse.

Die Swiss Indoors bauen derweil weiter an der Zukunft des Tennis in der Schweiz: Zusammen mit dem Zürcher Tennis-Förderer Reinhard Fromm und Swiss Tennis rufen sie das Event «Champion von morgen» ins Leben: Ein nationales Masters der je acht besten Juniorinnen und Junioren der Kategorien U14 und U18 wird künftig in der Woche vor den Swiss Indoors im Tenniscenter Paradies in Allschwil stattfinden. Der erste «Champion von morgen» U18 wird 2016 der erst 13-jährige Jérôme Kym. Von ihm wird man noch hören.

The first of its kind

DER NEUE MASERATI MC20 – EIN WAHRES OBJEKT DER BEGIERDE

AUMATT GARAGE AG
Maserati Basel | Reinach, Aumattstrasse 138, 4153 Reinach
Tel. +41 61 717 95 95, www.aumattgarage.ch

Maserati MC20. Leistung 630 PS (463 kW); Drehmoment: max. 730 Nm bei 3000–5500 Upm; Höchstgeschwindigkeit: 326 km/h; Beschleunigung: 0 auf 100 km/h: 2,9 Sek. Verbrauch (l/100 km): kombiniert 11,5; CO_2-Emissionen*: kombiniert 261 g/km; Abgasnorm: Euro 6d-FINAL; Effizienzklasse: G.
*CO_2 ist das für die Erderwärmung hauptverantwortliche Treibhausgas; Die mittlere CO_2-Emission aller (markenübergreifend) angebotenen Fahrzeugtypen in der Schweiz beträgt 169 g/km. Der CO_2-Zielwert beträgt 115 g/km.

Die Verwandlung 2017–20

DIE VERWANDLUNG

2017
UND DIE WELT SCHAUT ZU

Die St. Jakobshalle erscheint in neuer Pracht. Federer schafft den zweiten Titel-Hattrick. Gegen das Coronavirus ist aber auch Basel machtlos.

Die Swiss Indoors, einst ein regionales Tennisturnier, sind längst zum Schmelztiegel aller Genres geworden. Neben einfachen Fans trifft sich hier jedes Jahr auch eine bunte Mischung der Hautevolee; Prominenz aus Showbusiness, Kultur, Wirtschaft, Kunst, Politik, Sport. So gehört der aus Basel stammende Filmproduzent Arthur Cohn, ein mehrfacher Oscar-Preisträger, seit über einem Vierteljahrhundert zu den Stammgästen. Akzentuiert worden ist diese Entwicklung 2009 mit der Einführung des Super Monday. 2017 wird der Event von der schottischen Singer/Songwriterin Amy Macdonald eingeheizt. Sie ist hell begeistert nach ihrem Auftritt auf dem umfunktionierten Center Court.

1 Beschwingt: Oscar-Preisträger Arthur Cohn mit der Star-Violinistin Anne-Sophie Mutter und Roger Brennwald.

2 Bezaubernd: Amy Macdonald reisst das Publikum von den Sitzen.

Ein Fehler und Sie sind im Out.

flawa iQ – weil im Ernstfall jede Sekunde matchentscheidend ist.

Erste Hilfe digitalisiert
Der weltweit erste digitale Notfallkoffer für Betriebe, der verbrauchte Materialien automatisch nachbestellt und mit einem Alarmknopf ausgestattet ist.

Smart IoT Award
Winner 2021

Institut für Wirtschaftsinformatik
Universität St.Gallen

flawa iQ in einer Minute erklärt

www.flawa-iq.ch

flawa iQ
intelligent first aid system

Die Verwandlung 2017–20

Marco Chiudinelli hat angekündigt, dass er mit seiner 13. Teilnahme an den Swiss Indoors seine Karriere beschliessen wird. Chiudinelli ist gegen die Weltnummer 44 Robin Haase Aussenseiter und unterliegt 2:6, 6:7. Viele Freunde und Weggefährten aus Nah und Fern sind da, um seine Dernière zu erleben.

Dass Chiudinelli in Basel abtritt, passt. «Das ist mein persönliches Wimbledon», sagt er einmal. Hier feierte er 2009 mit dem Halbfinal gegen Federer seinen grössten Erfolg und stiess auf Rang 52 vor, sein bestes Ranking. Acht Jahre später wird er nun mit Ovationen verabschiedet.

Während er mit 36 abtritt, macht der halb so alte Denis Shapovalov den Swiss Indoors seine erste Aufwartung. Weil Rafael Nadal mit einer Knieverletzung ausfällt, darf der junge Kanadier mit russischen Wurzeln das Turnier am Super Monday sogar sportlich eröffnen. Nach dem grossen Auftritt der schottischen Sängerin Amy Macdonald, begleitet vom Orchester Basel Sinfonietta. Mit dem Titel hat Shapovalov aber nichts zu tun. Den machen zwei alte Bekannte unter sich aus: Juan Martín del Potro, zurück in den Top 20, und Federer, der auf ein glänzendes Jahr mit den Grand-Slam-Titeln 18 und 19 zurückblickt, am US Open aber im Viertelfinal vom Argentinier geschlagen worden ist.

1 Talent mit links:
Der Kanadier Denis Shapovalov.

2 Bewegend:
Marco Chiudinelli tritt ab.

DANKE FÜR 50 JAHRE SPITZENTENNIS!

Die Verwandlung 2017–20

1 Der 8. Triumph: Federer ringt Del Potro nieder.

2 Hüter der Regeln und Abläufe: Olivier Hosner, Gerry Armstrong, Lars Graff.

3 Von Grund auf erneuert: Die St. Jakobshalle.

Die beiden treffen sich zum dritten Mal in einem Basler Final nach 2012 und 13. Erstmals setzt sich Federer durch, nach einem harten Kampf mit 6:7, 6:4, 6:3. «Büezer Federer und die magische 8», titelt der «Tages-Anzeiger». Es ist sein achter Titel in Basel, wie einige Monate zuvor schon in Wimbledon. Und die 8 ist seine Lieblingszahl. Mit global über 3500 TV-Stunden erzielen die Swiss Indoors eine neue Bestmarke für alljährlich wiederkehrende Grossveranstaltungen in der Schweiz. Die Zusammenarbeit mit der SRG, die das internationale Fernsehsignal produziert, wird um vier Jahre bis 2022 verlängert. Und inmitten des Umbaus der St. Jakobshalle warten die Swiss Indoors mit einer Premiere auf: Als erstes Tennisturnier in der Schweiz benutzen sie LED-Werbebanden.

DREI JAHRE FÜR EIN SCHMUCKSTÜCK

Die Swiss Indoors sind ein Treiber für die Region Basel und tragen dazu bei, dass die Sanierung und Modernisierung der 1975 eingeweihten St. Jakobshalle vorangetrieben wird. 2013 setzen sich die Berrel Berrel Kräutler AG mit den Degelo Architekten aus Basel mit ihrem Vorschlag «Giovanni» durch – eine Reverenz an den Architekten Giovanni Panozzo, der die Halle einst entworfen hat. Am augenscheinlichsten am Umbauprojekt, das den Charakter des Bauwerks konserviert, ist der neue, grosszügige und lichtdurchflutete Eingangsbereich.

Olympische Gefühle bei der Eröffnungsfeier: Die Nationalfahnen aller Teilnehmer werden präsentiert.

Die Verwandlung 2017–20

Ist die St. Jakobshalle im Herbst 2016 noch eine Grossbaustelle, in deren Innerem die besten Tenniscracks aufschlagen, ist für das Turnier 2017 das neue Bijou schon zugänglich: das Foyer mit den sechs Oberlichtern, das die Besucher willkommen heisst. War die Halle zuvor geprägt von engen, verwinkelten Wandelgängen, ist nun alles grosszügiger, heller, edler.

Der Umbau ist 2017 zu zwei Dritteln fertig. In der dritten Bauetappe wird dann noch das Innere modernisiert. Peter Reichenstein, Technischer Leiter und Co-Vorsitzender der Turnierleitung, meisterte die grossen Herausforderungen rund um die Sanierung mit seinem Team souverän. Am 22. Oktober 2018 wird den Swiss Indoors die Ehre zuteil, das komplett umgebaute Stadion einzuweihen. Regierungsrat und Sportminister Dr. Conradin Cramer sowie Turnierpräsident Roger Brennwald halten festliche Reden. Zu einem «Waterloo» sei die Sanierung nicht geworden, sagt Cramer in Anlehnung an den folgenden Auftritt der Coverband Abba Gold. Der Charakter im Stadion wandelt sich nur geringfügig. Aber alle Sitzplätze werden erneuert, Beleuchtung, Belüftung und Technik sind nun auf dem neuesten Stand. Obschon dem Turnier 4000 Quadratmeter mehr zur Verfügung stehen, kann die Kapazität am Center Court nicht erhöht werden – im Gegenteil: Sie sinkt wegen neuer Tribünenanordnung und feuerpolizeilichen Auflagen von 9200 auf 9000. Punkto Komfort und Dienstleistungen für Zuschauer und Sponsoren steigen die Swiss Indoors in eine höhere Liga auf. Das anerkennt auch die ATP: Sie zeichnet sie 2018 zum fünften Mal aus, mit einem «Award of Excellence» als «Turnier mit der am meisten verbesserten Infrastruktur». Ehre, wem Ehre gebührt.

1/3 Grandioser Festakt: Die Eröffnung der neu renovierten St. Jakobshalle.

2 Fröhliches Trio: Erik Julliard, Produzent der Opening Ceremony, mit Dr. Conradin Cramer, Regierungsrat und Sportminister des Kantons Basel-Stadt sowie Roger Brennwald.

ENTERTAIN YOUR ARENA

SLAM SYSTEMS

SKALIERBARES MULTIMEDIA SYSTEM

IHR PARTNER FÜR LED HARD - UND SOFTWARE

 BY

INFO@ROUNDS.CH　　　WWW.ROUNDS.CH　　　+41 71 511 20 20

Die Verwandlung 2017–20

2018
DIE «NEXT GEN» KOMMT

Die erste Ausgabe in der komplett umgebauten Halle wird zu Beginn mitgeprägt von der nächsten Spielergeneration. Mit dem Griechen Stefanos Tsitsipas (20), dem Deutschen Alexander Zverev (21) und dem Russen Daniil Medwedew (22) sind gleich drei prominente Vertreter am Start. Die drei sind nicht nur ganz unterschiedliche Spieler, sondern auch Charaktere. Wie so oft bieten die Swiss Indoors einen Vorgeschmack darauf, was Tennis-Interessierte in den kommenden Jahren erwarten wird.

Stan Wawrinka muss kurzfristig passen, weil er sich im Training am Rücken verletzt hat. Dafür verblüfft zum Turnierauftakt ein anderer Schweizer: Henri Laaksonen schlägt den Italiener Marco Cecchinato, der am French Open im Viertelfinal sensationell Novak Djokovic geschlagen hat. Für Laaksonen ist das 6:4, 6:2 über die Weltnummer 21 der erste Sieg an den Swiss Indoors, sechs Jahre nach seinem Debüt.

Die Talente der sogenannten «Next Gen» enttäuschen nicht in

Basel: Medwedew und Tsitsipas, der in der Woche zuvor in Stockholm seinen ersten ATP-Titel gefeiert hat, liefern sich einen spektakulären Viertelfinal mit dem besseren Ende für den Russen. Zverev spaziert in den Halbfinal, scheiterte da aber am erstaunlichen Qualifikanten Marius Copil. Roger Federer lässt das Publikum früh zittern. Er ist ungewohnt verletzlich bei eigenem Aufschlag, kämpft sich aber durch. Am Final-Wochenende steigert er sich und gibt gegen Medwedew und den rumänischen Überraschungs-Finalisten Copil keinen Satz ab. «Den hohen Stellenwert der Swiss Indoors haben wir mit einer weiteren, erfolgreichen Durchführung in der neu renovierten Halle untermauert», resümiert der Stv. Turnierdirektor Daniel Chambon. Das sehen auch die Vertreter der ATP so: Sie benoten das Turnier mit der Bestnote A+.

1 Spektakel bis in den Viertelfinal: Stefanos Tsitsipas.

2 Souverän bis in den Halbfinal: Alexander Zverev.

Halbfinalist mit grosser Zukunft: Daniil Medwedew.

Die Verwandlung 2017–20

Das ist ein exzellenter Einstand für Daniel Chambon. Der australisch-französische Doppelbürger, vormals Tennis-Verantwortlicher bei Eurosport, vertritt die Swiss Indoors seit 2006 bei den TV-Rechten und gegenüber der ATP. Inzwischen ist er intern aufgestiegen und auch zuständig für die sportlichen Belange sowie die Verpflichtung der Spieler. Mit seinem Beziehungsnetz, seiner weltmännischen Art und Sprachgewandtheit ist Chambon schon seit Längerem eine wichtige Figur für die Swiss Indoors.

---

1 Ein starkes Doppel: Roger Brennwald und Daniel Chambon.

2 Fordert Federer im Halbfinal hart: Stefanos Tsitsipas.

2019
PARTYTIME

Der Super Monday bietet erneut einen Weltstar: US-Sängerin Anastacia begrüsst das Publikum in allen Landessprachen und gibt danach sechs Kostproben aus ihrem Rock-Soul-Pop-Repertoire. Im weiteren Verlauf der Woche sorgt Roger Federer für die Musik. Auf dem Weg zum Triumph verbringt der Lokalmatador nur 4:23 Stunden auf dem Court und gibt lediglich 18 Games ab – selbst für ihn eine Bestmarke. Dazu trägt allerdings das Forfait von Stan Wawrinka vor dem Schweizer Viertelfinal bei. Der Romand hat sich in der Runde zuvor gegen Frances Tiafoe am Rücken verletzt, aber trotzdem zum Sieg gelitten. Federer stürmt zu seinem zehnten Titel in Basel – dem fünften in Serie nach 2014, 15, 17 und 18. Wegen einer Knieverletzung konnte er ja 2016 nicht antreten.

Erneut ist das Feld exzellent besetzt, mit vier Top-10-Spielern; auch Alexander Zverev und Tsitsipas sind wieder dabei. Der Deutsche enttäuscht und scheitert in der Startrunde, Tsitsipas fordert Federer im Halbfinal, kann ihm aber auch nur acht Games abknöpfen. Die grosse Überraschung ist Alex De Minaur, der zum zweiten australischen Finalisten nach Mark Philippoussis (1997) wird. Der

Eine Träne für den 10. Titel: Roger Federer im Goldregen.

Die Verwandlung 2017–20

20-Jährige mit den schnellen Beinen eliminiert in einem Halbfinal der Gegensätze den US-Aufschlagriesen Reilly Opelka. Im Endspiel gegen Federer ist der junge Mann aus Sydney aber chancenlos (2:6, 2:6).

Wie viel ihm sein Heimturnier nach all diesen Jahren und Erfolgen immer noch bedeutet, offenbart Federer in seiner Siegesansprache. Nachdem er den Organisatoren für die «perfekte Woche» gedankt hat, schiessen ihm Tränen in die Augen. Später führt er aus, wieso er so bewegt ist: «Die Leute denken, mir würden solche Siege einfach zufallen. Aber es steckt so vieles dahinter. Und wenn ich dann dastehe und mir solche Dinge durch den Kopf schiessen, berührt mich das. Dazu die Musik und die Ballkids, die in die Arena laufen. In Basel wird es für mich immer speziell sein.»

Zehn Titel sind eine Marke, die weltweit Aufsehen erregt. Dabei hatte ihn der legendäre US-Tennisreporter Bud Collins 2003 nach seinem ersten Wimbledon-Sieg noch gefragt: «Roger, jetzt hast du Wimbledon gewonnen, das ein ziemlich gutes Turnier ist. Aber wann siegst du endlich in Basel?»

1 Unterwegs zum 10. Streich: Roger Federer.

2 Historischer Moment: Der zehnfache Sieger Federer mit (von links) Daniel Chambon, Patrick Ammann, Roger Brennwald und Prof. Dr. Pascal Böni.

Marschhalt: Vor dem Coronavirus müssen auch die Swiss Indoors kapitulieren.

Die Verwandlung 2017–20

2020
DER BALL RUHT

1 Fata Morgana: Für einmal wird die St. Jakobshalle 2020 nicht zur Tennisbühne.

Das Turnier fällt aus, ausgerechnet als das 50-Jahr-Jubiläum ansteht. Covid-19, eine durch ein Coronavirus im chinesischen Wuhan ausgebrochene Pandemie sorgt weltweit für Ausnahmezustände und legt ab März grosse Teile des öffentlichen Lebens lahm. Die ATP zieht die Notbremse und annulliert als Erstes das Masters-Turnier von Indian Wells. Nach und nach fallen die Events wie Domino-Steine der Pandemie zum Opfer.

«Eigentlich wollen wir die 50-jährige Erfolgsgeschichte in diesem Jahr fortsetzen, doch nach derzeitiger Lagebeurteilung eine Grossveranstaltung für den Herbst zu planen und sicherzustellen, verkommt zu einem Vabanque-Spiel», sagt Brennwald im Frühsommer. Vor diesem Hintergrund kommen die Swiss Indoors im Einvernehmen mit der ATP zum Entscheid, das Turnier abzusagen, da ein reibungsloser Ablauf nicht gewährleistet werden kann. Dies aber sind die Swiss Indoors den Spielern, Fans, Sponsoren und Trägerschaften gegenüber schuldig. Eine Durchführung im gewohnten Format bei neun Turniertagen und einem Zuschaueraufkommen von 10'000 Personen pro Tag, die sich allesamt in Innenräumen bewegen, ist unverantwortlich. «Corona macht keine Pause und kennt leider keine Freunde. Und mögliche Geisterspiele oder Social-Distancing kommen für uns nicht infrage», begründet Roger Brennwald den logischen Entscheid, das 50-Jahr-Jubiläum auf ein nächstes Jahr zu verschieben. Bei Partner und Trägerschaften findet man für diesen Entschluss grosses Verständnis.

Erfolgsrezept: An den Swiss Indoors wird auch auf das letzte Detail geachtet.

Die Eckpfeiler – Spieler

DIE ECKPFEILER

Zeit, um innezuhalten und zurückzublicken: Hätte Roger Brennwald im Winter 1967/68 nicht an den Händen gefroren, als er in der Mustermesse Basel spielte, es hätte die Tennis-Festspiele am Rheinknie nie gegeben. Mit seinem Pioniergeist stösst Brennwald, der in Schweden für 60'000 Franken eine Ballonhalle kauft, um angenehmeres Wintertennis zu ermöglichen, eine märchenhafte Entwicklung an. Diese einzigartige Erfolgsgeschichte zeigt, dass die Swiss Indoors nicht auf Sand gebaut sind. Das Lebenswerk von Roger Brennwald fusst auf sechs Säulen: den Spielern, den Fans, den Sponsoren, den Medien, der Organisation und dem Stadion. Im Vordergrund stehen die Spieler. Ist die erste Austragung 1970 ein regionales Turnier, triumphiert 1976 mit dem Tschechoslowaken Jan Kodes erstmals ein Grand-Slam-Champion. Gewissermassen der Stern Sirius am Schweizer Tennishimmel ist im Jahr darauf Björn Borg. Der Auftritt des kühlen Blonden mit lockigem Haar wirkt bezüglich Zuschauerinteresse fürs Tennis wie ein Brandbeschleuniger. Borg, McEnroe, Vilas, Lendl, Becker, Edberg, Courier, Agassi, Sampras, später Federer, Nadal und Djokovic – in der St. Jakobshalle duellieren sich die Besten. Seit der Einführung der Weltrangliste 1973 schlagen 25 der 26 Weltranglistenersten einmal oder mehrmals in Basel auf.

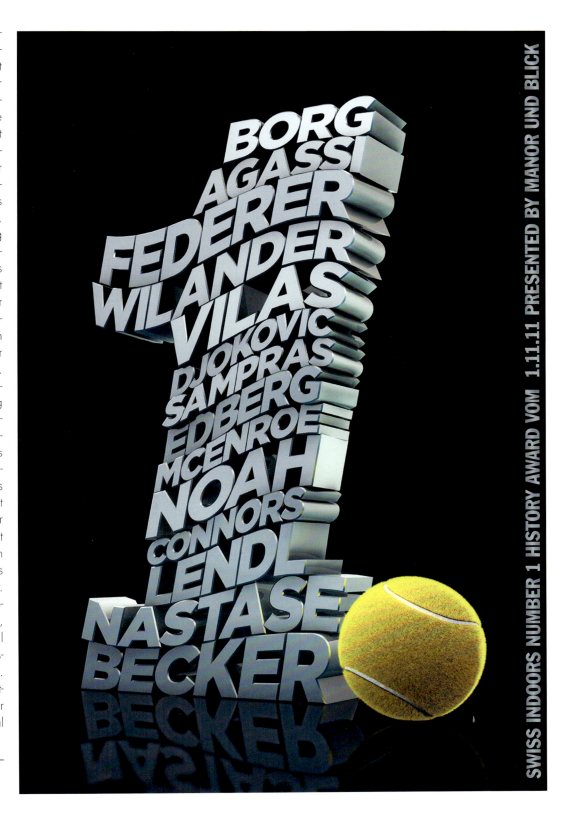

SWISS INDOORS NUMBER 1 HISTORY AWARD VOM 1.11.11 PRESENTED BY MANOR UND BLICK

1 Unverkennbar: Der Swiss Indoors Number 1 History Award.

Dominic Stricker, French-Open-Juniorensieger 2020: Wird er die Fans in Zukunft in Basel mitreissen?

Die Eckpfeiler – Fans

Was wäre diese faszinierende Sportart ohne die Fans? Dies wird uns in der Coronazeit schmerzlich vor Augen geführt. Wohnen den Spielen in den bescheidenen Anfängen nur ein paar hundert Leute bei, locken die Swiss Indoors ab 1975 mit dem Umzug in die St. Jakobshalle immer mehr Zuschauer an. Schon bald wird die Marke von 40'000 Besuchern übertroffen, und als ab 2008 der Montag als Spieltag dazukommt, strömen Jahr für Jahr über 70'000 in die Halle. Die Zuschauer sind nicht nur vom sportlichen Gehalt begeistert, sondern auch von der Center-Court-Atmosphäre, wie sie nur Basel kennt. Die Publikumsnähe liegt den Swiss Indoors besonders am Herzen. Das Foyer wird dank den vielfältigen Ständen und Dienstleistungen sowie dem reichen gastronomischen Angebot zu einem Vergnügungsstreifen für die Besucher. Durch die Gänge der

St. Jakobshalle, edel ausstaffiert, weht der Duft der grossen Welt. Nicht zuletzt deshalb werden die Swiss Indoors zum sportlichen und gesellschaftlichen Höhepunkt des Landes.

1/2 Weltklasse vor der Haustüre: Stan Wawrinka wird von den Basler Fans gefeiert.

3 Mittendrin im Geschehen: Viele Ballkids und Linienrichter kommen aus der Region.

Nahbarer Nachbar: Alexander Zverev geniesst es, Deutsch zu sprechen.

Die Eckpfeiler – Sponsoren

1 Edel: Firmen-Lounge im Tennisdorf.

2 Wegweisend: Image-Corner im VIP-Bereich.

3 Magic Moments auf dem Center Court von Basel.

Im Falle des Sponsorings geht das Angebot weit über die Logopräsenz in oder ausserhalb des Center Courts hinaus. So gelingt es, den Ausstieg des treuen Partners Davidoff abzufedern, der von 1994 bis 2010 als Titelsponsor fungiert und die Entwicklung nachhaltig prägt. Brennwald, gemäss der «Schweizer Illustrierten» der grösste Macher und Pionier des Schweizer Sports, erfindet die Swiss Indoors immer wieder neu. Die «Schweizer Sternfahrt», die Nachwuchsförderungsaktion «Champion von morgen», die Publikation des «Tennis Year Book» sind nur einige Beispiele, welche zur Erfolgsgeschichte der Swiss Indoors beitragen. Ebenso die Etablierung der Logen und des Tennisdorfs sowie die Gründung des Grand Slams Clubs und des Business Clubs, deren Erlös karitativen Institutionen zugutekommt. Weltweit einzigartig ist der Super Monday, der jeweilige Auftakt zum Turnier, der Tennis und Musik vereint. Weltstars wie Montserrat Caballé, Udo Jürgens, Paul Anka, Amy Macdonald und Anastacia sorgen für unvergessliche Highlights.

Aufmarsch der Gladiatoren: Tsitsipas wird in Szene gesetzt.

Die Eckpfeiler – Medien

Das Turnier durchsteigt im Laufe der Jahrzehnte die Eigernordwand und ist auch in Bezug auf die weltumspannende Ausstrahlung auf dem Gipfel angekommen. Die Vielfalt der medialen Interessen unter einen Hut zu bringen, ist eine besondere Herausforderung, welche die Medien-Verantwortliche der Swiss Indoors Mägi Blaser über Jahrzehnte fachkundig meistert. Begonnen hat es mit den ersten Übertragungen des Schweizer Fernsehens im Jahre 1974. Seither fungiert das SRF als Produzent und verlässlicher Partner der Swiss Indoors. Die Platzinterviews von Ex-Profi und Co-Kommentator Heinz Günthardt mit Roger Federer geniessen Kultstatus. 1990 werden die Swiss Indoors von der ATP in den TV-Welt-Pool integriert, was ihnen die internationale Fernsehwelt öffnet: Ab da werden sie in 35 Ländern übertragen. Auf 2009 hin folgt dann der Ritterschlag: Von der ATP immer wieder mit Awards für herausragende Leistungen ausgezeichnet, werden die Swiss Indoors als eine von zehn Stationen in die neu geschaffene, begehrte Kategorie ATP-500 aufgenommen. Das erhöht ihre Reichweite nochmals beträchtlich. 2019 kann der Basler Grossanlass nationale Rekordwerte vermelden, dank einer TV-Abdeckung von über 3000 Sendestunden live oder zeitverschoben in 150 Ländern.

1 Das SRF-Kommentatoren-Duo Heinz Günthardt und Stefan Bürer.

2 Mit Stimme und Fachwissen: Radiomann Bernhard Schär beim Moderieren des Business Club.

3 Magic Moments auf dem Center Court von Basel.

Die Organisation (von unten/von links): Dr. Pascal Böni, Peter Reichenstein, Sefa Öztürk, Daniel Chambon, Patrick Gysin, Roger Brennwald, Monika Buser-Tschudin, Patrick Ammann, Markus Leuenberger, Amanda Cosi, Dr. Felix Marti, Michael Spitteler, Tobias Abächerli, Lucius Giese, Csaba Borbély, Mägi Blaser, Madlaina Barth, Christoph Schwegler, Simone Weiss, Georg Hammann, Massimiliano Iuliano, Nina Silva-Lehmann, Michael Abächerli, René Mundwiler, Lukas Stadelmann, Gion Conrad, Marc Lingeri

Die Eckpfeiler – Organisation

Ein halbes Jahrhundert Emotionen, Geschichte und Sportkultur liegt hinter den Swiss Indoors. Roger Brennwald entwickelt das Turniertennis vom regionalen Setzling zum Tennishöhepunkt der Schweiz. Mit der konsequenten Umsetzung einer grossartigen Vision und unermüdlichem, persönlichem Engagement verhilft er den Swiss Indoors zu internationaler Reputation und macht sie zur Benchmark im helvetischen Sport. Nach Brennwalds Philosophie ist das grösste Kapital die Organisation. Sie ist die Basis von allem. Wie er betont, geht es in der Leadership grundsätzlich darum, den Dingen nicht freien Lauf zu lassen, aber die Führung nicht allein auf Leistung und Anstrengung zu minimieren. «Es ist das geschlossene Teamwork, das uns stark macht», sagt Brennwald. Er erinnert sich: «Anno 1970 zählte die Organisation drei Personen.» Nunmehr sind zehn vollamtliche Angestellte, 25 nebenamtliche Ressortleiter und 500 temporäre Mitarbeiter/-innen während des Turniers engagiert. Ein verschworener Haufen macht es möglich, und was kalte Hände doch alles auslösen können!

1 Geschlossenes Teamwork: Auch die Siegerehrung wird optisch perfekt inszeniert.

2 Sorgt für die Musik am Super Monday: Das Christoph Walter Orchestra.

Die Eckpfeiler – Arena

Unsere Systeme und Dienstleistungen sind weltweit topgesetzt

Fromm has been supporting young Swiss Tennis girls and boys for many years. It is well known that developing a successful tennis career is very costly and the families often are greatful for some financial help. At this time Fromm supports the following players:

Viktorija Golubic, Jil Teichmann, Simona Waltert, Celine Naef, Ylena In-Albon
Marc-Andrea Hüsler, Dominic Stricker, Leandro Riedi, Nikola Djosic, Flynn Thomas

Fromm Holding AG, CH-6330 Cham

ALLE SPIELER
an den Swiss Indoors Basel 1970–2020

QF: Quarter-Final, SF: Semi-Final RU: Runner Up, W: Winner COC: Championship of Champions (1995)

ACUNA Ricardo (Chi)
1983-QF, 1985-1

ACASUSO José (Arg)
2002-1, 2005-QF, 2006-QF, 2007-1, 2008-1

AGASSI Andre (USA)
1987-SF, 1998-RU, 1999-QF

AGENOR Ronald (Hai)
1987-RU, 1988-1, 1989-1, 1990-1, 1992-1, 1994-1

AGUILERA Juan (Esp)
1984-1/8

ALAMI Karim (Mar)
2000-1

ALBOT Radu (Mda)
2019-1/8

ALVAREZ Lito (Arg)
1976-1

AMAYA Victor (USA)
1978-SF

AMRITRAJ Anand (Ind)
1978-1

AMRITRAJ Vijay (Ind)
1978-1/8

ANCIC Mario (Cro)
2004-1

ANDERSON Kevin (RSA)
2012-1/4, 2015-1/8

ANDREEV Igor (Rus)
2008-QF

ANDUJAR Pablo (Esp)
2019-1

ANNACONE Paul (USA)
1983-QF

ARAZI Hicham (Mar)
1998-1/8, 1999-1/8, 2000-QF

ARRAYA Pablo (Per)
1984-1

AUSTIN Jeff (USA)
1981-1/8

BAGHDATIS Marcos (Cyp)
2005-RU, 2007-SF, 2008-1, 2011-QF, 2013-1/8, 2016-1

BAHRAMI Mansour (Iri)
1988-1, 1989-1, 1990-1/8, 1992-1, 1995 (COC)

BAKER Brian (USA)
2012-1/8

BALCELLS Juan (Esp)
2001-1

BARAZZUTTI Corrado (Ita)
1982-1/8

BARCLAY Jean-Claude (Fra)
1973-W, 1995 (COC)

BARTHÉS Pierre (Fra)
1976-1

BASTL George (Sui)
1999-1, 2000-1/8, 2001-QF, 2002-1, 2005-1, 2006-1/8, 2008-1

BATES Jeremy (Gbr)
1988-1

BAUR Patrick (Ger)
1989-1

BAUTISTA AGUT Roberto (Esp)
2017-QF, 2018-QF, 2019-QF

BECK Andreas (Ger)
2008-1/8, 2009-1

BECK Karol (Svk)
2010-1

BECKER Benjamin (Ger)
2006-1, 2008-QF, 2009-1, 2012-1, 2013-1, 2014-QF

BECKER Boris (Ger)
1984-1, 1992-W, 1995-SF, 1996-1/8, 1998-1

BEHREND Tomas (Ger)
2003-1/8

BELLUCCI Thomaz (Bra)
2011-1, 2012-1/8

BEMELMANS Ruben (Bel)
2017-1

BENHABILES Tarik (Fra)
1985-1

BENNETEAU Julien (Fra)
2009-1, 2012-1/8, 2017-1/8

BERANKIS Ricardas (Ltu)
2016-1/8, 2019-1/8

BERDYCH Tomas (Cze)
2005-1/8, 2007-QF, 2008-1, 2010-1, 2011-1, 2013-1

BERGER Klaus (Ger)
1970-W, 1995 (COC)

BERGSTRÖM Christian (Swe)
1990-1, 1991-QF, 1992-1, 1993-1

BERLOCQ Carlos (Arg)
2007-1, 2013-1, 2014-1

BERRER Michael (Ger)
2005-1/8, 2007-1, 2010-1

BERTOLUCCI Paolo (Ita)
1977-1

BEUTEL Hans-Dieter (Ger)
1981-1

BEVEN Rohan (Gbr)
1978-1

BIENZ Stefan (Sui)
1985-1

BIRNER Stanislav (Tch)
1980-1, 1983-1, 1985-1/8, 1986-1

BJÖRKMAN Jonas (Swe)
1996-1/8, 1997-1/8

BLACK Byron (Zim)
1995-1, 1998-1/8

BLAKE James (USA)
2002-1/8, 2003-1, 2007-1/8, 2008-QF, 2009-1, 2011-1/8

BLANCO Galo (Esp)
2001-1

BLATTER Freddy (Sui)
1972-1/4, 1974 2. R.

BOETSCH Arnaud (Fra)
1992-1/8, 1993-QF, 1994-1/8, 1995-1, 1997-1

BOHLI Stéphane (Sui)
2008-1/8, 2009-1, 2010-1

BOHRNSTEDT Dick (USA)
1978-1

BOLELLI Simone (Ita)
2006-1, 2008-QF, 2009-1, 2014-1

BORG Björn (Swe)
1977-W, 1979-QF, 1980-RU, 1992-1, 1995 (COC)

BOROWIAK Jeff (USA)
1977-QF

BOUTTER Julien (Fra)
2001-SF, 2002-1

BRAASCH Karsten (Ger)
1994-1

BRANDS Daniel (Ger)
2010-1, 2013-QF

BROWN Jimmy (USA)
1984-QF

BRUGUERA Sergi (Esp)
1991-1/8

BUEHNING Fritz (USA)
1979-1/8, 1982-1

BURGENER Michel (Sui)
1972-W, 1975-1, 1995 (COC)

BURGSMÜLLER Lars, (Ger)
2002-1, 2006-1

CAIN Tom (USA)
1980-1

CALATRAVA Alex (Esp)
2000-1

CALLERI Agustin (Arg)
2002-1/8, 2005-1/8, 2006-1, 2007-1/8, 2008-1

CAMPORESE Omar (Ita)
1989-QF

CANAS Guillermo (Arg)
2007-QF

CANCELLOTTI Francisco (Ita)
1985-1

CANE Paolo (Ita)
1991-1/8

CARATTI Cristiano (Ita)
1991-1, 1994-SF

CARBONELL Tomas (Esp)
1991-1/8

CARLSEN Kenneth (Den)
1993-1

CARLSSON Johan (Swe)
1983-QF, 1991-1/8

CARRENO BUSTA Pablo (Esp)
2016-1/8

CARTER David (USA)
1980-1

CASAL Sergio (Esp)
1987-1/8

CECCHINATO Marco (Ita)
2018-1

CHARDY Jeremy (Fra)
2009-1/8, 2018-1

CHELA Juan Ignacio (Arg)
2004-1, 2005-1, 2006-1/8, 2007-1

CHIUDINELLI Marco (Sui)
2004-1/8, 2006-1, 2007-1, 2008-1, 2009-SF, 2010-1, 2011-1, 2012-1/8, 2013-1, 2014-1, 2015-1, 2016-1, 2017-1

CHUNG Hyeon (Kor)
2017-1/8

CILIC Marin (Cro)
2009-QF, 2010-1/8, 2015-QF, 2016-W, 2017-SF, 2018-1/8, 2019-1

CLEMENS Tobias (Ger)
2006-1

CLÉMENT Arnaud (Fra)
2000-1/8, 2001-1/8, 2002-QF, 2003-1/8

CLERC José-Luis (Arg)
1977-1/8, 1981-RU

CONNORS Jimmy (USA)
1988-SF, 1989-SF, 1990-1, 1991-SF, 1995 (Winner COC)

COPIL Marius (Rou)
2018-RU, 2019-1

CORIA Guillermo (Arg)
2003-W, 2005-1/8

CORIC Borna (Cro)
2014-SF, 2015-1, 2017-1/8

CORRETJA Alex (Esp)
2001-1, 2002-1

COSTA Albert (Esp)
1997-1, 2001-1, 2002-1

COURIER Jim (USA)
1989-W, 1990-1/8, 1995-W

COX Mark (Gbr)
1977-QF, 1978-1/8, 1979-1, 1980-1/8

CRAWFORD Jack (USA)
1975-1/8

CREALY Dick (Aus)
1976-QF

CUEVAS Pablo (Uru)
2019-1

CURREN Kevin (RSA)
1980-1, 1991-QF

DAMM Martin (Cze)
1993-SF, 1994-1, 1995-QF, 1998-1, 1999-1

DANCEVIC Frank (Can)
2007-1

DANIEL Taro (Jpn)
2018-1

DAVIDS Jan-Henrik (Ned)
1992-1

DAVYDENKO Nikolay (Rus)
2001-QF, 2002-1, 2012-1/8

DE BAKKER Thiemo (Ned)
2010-1

DE LA PENA Horacio (Arg)
1985-1/8

DE SCHEPPER Kenny (Fra)
2013-1, 2014-1/8

DELAÎTRE Olivier (Fra)
1989-QF, 1992-1, 1995-1, 1996-QF

DELBONIS Federico (Arg)
2014-1, 2016-QF

DELIC Amer (USA)
2007-1

DELLIEN Hugo (Bol))
2019-1

DEL POTRO Juan Martín (Arg)
2006-QF, 2007-1/8, 2008-SF, 2012-W, 2013-W, 2016-QF, 2017-RU

DE MIGUEL David (Esp)
1987-1

DE MINAUR Alex (Aus)
2019-RU

DENNHARDT Frank (Ger)
1990-1

DENT Taylor (USA)
2004-1

DENTON Steve (USA)
1981-1

DEVILDER Nicolas (Fra)
2008-1

DEWULF Filip (Bel)
1996-1

DIBBS Eddie (USA)
1979-SF, 1980-QF, 1981-QF, 1982-1/8

DICKSON Mark (USA)
1982-1/8, 1983-1, 1985-1

DIER Dirk (Ger)
1994-1

DIMITROV Grigor (Bul)
2012-1/4, 2013-QF. 2014-QF, 2015-1/8, 2016-1

DJERE Laslo (Srb)
2018-1, 2019-1

DJOKOVIC Novak (Srb)
2009-W, 2010-RU, 2011-SF

DLOUHY Lukas (Cze)
2008-1

DODIG Ivan (Cro)
2011-1, 2013-QF, 2014-1/8

DOLGOPOLOV Alexandr (Ukr)
2010-1, 2013-1/8, 2015-1, 2017-1

DOMINGUEZ Patrice (Fra)
1978-1/8

DONALDSON Jared (USA)
2017-1

DOWDESWELL Colin (Zim)
1976-1, 1978-1, 1984-1/8

DOYLE Matt (Irl)
1981-1, 1982-QF, 1984-1/8

DREEKMANN Hendrik (Ger)
1996-RU

DRUZ Randy (USA)
1983-1

DRYSDALE Cliff (RSA)
1975-SF

DUNCAN Lawson (USA)
1985-1

DUPASQUIER Yvan (Sui)
1978-1, 1980-1, 1981-1, 1983-1

DUPUIS Anthony (Fra)
2001-1, 2004-1

EBDEN Matthew (Aus)
2012-1/8, 2018-1

EDBERG Stefan (Swe)
1983-1/8, 1984-SF 1985-W, 1986-W, 1988-W, 1989-RU, 1993-RU, 1994-1/8, 1995-QF, 1996-1/8

EDWARDS Eddie (RSA)
1980-1/8, 1984-1, 1986-1

EL AYNAOUI Younes (Mar)
1993-1, 1996-1, 2000-1

EL SHAFEI Ismail (Egy)
1978-1/8

ELIAS Gastao (Por)
2014-1

ELSCHENBROICH Harald (Ger)
1975-1

ELSENEER Gilles (Bel)
2003-1/8

ELTER Peter (Ger)
1979-1/8, 1980-1/8, 1981-1, 1982-1, 1984-1/8

ENGEL David (Swe)
1991-1

ENQVIST Thomas (Swe)
1991-1, 1992-1/8, 1993-1/8, 1994-1, 1995-1/8, 1996-1, 1997-QF, 1999-1, 2000-W

ERIKSSON Stefan (Swe)
1986-QF, 1987-1

ESCUDÉ Nicolas (Fra)
1997-1, 1998-1, 1999-1/8, 2000-1, 2002-1/8

EVANS Daniel (Gbr)
2019-1

EVERNDEN Kelly (Nzl)
1986-1/8

FALLA Alejandro (Col)
2012-1

FARRELL Mark (Gbr)
1975-1, 1977-1/8, 1979-1, 1980-1

FEAVER John (Gbr)
1977-1/8

FEDERER Roger (Sui)
1998-1, 1999-QF, 2000-RU, 2001-RU, 2002-SF, 2003-1/8, 2006-W, 2007-W, 2008-W, 2009-RU, 2010-W, 2011-W, 2012-RU, 2013-RU, 2014-W, 2015-W, 2017-W, 2018-W, 2019-W

FEIGL Peter (Aut)
1981-1

FERREIRA Wayne (RSA)
1994-W, 1995-1, 1997-1/8, 1998-1/8, 2000-1

FERRER David (Esp)
2002-1, 2006-QF, 2007-1

FERRERO Juan Carlos (Esp)
2000-1, 2002-SF, 2005-1/8

FIBAK Wojtek (Pol)
1978-SF, 1983-RU, 1984-1, 1985-SF, 1986-1, 1987-1

FILIPPINI Marcelo (Uru)
1988-1, 1989-QF, 1990-1

FILLOL Alvaro (Chi)
1977-QF, 1979-1

FILLOL Jaime (Chi)
1977-SF, 1979-1

FISH Mardy (USA)
2006-1/8, 2008-1/8, 2011-1

FISHER Rick (USA)
1975-1/8, 1977-1

FLEURIAN Jean-Philippe (Fra)
1990-1/8, 1991-1, 1994-1/8

FOGNINI Fabio (Ita)
2019-1/8

FORGET Guy (Fra)
1985-QF, 1987-SF, 1994-SF, 1995-1, 1996-1

FRANA Javier (Arg)
1988-1/8

FRANULOVIC Zeljko (Yug)
1979-1/8, 1980-1

FREYSS Christophe (Fra)
1979-1

FRIEDL Leos (Cze)
2001-1

FRITZ Bernard (Fra)
1978-1/8

FRITZ Taylor (USA)
2016-1, 2018-QF, 2019-1/8

FROMBERG Richard (Aus)
1998-1

FROMM Eric (USA)
1979-1, 1981-1, 1982-1/8

FUCSOVICS Márton (Hun)
2017-QF

FURLAN Renzo (Ita)
1996-1/8

GABASHVILI Teymuraz (Rus)
2014-1, 2015-1/8

GAMBILL Jan-Michael (USA)
2000-1, 2001-1

GARCIA-LOPEZ Guillermo (Esp)
2006-1/8, 2012-1

GARIN Cristian (Chi)
2019-1

GASQUET Richard (Fra)
2009-QF, 2010-QF, 2012-SF, 2013-1, 2015-SF, 2016-1, 2019-1/8

GATTIKER Alejandro (Arg)
1983-1

GAUDENZI Andrea (Ita)
2001-1/8

GAUDIO Gaston (Arg)
2000-1, 2001-1, 2004-1/8

GAUVAIN Hervé (Fra)
1976-1

GEBERT Frank (Ger)
1975-1

GEHRING Rolf (Ger)
1978-QF, 1980-1, 1981-1/8, 1984-1

GERULAITIS Vitas (USA)
1983-W

GIAMMALVA Sammy (USA)
1980-QF, 1981-QF

GIAMMALVA Tony (USA)
1980-1/8

GILBERT Brad (USA)
1986-SF, 1992-1/8

GILLES Rodolphe (Fra)
1993-1/8, 1994-1

GIMENEZ Angel (Esp)
1978-1/8, 1981-1/8

GIMENO-TRAVER Daniel (Esp)
2013-1

GINEPRI Robby (USA)
2007-1

GIRALDO Santiago (Col)
2010-1/8, 2011-1

GOELLNER Marc-Kevin (Ger)
1993-1/8, 1994-1, 1996-QF, 1997-1

GOFFIN David (Bel)
2014-RU, 2015-QF, 2016-1/8, 2017-SF, 2019-1/8

GOJOWCZYK Peter (Ger)
2017-1, 2018-1/8, 2019-1

GOLMARD Jérôme (Fra)
1998-1, 2000-1/8

GOLUBEV Andrey (Kaz)
2007-1/8, 2010-1, 2014-1/8

GOMEZ Andres (Ecu)
1981-QF, 1982-1, 1989-SF, 1990-1

GONZALEZ Fernando (Chi)
2002-RU, 2004-1, 2005-W, 2006-1, 2007-QF, 2009-1

GOTTFRIED Brian (USA)
1989-W, 1995-SF (COC)

GRANOLLERS Marcel (Esp)
2008-1/8, 2016-QF

GREMELMAYR Denis (Ger)
2008-1

GROSJEAN Sébastien (Fra)
2000-1

GUARDIOLA Thierry (Fra)
1991-1, 1994-1

GULBIS Ernests (Lat)
2010-1, 2014-1, 2015-1, 2018-1/8

GULLIKSON Tim (USA)
1985-1

GUNNARSSON Jan (Swe)
1984-1/8, 1985-1, 1986-1, 1988-1/8, 1989-1, 1990-1, 1991-1

GÜNTHARDT Heinz (Sui)
1977-QF, 1978-QF, 1979-1/8, 1980-1/8, 1981-SF, 1983-1, 1984-1, 1985-1/8, 1987-1, 1995 (COC)

GÜNTHARDT Markus (Sui)
1978-1, 1979-1, 1981-1

GUSTAFSSON Magnus (Swe)
1988-QF, 1989-1, 1990-QF, 1998-QF

HAARHUIS Paul (Ned)
1991-1, 1997-1

HAAS Tommy (Ger)
1996-1/8, 1997-1, 1998-1, 1999-1, 2000-1, 2005-1/8, 2011-1

HAASE Robin (Ned)
2010-QF, 2011-1/8, 2012-1, 2013-1, 2015-1, 2016-1, 2017-1/8, 2018-1

HAEHNEL Jerôme (Fra)
2004-1/8, 2007-1

HAILLET Jean-Louis (Fra)
1979-1/8

HAJEK Jan (Cze)
2006-1, 2010-1

HANESCU Victor (Rou)
2004-1, 2012-1, 2013-1

HARDIE George (USA)
1977-1/8

HARRISON Ryan (USA)
2017-1/8, 2018-1

HAYES John (USA)
1980-1

HENMAN Tim (Gbr)
1997-SF, 1998-W, 1999-RU, 2000-SF, 2001-1, 2002-1, 2003-QF, 2004-QF, 2005-1, 2006-1/8

HERBERT Pierre-Hugues (Fra)
2014-1/8

HERNANDEZ Oscar (Esp)
2007-1, 2008-1/8

HERNYCH Jan (Cze)
2009-1/8

HERTZOG Rolf (Sui)
1986-1

HEUBERGER Ivo (Sui)
1997-1/8, 1998-1/8, 2002-1/8, 2003-1, 2004-1/8

HEWITT Lleyton (Aus)
2000-SF

HIDALGO Ruben Ramirez (Esp)
2003-1

HIGUERAS José (Esp)
1984-1

HJERTQUIST Per (Swe)
1980-SF, 1981-1

HLASEK Jakob (Sui)
1983-1, 1984-1/8, 1985-1, 1986-1, 1988-RU, 1989-1/8, 1991-W, 1992-1, 1993-1, 1994-1, 1995-1, 1996-1

HOCEVAR Marcos (Bra)
1982-1, 1983-1/8

HÖGSTEDT Thomas (Swe)
1982-SF, 1983-1/8, 1984-1, 1986-1, 1987-1

HOLM Henrik (Swe)
1995-1/8

HOOPER Chip (USA)
1982-1/8

HORNA Luis (Per)
2004-1

HRBATY Dominik (Svk)
1999-1/8, 2000-QF, 2005-SF

HREBEC Jiri (Cze)
1975-W, 1976-RU, 1978-1, 1995 (COC)

HUET Stéphane (Fra)
2000-1, 2001-1

HÜRLIMANN Max (Sui)
1977-1

ISKERSKY Eric (USA)
1982-1, 1983-1

ISNER John (USA)
2009-1/8, 2010-1/8, 2015-1/8

ISTOMIN Denis (Uzb)
2010-1, 2013-1/8, 2014-1/8

IVANISEVIC Goran (Cro)
1989-1, 1990-RU, 1995 w.o., 1996-1, 1997-1, 1999-SF

JAMES John (Aus)
1977-1

JANOWICZ Jerzy (Pol)
2014-1, 2015-1

JARRY Nicolas (Chi)
2018-1

JARRYD Anders (Swe)
1987-1, 1991-1, 1993-1, 1994-1/8, 1995-1/8

JOHANSSON Thomas (Swe)
1998-SF, 1999-1

JOHNSON Steve (USA)
2014-1, 2017-1

KAFELNIKOV Yevgeny (Rus)
1994-1/8, 1995-1/8, 1996-SF, 1997-QF, 1998-1/8, 1999-QF

KAMKE Tobias (Ger)
2010-1/8, 2011-1, 2013-1/8

KANDERAL Petr (Sui)
1971-RU, 1972-RU, 1974-RU, 1975-QF, 1976-QF

KANDLER Hanspeter (Aut)
1981-1

KARANUSIC Roko (Cro)
2006-1, 2007-1/8

KARLOVIC Ivo (Cro)
2005-1, 2007-SF, 2009-1, 2013-1/8, 2014-SF, 2015-QF

KECMANOVIC Miomir (Srb)
2019-1

KERETIC Damir (Ger)
1983-1

KIEFER Nicolas (Ger)
1998-QF, 1999-SF, 2007-QF, 2008-1

KOCH Thomas (Bra)
1979-1/8

KODES Jan (Cze)
1976-W, 1979-1, 1995 (COC)

KOELLERER Daniel (Aut)
2009-1

KOHLSCHREIBER Philipp (Ger)
2006-1/8, 2008-1/8, 2009-1, 2015-1/8

KORDA Petr (Cze)
1988-1/8, 1990-1/8, 1991-1/8, 1992-RU, 1995-QF, 1996-QF, 1997-SF, 1998-1

KORNIENKO Igor (Rus)
1999-1

KOROLEV Evgeny (Rus)
2009-QF

KOUBEK Stefan (Aut)
1999-1, 2004-SF, 2007-1/8

KRAJICEK Richard (Ned)
2000-1/8

KRAJINOVIC Filip (Srb)
2018-1, 2019-QF

KRATOCHVIL Michel (Sui)
2000-1, 2001-QF, 2003-1, 2004-1

KRICKSTEIN Aaron (USA)
1985-1, 1986-QF, 1988-QF, 1989-1/8

KRIEK Johan (USA)
1979-RU

KRISHNAN Ramesh (Ind)
1982-QF, 1985-1/8, 1989-1

KRONK Paul (Aus)
1975-1/8, 1976-QF, 1980-1

KROON Niklas (Swe)
1988-1

KRULEVITZ Steve (USA)
1981-QF

KUBOT Lukasz (Pol)
2011-1/8, 2012-1/8, 2013-1/8

KUCERA Karol (Svk)
1995-1, 1997-1/8, 1999-W

KUDLA Denis (USA)
2013-1, 2015-1

KUERTEN Gustavo (Bra)
2001-1

KUHARSZKY Zoltan (Hun)
1984-1, 1988-1

KÜHNEN Patrik (Ger)
1986-1/8, 1987-QF

KUKUSHKIN Mikhail (Kaz)
2011-QF, 2014-1/8, 2015-1, 2017-1

KULTI Nicklas (Swe)
1990-1/8, 1991-1/8, 1992-1/8, 1993-1

KUZNETSOV Andrey (Rus)
2012-1, 2015-1

LAAKSONEN Henri (Sui)
2012-1, 2013-1, 2015-1, 2016-1, 2017-1, 2018-1/8, 2019-1

LACKO Lukas (Svk)
2012-1

LAJOVIC Dusan (Srb)
2015-1/8, 2016-1, 2018-1/8, 2019-1

LAMMER Michael (Sui)
2005-1, 2009-1/8, 2011-1/8

LAPIDUS Jay (USA)
1981-1/8

LAPENTTI Nicolas (Ecu)
1999-1, 2000-1/8, 2001-1, 2002-1/8, 2003-QF

LARSSON Magnus (Swe)
1990-1, 1992-1, 1993-QF, 1994-1, 1996-1/8, 1999-1

LAVERGNE Régis (Fra)
1997-1

LECONTE Henri (Fra)
1982-QF

LEE Hyung-Taik (Kor)
2003-1

LENDL Ivan (USA)
1979-QF, 1980-W, 1981-W, 1992-SF, 1993-1

LJUBICIC Ivan (Cro)
2001-1, 2003-SF, 2004-QF, 2009-1, 2011-1/8

LIMBERGER Carl (Aus)
1987-1

LIPTON Scott (USA)
1983-1

LLODRA Michael (Fra)
2003-1/8, 2010-1, 2011-1, 2013-1/8

LLOYD John (Gbr)
1977-RU, 1978-1

LONDERO Juan Ignacio (Arg)
2019-1

LOPEZ Feliciano (Esp)
2003-QF, 2006-1/8, 2007-1, 2008-SF

LORENZI Paolo (Ita)
2016-1/8, 2017-1

LU Yen-Hsun (Tpe)
2010-1

LUCZAK Peter (Aus)
2009-1

LUNDGREN Peter (Swe)
1986-1/8, 1988-1/8, 1989-1/8, 1992-QF

LUNDQUIST Eric (Swe)
1975-1/8

LUXA Petr (Cze)
1998-1

MACHETTE Mike (USA)
1977-1

MACKIN Alan (Gbr)
2005-1

MAHUT Nicolas (Fra)
2016-1

MALISSE Xavier (Bel)
2001-1/8, 2002-1, 2010-1, 2011-1

MANCINI Alberto (Arg)
1992-1

MANNARINO Adrian (Fra)
2013-1, 2015-1/8, 2016-1, 2017-QF, 2018-1

MANSDORF Amos (Isr)
1987-1, 1988-QF, 1989-1, 1990-1, 1991-QF, 1992-QF, 1993-1, 1994-1

MANSON Bruce (USA)
1978-1, 1982-1

MANTA Leonardo (Sui)
1973-RU

MANTA Lorenzo (Sui)
1997-1, 1999-1

MANTILLA Felix (Esp)
2002-QF, 2003-1

MARCHENKO Ilya (Ukr)
2016-1

MARTERER Maximilian (Ger)
2018-1

MARTIN Alberto (Esp)
2005-1

MARTIN Billy (USA)
1977-1/8, 1980-1

MASSO Eduardo (Bel)
1988-1/8

MASSU Nicolas (Chi)
2004-SF, 2005-1

MATHIEU Paul-Henri (Fra)
2003-1, 2007-QF, 2012-SF, 2013-QF

MATOSEVIC Marinko (Aus)
2012-1/8

MATTAR Luiz (Bra)
1988-1/8, 1990-1/8

MAURER Andreas (Ger)
1987-1/8

MAYER Florian (Ger)
2004-1, 2005-1/8, 2010-1, 2011-QF, 2012-1, 2016-1/8, 2017-1

MAYER Leonardo (Arg)
2015-1, 2017-1/8, 2018-1

MAYOTTE Chris (USA)
1980-1/8

MCENROE John (USA)
1978-RU, 1990-W, 1991-RU, 1995 (COC)

MCENROE Patrick (USA)
1991-1/8, 1994-RU

MCMILLAN Frew (RSA)
1976-QF

MCNAIR Fred (USA)
1977-1

MECIR Miloslav (Tch)
1984-1, 1985-QF

MEDVEDEV Andrei (Ukr)
1999-1/8

MEDVEDEV Daniil (Rus)
2018-SF

MEILER Karl (Ger)
1976-SF

MELVILLE Scott (USA)
1990-SF

MELZER Jürgen (Aut)
2008-1

MEZZADRI Claudio (Sui)
1983-1/8, 1986-1/8, 1987-1/8, 1988-1, 1989-1, 1991-1, 1992-1, 1993-1

MIGNOT Bernard (Bel)
1975-SF, 1976-1

MILLMAN John (Aus)
2018-1

MINIUSSI Christian (Arg)
1992-1

MITTON Bernard (RSA)
1980-1, 1981-1

MONTANES Albert (Esp)
2004-1, 2006-1, 2007-1, 2008-1

MOODIE Wesley (RSA)
2004-1/8, 2005-1

MOOR Terry (USA)
1982-1

MOORE Ray (RSA)
1977-1/8, 1978-QF, 1979-1, 1980-QF, 1981-1/8

MOTTA Cassio (Bra)
1984-1

MOTTRAM Buster (Gbr)
1977-1

MOYA Carlos (Esp)
1997-1/8, 2001-SF

MRONZ Alexander (Ger)
1991-1

MULLER Gary (RSA)
1986-QF, 1990-1

MULLER Gilles (Lux)
2011-1, 2014-1, 2016-SF

MURRAY Andy (Gbr)
2005-QF

MUSTER Thomas (Aut)
1986-1

MUTIS Olivier (Fra)
2002-1

NADAL Rafael (Esp)
2003-1, 2004-1, 2014-QF, 2015-RU

NALBANDIAN David (Arg)
2002-W, 2003-RU, 2004-RU, 2005-SF, 2006-QF, 2007-1, 2008-RU, 2010-QF

NARGISO Diego (Ita)
1988-QF

NASTASE Ilie (Rou)
1975-RU, 1981-1, 1982-1, 1995 (COC)

NAVRATIL Jaro (Tch)
1982-1, 1987-QF

NIEDZWIEDZKI Jacek (Pol)
1975-1/8

NIEMINEN Jarkko (Fin)
2007-RU, 2008-1/8, 2009-1/8, 2010-1/8, 2011-1/8, 2012-1, 2014-1

NISHIKORI Kei (Jpn)
2011-RU, 2013-1/8, 2016-RU

NOAH Yannick (Fra)
1979-SF, 1982-W, 1983-1, 1985-RU, 1986-RU, 1987-W, 1990-QF, 1995-1/8

NORMAN Dick (Bel)
2004-1

NORMAN Magnus (Swe)
1997-QF, 1998-1

NOVACEK Karel (Cze)
1986-1, 1990-1/8, 1991-QF, 1992-1

NOVAK Jiri (Cze)
1996-SF, 1999-1/8, 2003-1/8, 2004-W, 2005-1/8, 2006-1/8

NOWICKI Tadeusz (Pol)
1975-1/8

NYSTRÖM Joakim (Swe)
1982-1, 1984-W, 1985-1/8, 1988-1, 1995 (COC)

OCLEPPO Gianni (Ita)
1978-1/8

ODIZOR Nduka (Ngr)
1987-1

OKKER Tom (Ned)
1976-SF, 1980-SF, 1981-1/8

OLHOVSKIY Andrei (Rus)
1993-1, 1997-1

OLPEKA Reilly (USA)
2019-SF

ONCINS Jaime (Bra)
1992-1/8

ONDRUSKA Marcos (RSA)
1993-1

ORANTES Manuel (Esp)
1983-1

OSTERTHUN Ricki (Ger)
1987-1, 1988-1/8

OSTOJA Marco (Yug)
1979-1, 1981-1/8, 1982-1/8, 1983-1/8, 1984-1, 1986-1, 1988-1/8

PAIRE Benoît (Fra)
2012-1/4, 2016-1, 2017-1/8, 2019-1

PALA Jiri (Tch)
1975-1

PALIN Leo (Fin)
1982-1/8

PALMER Jared (USA)
1994-QF

PALOHEIMO Veli (Fin)
1990-SF

PANATTA Adriano (Ita)
1982-1

PARMAR Arvind (Gbr)
2003-1

PASARELL Charlie (USA)
1977-1/8

PATTISON Andrew (USA)
1977-1/8, 1978-1

PAVEL Andrei (Rou)
1999-1, 2000-1/8, 2001-1/8

PECCI Victor (Par)
1982-QF, 1983-QF

PELLA Guido (Arg)
2016-1/8

PEREZ Diego (Uru)
1986-1/8, 1987-1/8, 1988-1

PEREZ-ROLDAN Guillermo (Arg)
1989-1

PESCOSOLIDO Stefano (Ita)
1992-1/8

PETZSCHNER Philipp (Ger)
2008-1, 2009-1

PHILIPPOUSSIS Mark (Aus)
1996-1, 1997-RU

PHILLIPS-MOORE Barry (Aus)
1976-1, 1977-1/8

PILIC Nikola (Yug)
1977-1

PIMEK Libor (Tch)
1985-SF, 1986-1

PINNER Uli (Ger)
1977-1, 1978-QF

PIOLINE Cédric (Fra)
1992-QF, 1994-1/8, 1995-1, 2000-1, 2002-1

PLÖTZ Hans-Joachim (Ger)
1975-QF

POPP Alexander (Ger)
1999-1/8

POPYRIN Alexei (AUS)
2018-1/8, 2019-1

PORTAS Albert (Esp)
2001-1

PORTES Pascal (Fra)
1979-QF, 1980-1/8, 1982-1, 1983-1

POSPISIL Vasek (Can)
2013-SF, 2014-1/8, 2017-1

POTIER Jérôme (Fra)
1982-1, 1989-1

POZZI Gianluca (Ita)
1993-1/8

PRADES Laurent (Fra)
1991-1

PRAJOUX Belus (Chi)
1977-1, 1983-1

PRETZSCH Axel (Ger)
1998-1

PRINOSIL David (Ger)
1993-QF, 1995-1/8, 1996-1/8, 1997-1, 1998-QF

PRPIC Goran (Yug)
1985-1

QUERREY Sam (USA)
2010-1

RADULESCU Alex (Ger)
1996-1

RAFTER Patrick (Aus)
1998-1

RAHUNEN Aki (Fin)
1990-1

RAMIREZ HIDALGO Ruben (Esp)
2006-1

RAMOS-VIÑOLAS Albert (Esp)
2019-1

RAONIC Milos (Can)
2014-QF, 2016-1

RAOUX Guillaume (Fra)
1991-1, 1993-1/8, 1995-1, 1997-1

REISTER Julian (Ger)
2006-1, 2007-1

RENEBERG Richey (USA)
1996-1

RENZENBRINK Joern (Ger)
1993-1/8, 1995-1

REYNOLDS Bobby (USA)
2008-1

RICHARDSON Keith (USA)
1979-1

RIGLEWSKI Udo (Ger)
1988-1

RIKL David (Cze)
1994-1

RIOS Marcelo (Chi)
2000-1

ROBREDO Tommy (Esp)
2000-1, 2001-1, 2003-1/8, 2004-1/8

ROCHUS Olivier (Bel)
2003-QF, 2005-1, 2006-1, 2009-1

RODDICK Andy (USA)
2001-QF, 2002-QF, 2003-SF, 2010-SF, 2011-QF

ROGER-VASSELIN Edouard (Fra)
2013-SF, 2014-1

ROSOL Lukas (Cze)
2014-1, 2015-1

ROSSET Marc (Sui)
1989-1, 1990-1, 1991-1, 1992-SF, 1993-SF, 1994-QF, 1995-1, 1996-1, 1997-1, 1998-SF, 1999-1, 2001-1/8, 2002-1, 2003-1

ROUX Lionel (Fra)
1994-QF, 1995-1/8, 1996-1/8, 1997-QF, 1999-1/8

RUSEDSKI Greg (Gbr)
1995-SF, 1997-W, 1998-1/8, 1999-QF, 2000-QF

RUSSELL Michael (USA)
2007-1

RUUD Roger (Nor)
1995-1

SABAU Razvan (Rou)
2005-1

SACEANU Christian (Ger)
1988-1, 1991-1

SAFIN Marat (Rus)
1999-1

SAMPRAS Pete (USA)
1996-W, 1998-1

Statistiken

SANCHEZ Emilio (Esp)
1987-1

SANCHEZ Javier (Esp)
1987-1

SANDERS Louk (Ned)
1978-1/8, 1979-1

SANGUINETTI Davide (Ita)
2000-1/8, 2001-1, 2002-1

SANTANA Manolo (Esp)
1975-QF

SANTORO Fabrice (Fra)
1993-1, 1997-1/8, 1998-QF, 1999-1, 2003-1

SAULNIER Cyril (Fra)
2000-1

SAVIANO Nick (USA)
1979-1, 1980-1/8, 1983-1/8

SAVOLT Attila (Hun)
2002-1

SCANLON Bill (USA)
1982-1, 1983-1/8

SCHAPERS Michiel (Ned)
1983-1, 1984-SF, 1986-1, 1987-1, 1989-1/8

SCHERRER Jean-Claude (Sui)
2003-1

SCHNEIDER David (USA)
1978-1, 1979-1

SCHOENFIELD Howard (USA)
1977-1

SCHORI Ernst (Sui)
1970-RU

SCHÜTTLER Rainer (Ger)
1999-1, 2004-QF, 2009-1

SCHWAIER Hansjörg (Ger)
1984-1, 1985-QF

SCHWANK Eduardo (Arg)
2008-1

SEGARCEANU Florian (Rou)
1983-1

SEPPI Andreas (Ita)
2005-1, 2009-1/8, 2011-1/8, 2012-1, 2013-1, 2015-1, 2018-1/8

SERRA Florent (Fra)
2009-1/8

SHAPOVALOV Denis (Can)
2017-1/8, 2018-1

SIEGLER David (USA)
1981-1/8

SIEMERINK Jan (Ned)
1992-1, 1993-1/8, 1994-1, 1995-RU, 1996-1, 1997-1, 1998-1, 1999-1

SIMIAN Stéphane (Fra)
1993-1

SIMONS Gilles (Fra)
2018-QF

SIMONSSON Stefan (Swe)
1980-1

SIMPSON Russell (Nzl)
1980-1

SINNER Martin (Ger)
1995-1

SINGH Vijay (Ind)
1975-1

SKOFF Horst (Aut)
1987-QF, 1988-1

SLOZIL Pavel (Tch)
1979-1, 1980-1, 1982-1/8, 1983-1/8, 1984-QF, 1985-1, 1986-1/8

SMID Tomas (Tch)
1979-1/8, 1980-QF, 1984-QF, 1985-1, 1986-SF, 1987-1/8, 1988-1

SOARES Joao (Bra)
1981-1, 1982-1

SOCK Jack (USA)
2015-SF, 2016-1/8, 2017-QF, 2018-1

SOEDA Go (Jpn)
2012-1

SOERENSEN Sean (Irl)
1981-1

SOLER Javier (Esp)
1978-1

SOUSA João (Por)
2017-1, 2018-1

SPADEA Vincent (USA)
1999-1, 2004-1/8

SPEAR Nicolas (Yug)
1975-1

SREJBER Milan (Tch)
1986-1, 1988-1, 1989-1/8, 1990-1

SRICHAPHAN Paradorn (Tha)
2004-1, 2005-QF, 2006-SF

STADLER Roland (Sui)
1979-1/8, 1981-1, 1982-1, 1983-SF, 1984-1, 1985-1/8, 1987-1, 1988-1

STAKHOVSKY Serghy (Ukr)
2015-1

STARACE Potito (Ita)
2004-1, 2011-1

STARK Jonathan (USA)
1993-1

STEEB Carl-Uwe (Ger)
1991-1/8, 1992-1

STEFANKI Larry (USA)
1985-1

STEPANEK Radek (Cze)
2009-SF, 2010-QF, 2011-1/8, 2012-1, 2013-1

STEVEN Brett (Nzl)
1997-1

STEWART Sherwood (USA)
1977-1

STEYN Christo (RSA)
1986-1

STICH Michael (Ger)
1989-1, 1990-QF, 1991-1, 1993-W, 1994-QF, 1996-1

STOJOVIC Dragan (Yug)
1975-1

STOLTENBERG Jason (Aus)
1995-QF, 1998-1

STRUFF Jan-Lennard (Ger)
2018-1/8, 2019-QF

STURDZA Dimitri (Sui)
1975-1/8, 1976-1, 1977-1

SUGITA Yuichi (Jpn)
2017-1

SVENSSON Jonas (Swe)
1986-1, 1987-1/8, 1989-1/8, 1992-1/8, 1994-1/8

TARANGO Jeff (USA)
1992-1, 1993-1/8, 1997-1/8, 1998-1

TAROCZY Balazs (Hun)
1984-1/8, 1985-1/8, 1988-SF

TAUSON Michael (Den)
1989-1

TAYLOR Roger (Gbr)
1974-W, 1995 (COC)

TESTERMAN Ben (USA)
1986-1/8

THIEM Dominic (Aut)
2014-1, 2015-1/8

THOMANN Nicolas (Fra)
2000-QF, 2001-1/8, 2002-1/8, 2006-1

THOMS Arne (Ger)
1993-1

THUNG Rolf (Ned)
1976-1

TIAFOE Frances (USA)
2017-1, 2019-1/8

TILLSTROM Mikael (Swe)
1996-QF

TIPSAREVIC Janko (Srb)
2010-1/8, 2011-1

TIRIAC Ion (Rou)
1978-1

TOMIC Bernard (Aus)
2012-1

TROICKI Viktor (Srb)
2009-1/8, 2010-SF, 2011-1, 2012-1, 2015-1

TSCHERKASOW Andrej (Rus)
1989-1, 1990-QF, 1991-1, 1992-1, 1993-1

TSCHESNOKOW Andrej (Rus)
1989-1, 1990-1/8, 1992-QF

TSITSIPAS Stefanos (Gre)
2018-QF, 2019-SF

TULASNE Thierry (Fra)
1985-QF

ULIHRACH Bohdan (Cze)
1996-1, 1997-1, 1998-1/8, 2001-1/8, 2003-1, 2004-QF

VACEK Daniel (Cze)
1994-1, 1995-1/8, 1996-1, 1998-1/8, 1999-1

VAJDA Marian (Tch)
1985-1, 1987-1/8, 1988-1

VAN DILLEN Erik (USA)
1977-SF

VANEK Jiri (Cze)
2006-1

VAN MIN Paul (Ned)
1978-1

VAN RENSBURG Christo (RSA)
1984-1, 1990-1

VEGLIO Filippo (Sui)
1996-1

VELASCO Jairo (Ven)
1975-QF

VERDASCO Fernando (Esp)
2016-1

VERKERK Martin (Ned)
2002-1, 2003-1

VESELY Jiri (Cze)
2015-1

VICENTE Fernando (Esp)
2001-1, 2002-1

VILAS Guillermo (Arg)
1978-W, 1984-QF, 1987-1, 1995 (COC)

VINCIGUERRA Andreas (Swe)
2000-1/8

VISSER Daniel (RSA)
1984-1/8, 1986-QF

VLIEGEN Kristof (Bel)
2005-QF, 2008-1/8

VOINEA Adrian (Rou)
2002-1/8

VOLANDRI Filippo (Ita)
2003-1, 2004-1, 2005-1, 2006-1

WALTKE Trey (USA)
1977-1, 1978-1, 1981-QF

WASKE Alexander (Ger)
2002-1/8, 2005-1

WAWRINKA Stanislas (Sui)
2003-1, 2004-1, 2005-1, 2006-SF, 2007-1/8, 2008-1, 2009-QF, 2011-1, 2012-1, 2013-1, 2014-1, 2015-1, 2016-QF, 2019-QF

WESTPHAL Michael (Ger)
1983-QF, 1984-1, 1985-1

WILANDER Mats (Swe)
1982-RU, 1995-1

WILKISON Tim (USA)
1984-RU, 1985-1/8, 1986-1, 1987-1

WINOGRADSKY Eric (Fra)
1989-1

WOLKOW Alexander (Rus)
1989-1/8, 1990-1, 1991-SF, 1992-1, 1993-1, 1994-1, 1995-1

WOODBRIDGE Todd (Aus)
1995-1

WOODFORDE Mark (Aus)
1987-1/8

WOODRUFF Chris (USA)
1996-1, 1997-1/8, 1999-1/8

YOUNG Donald (USA)
2011-1, 2014-1/8, 2015-QF, 2016-1/8, 2017-1

YOUZHNY Mikhail (Rus)
2011-1, 2012-1/4, 2016-1

YZAGA Jaime (Per)
1990-1, 1994-1/8

ZABALETA Mariano (Arg)
2004-1/8

ZAHRADNICEK Jiri (Sui)
1971-W, 1995 (COC)

ZEBALLOS Horacio (Arg)
2009-1, 2013-1

ZEDNIK Vladimir (Cze)
1987-1

ZIB Tomas (Cze)
2003-1/8, 2005-1, 2006-1

ZIMONJIC Nenad (Srb)
2001-1/8

ZIVOJINOVIC Slobodan (Yug)
1986-1/8, 1987-QF

ZOECKE Markus (Ger)
1994-1

ZUGARELLI Antonio (Ita)
1977-1

ZVEREV Alexander (Ger)
2014-1, 2018-SF, 2019-1

ZVEREV Mischa (Ger)
2016-SF, 2017-1

ALLE RESULTATE
Swiss Indoors Basel 1970–2020

1970
VIERTELFINALS Berger (Ger) s. Wetzel (Sui) 9:7. Kuner (Ger) s. Jörger (Sui) 9:3. Huwyler (Sui) s. Philippi (Sui) 9:3. Schori (Sui) s. Hussong 9:1. **HALBFINALS** Berger s. Kuner 9:4. Schori s. Huwyler 9:3. **FINAL** Berger s. Schori 6:3, 6:1.

1971
VIERTELFINALS Zahradnicek (Sui) s. Stalder (Sui) 9:5. Casparis (Sui) s. Baumann (Sui) 9:5. Kuner (Ger) s. Berger (Ger) 9:5. Kanderal (Sui) s. Coebergh (Ned) 9:6. **HALBFINALS** Kuner s. Kanderal 6:4, 5:7, 6:3. Zahradnicek s. Casparis 6:4, 4:6, 6:4. **FINAL** Zahradnicek s. Kuner 1:6, 6:2, 6:3.

1972
VIERTELFINALS Werren (Sui) s. Manta (Sui) 6:1, 6:2. Kanderal (Sui) s. Spitzer (Sui) 6:4, 6:3. Burgener (Sui) s. Coebergh (Ned) 6:3, 6:0. Blatter (Sui) s. Sturdza (Sui) 3:6, 6:3, 6:3. **HALBFINALS** Burgener s. Werren 6:0, 6:2. Kanderal s. Blatter 7:5, 6:2. **FINAL** Burgener s. Kanderal 7:5, 4:6, 6:0.

1973
VIERTELFINALS Barclay (Fra) s. Jäger (Ger) 6:3, 6:3. Manta (Sui) s. Spitzer (Sui) 6:2, 7:5. Kanderal (Sui) s. Michod (Sui) 6:0, 6:7, 6:3. Timm (Ger) s. Blatter (Sui) 6:1, 4:6, 6:2. **HALBFINALS** Barclay s. Kanderal 6:3, 6:3. Manta s. Timm 6:4, 0:6, 7:6. **FINAL** Barclay s. Manta 6:3, 7:5.

1974
VIERTELFINALS Jauffret (Fra) s. Burgener (Sui) 6:3, 6:3. Taylor (Gbr) s. Michod (Sui) 6:2, 7:6. Kanderal (Sui) s. Blatter (Sui) 2:6, 6:0, 6:2. Gebert (Ger) s. Spitzer (Sui) 6:3, 6:2. **HALBFINALS** Taylor s. Gebert 7:6, 6:3. Kanderal s. Jauffret 6:4, 6:4. **FINAL** Taylor s. Kanderal 7:5, 2:6, 7:5.

1975
1. RUNDE Fisher (USA) s. Burgener (Sui) 7:5, 6:3. Kanderal (Tch) s. Spear (Yug) 6:4, 6:4. Crawford (USA) s. Pala (Tch) 6:3, 6:4. Niedwiedski (Pol) s. Elschenbroich (Ger) 6:3, 7:6. Sturdza (Sui) s. Gebert (Ger) 7:5, 6:4. Mignot (Bel) s. Singh (Ind) 6:3, 3:6, 6:2. Nowicki (Pol) s. Stojovic (Yug) 6:4, 6:3. Lundquist (Swe) s. Farrell (Gbr) 1:6, 7:6, 6:4. **ACHTELFINALS** Drysdale (RSA/1) s. Fisher 6:2, 6:4. Kanderal s. Kronk (Aus/7) 4:6, 6:4, 7:6. Velasco (Col/6) s. Crawford 7:6, 5:7, 6:1. Hrebec (Cze/3) s. Niedwiedski 6:3, 7:6. Santana (Esp/4) s. Sturdza 4:6, 6:4, 6:3. Mignot s. Zednik (Cze/5) 6:2, 7:6. Plötz (Ger/8) s. Nowicki 7:5, 4:6, 7:6. Nastase (Rou/1) s. Lundquist 6:2, 6:1. **VIERTELFINALS** Drysdale s. Kanderal 4:6, 6:3, 6:2. Hrebec s. Velasco 6:1, 6:1. Mignot s. Santana 7:6, 4:6, 7:5. Nastase s. Plötz 6:1, 6:4. **HALBFINALS** Hrebec s. Drysdale 6:4, 2:6, 6:3, 6:3. Nastase s. Mignot 4:6, 6:1, 6:0, 7:6. **FINAL** Hrebec s. Nastase 6:1, 7:6, 2:6, 6:4.

1976
1. RUNDE Kodes (Tch) s. Gauvain (Fra) 6:4, 7:5. Kanderal (Sui) s. Dowdeswell (Rho) 6:4, 2:6, 6:1. McMillan (RSA) s. B.P. Moore (Aus) 6:4, 6:2. Meiler (Ger) s. Thung (Ned) 6:4, 7:6. Hrebec (Tch) s. Barthès (Fra) 4:6, 6:3, 6:2. Crealy (Aus) s. Sturdza (Sui) 6:2, 6:3. Kronk (Aus) s. Mignot (Bel) 7:6, 6:1. Okker (Ned) s. Alvarez (Arg) 6:2, 6:2. **VIERTELFINALS** Kodes s. Kanderal 6:2, 6:7, 6:4. Meiler s. McMillan 6:1, 3:6, 6:4. Hrebec s. Crealy 4:6, 6:3, 7:6. Okker s. Kronk 7:5, 7:5. **HALBFINALS** Kodes s. Meiler 6:3, 7:5. Hrebec s. Okker 6:1, 1:6, 6:4. **FINAL** Kodes s. Hrebec 6:4, 6:2, 6:2.

1977
1. RUNDE Borg (Swe/1) s. Schoenfield (USA) 6:2, 6:2. Pasarell (USA) s. B.P. Moore (Aus) 6:3, 6:1. H. Günthardt (Sui) s. Pinner (Ger) 6:3, 6:4. R. Moore (RSA/6) s. James (Aus) 6:4, 6:2. Borowiak (USA/4) s. Waltke (USA) 6:0, 6:0. Martin (USA) s. Sturdza (Sui) 6:3, 6:2. Clerc (Arg) s. McNair (USA) 6:4, 6:3. Van Dillen (USA) s. Bertolucci (Ita/6) 6:4, 6:4. Hardie (USA) s. Mottram (Gbr/5) 7:6, 6:4. A. Fillol (Chi) s. Hürlimann (Sui) 6:1, 6:2. Feaver (Gbr) s. Fisher (USA) 4:7, 7:5. J. Fillol (Chi/3) s. Prajoux (Chi) 6:3, 6:0. Farrell (Gbr) s. Zugarelli (Ita/7) 7:6, 6:7, 6:3. Lloyd (Gbr) s. Stewart (USA) 6:1, 6:4. Pattison (Rho) s. Machette (USA) 2:6, 6:1, 7:6. Cox (Gbr/2) s. Pilic (Yug) 6:4, 4:6, 6:2. **ACHTELFINALS** Borg s. Pasarell 6:3, 6:1. H. Günthardt s. R. Moore 7:6, 6:4. Borowiak s. Martin 6:3, 6:7, 6:4. Van Dillen s. Clerc 6:4, 6:4. A. Fillol s. Hardie 7:6, 7:5. J. Fillol s. Feaver 6:3, 7:5. Lloyd s. Farrell 6:3, 6:3. Cox s. Pattison 7:6, 4:6, 7:6. **VIERTELFINALS** Borg s. H. Günthardt 6:4, 6:3. Van Dillen s. Borowiak 6:3, 6:4. J. Fillol s. A. Fillol 6:3, 6:3. Lloyd s. Cox 7:6, 7:6. **HALBFINALS** Borg s. Van Dillen 6:4, 6:3. Lloyd s. J. Fillol 2:6, 6:4, 6:4. **FINAL** Borg s. Lloyd 6:4, 6:2, 6:3.

1978
1. RUNDE Vilas (Arg/1) s. DuPasquier (Sui) 6:1, 6:2. Sanders (Ned) s. Waltke (USA) 6:4, 7:5. Gehring (Ger) s. A. Amritraj (Ind) 6:4, 6:4. V. Amritraj (Ind/6) s. Beven (Gbr) 6:4, 6:3. Fibak (Pol/3) s. Van Min (Ned) 7:5, 7:5. Cox (Gbr) s. Dowdeswell (Rho) 7:6, 6:3. Gimenez (Esp) s. Schneider (RSA) 6:3, 6:2. Pinner (Ger/8) s. Bohrnstedt (USA) 7:5, 6:4. Amaya (USA/5) s. M. Günthardt (Sui) 6:2, 6:3. Ocleppo (Ita) s. Tiriac (Rou) 6:4, 6:3. El Shafei (Egy) s. Hrebec (Tch) 7:6, 6:2. R. Moore (RSA) s. Lloyd (Gbr/4) 6:3, 6:3. Dominguez (Fra) s. Zednik (Tch/7) 6:3, 6:7, 7:6. H. Günthardt (Sui) s. Soler (Esp) 6:2, 6:0. Fritz (Fra) s. Pattison (Rho) 6:4, 6:2. J. McEnroe (USA/2) s. Manson (USA) 6:2, 6:2. **ACHTELFINALS** Vilas s. Sanders 6:2, 3:6, 6:3. Gehring s. V. Amritraj 3:6, 6:1, 7:5. Fibak s. Cox 6:2, 6:3. Pinner s. Gimenez 2:6, 6:2, 6:3. Amaya s. Ocleppo 6:1, 6:2. R. Moore s. El Shafei 3:6, 6:4, 7:6. H. Günthardt s. Dominguez 1:6, 7:6, 6:3. J. McEnroe s. Fritz 6:3, 6:2. **VIERTELFINALS** Vilas s. Gehring 6:2, 6:7, 7:6. Fibak s. Pinner 6:4, 6:3. Amaya s. R. Moore 6:4, 6:2. J. McEnroe s. H. Günthardt 4:6, 6:3, 6:0. **HALBFINALS** Vilas s. Fibak 6:3, 6:0. J. McEnroe s. Amaya 6:3, 6:2. **FINAL** Vilas s. J. McEnroe 6:3, 5:7, 7:5, 6:4.

1979

1. RUNDE Borg (Swe/1) s. J. Fillol (Chi) 6:4, 6:2. Elter (Ger) s. Saviano 7:6, 6:2. Haillet (Fra) s. Fromm (USA) 2:6, 7:5, 7:6. Kriek (RSA/8) s. Farrell (Gbr) 6:4, 5:7, 6:4. Noah (Fra/4) s. Kodes (Tch) 6:2, 6:0. Stadler (Sui) s. A. Fillol (Chi) 6:0, 4:6, 6:2. Buehning (USA) s. R. Moore (RSA) 6:7, 6:1, 6:4. Lendl (Tch/6) s. M. Günthardt (Sui) 6:2, 6:0. Smid (Tch/7) s. Cox (Gbr) 6:3, 6:1. Ramirez (Mex) s. Sanders (Ned) 6:2, 6:2. H. Günthardt (Sui) s. Richardson (Nzl) 6:1, 6:4. Gottfried (USA/3) s. Schneider (RSA) 6:3, 6:1. Portes (Fra) s. Teltscher (USA/5) 6:4, 6:2. Koch (Bra) s. Freyss (Fra) 6:3, 5:7, 6:4. Franulovic (Yug) s. Slozil (Tch) 6:2, 6:0. Dibbs (USA/2) s. Ostoja (Yug) 6:2, 6:2. ACHTELFINALS Borg s. Elter 6:4, 7:6. Kriek s. Haillet 6:4, 6:1. Noah s. Stadler 6:0, 6:4. Lendl s. Buehning 7:5, 6:3. Ramirez s. Smid 6:1, 6:3. Gottfried s. H. Günthardt 6:1, 6:1. Portes s. Koch 6:7, 6:1, 6:3. Dibbs s. Franulovic 6:4, 6:1. VIERTELFINALS Kriek s. Borg w.o. Noah s. Lendl 7:6, 6:4. Gottfried s. Ramirez 6:3, 6:2. Dibbs s. Portes 6:2, 6:4. HALBFINALS Kriek s. Noah 5:7, 7:6, 6:2. Gottfried s. Dibbs 6:1, 6:4. FINAL Gottfried s. Kriek 7:5, 6:1, 4:6, 6:3.

1980

1. RUNDE Borg (Swe/1) s. Birner (Tch) 6:0, 6:1. Edwards (RSA) s. Franulovic (Yug) 6:4, 6:4. S. Giammalva (USA) s. Kronk (Aus) 4:0 w.o. Cox (Gbr) s. Gehring (Ger/7) 6:2, 6:3. H. Günthardt (Sui/4) s. Curren (USA) 6:7, 7:6, 6:1. Okker (Ned) s. Simpson (Nzl) 3:6, 6:3, 6:3. R. Moore (RSA) s. Carter (USA) 7:6, 7:6. Saviano (USA) s. Mitton (RSA/6) 5:7, 6:1, 7:5. Portes (Fra/8) s. Martin (USA) 6:2, 6:4. Hjertquist (Swe) s. Cain (USA) 6:4, 6:1. T. Giammalva (USA) s. Farrell (Gbr) 6:4, 6:4. Dibbs (USA/3) s. Doyle (Irl) 4:6, 6:3, 6:3. Smid (Tch/5) s. DuPasquier (Sui) 7:5, 6:4. C. Mayotte (USA) s. Hayes (USA) 4:6, 7:6, 6:3. Elter (Ger) s. Simonsson (Swe) 6:4, 6:3. Lendl (Tch/2) s. Slozil (Tch) 6:1, 6:1. ACHTELFINALS Borg s. Edwards 6:2, 6:1. S. Giammalva s. Cox 3:6, 7:5, 6:1. Okker s. H. Günthardt 4:6, 6:2, 6:2. R. Moore s. Saviano 6:4, 6:3. Hjertquist s. Portes 6:4, 6:4. Dibbs s. T. Giammalva 1:6, 6:0, 6:3. Smid s. C. Mayotte 6:4, 7:6. Lendl s. Elter 6:4, 6:4. VIERTELFINALS Borg s. S. Giammalva 6:1, 6:0. Okker s. R. Moore 6:1, 7:5. Hjertquist s. Dibbs 6:4, 6:4. Lendl s. Smid 6:3, 6:4. HALBFINALS Borg s. Okker 6:1, 6:2. Lendl s. Hjertquist 6:3, 6:4. FINAL Lendl s. Borg 6:3, 6:2, 5:7, 0:6, 6:4.

1981

1. RUNDE Lendl (Tch/1) s. Denton (USA) 6:4, 6:1. Ostoja (Yug) s. Hjertquist (Swe) 7:6, 6:2. Lapidus (USA) s. Feigl (Aut) 6:2, 6:4. Dibbs (USA/5) s. Mitton (RSA) 6:3, 6:2. Gomez (Ecu/4) s. M. Günthardt (Sui) 6:4, 3:6, 6:2. Okker (Ned) s. Soerensen (Den) 7:5, 6:2. Gimenez (Esp) s. Stadler (Sui) 7:5, 6:2. H. Günthardt (Sui/8) s. Doyle (Irl) 3:6, 6:3, 6:3. S. Giammalva (USA/6) s. Soares (Bra) 7:6, 4:6, 6:1. R. Moore (RSA) s. Beutel (Ger) 6:7, 6:1, 6:3. Waltke (USA) s. Kandler (Aut) 6:0, 6:3. Gehring (Ger/3) s. Elter (Ger) 6:7, 6:0, 7:5. Austin (USA/7) s. Saviano (USA) 7:5, 7:5. Krulevitz (USA) s. Fromm (USA) 6:3, 4:6, 7:6. Siegler (USA) s. DuPasquier (Sui) 7:6, 6:4. Clerc (Arg/2) s. Nastase (Rou) 4:6, 6:4, 6:4. ACHTELFINALS Lendl s. Ostoja 6:4, 6:1. Dibbs s. Lapidus 6:1, 6:3. Gomez s. Okker 6:4, 7:6. H. Günthardt s. Gimenez 6:3, 7:5. S. Giammalva s. R. Moore 6:2, 6:7, 7:6. Waltke s. Gehring 6:3, 7:5. Krulevitz s. Austin 6:3, 6:3. Clerc s. Siegler 3:6, 6:1, 6:1. VIERTELFINALS Lendl s. Dibbs 6:1, 6:0. H. Günthardt s. Gomez 6:4, 4:6, 6:3. Waltke s. S. Giammalva 6:1, 6:2. Clerc s. Krulevitz 6:2, 6:3. HALBFINALS Lendl s. H. Günthardt 6:2, 6:1. Clerc s. Waltke 5:7, 7:6, 6:3. FINAL Lendl s. Clerc 6:2, 6:3, 6:0.

1982

1. RUNDE Noah (Fra/1) s. Portes (Fra) 3:6, 6:3, 6:2. Ostoja (Yug) s. Moor (USA) 6:1, 3:6, 6:3. Fromm (USA) s. Iskersky (USA) 6:3, 3:6, 7:5. Pecci (Par/8) s. Stadler (Sui) 6:4, 6:3. Hooper (USA/4) s. A. Panatta (Ita) 7:6, 7:5. Lapidus (USA) s. Pôtier (Fra) 6:4, 6:3. Doyle (Irl) s. Hocevar (Bra) 6:1, 7:6. Dickson (USA/6) s. Scanlon (USA) 7:6, 6:2. Slozil (Tch/7) s. Nyström (Swe) 7:5, 7:5. Krishnan (Ind) s. Buehning (USA) 7:5, 6:3. Palin (Fin) s. Nastase (Rou) 6:4, 3:6, 6:1. Högstedt (Swe) s. Gomez (Ecu/3) 7:5, 7:5. Dibbs (USA/5) s. Soares (Bra) 6:2, 6:4. Leconte (Fra) s. Elter (Ger) 6:2, 6:4. Barazzutti (Ita) s. Manson (USA) 6:4, 7:5. Wilander (Swe/2) s. Navratil (Tch) 6:4, 7:5. ACHTELFINALS Noah s. Ostoja 7:6, 7:5. Pecci s. Fromm 7:6, 7:5. Lapidus s. Hooper 6:3, 6:0. Doyle s. Dickson 6:3, 7:6. Krishnan s. Slozil 7:6, 4:6, 6:2. Högstedt s. Palin 6:4, 6:3. Wilander s. Barazzutti 6:2, 7:5. VIERTELFINALS Noah s. Pecci 6:4, 3:6, 6:3. Lapidus s. Doyle 6:3, 7:5. Högstedt s. Krishnan 6:3, 6:2. Wilander s. Leconte 6:3, 6:4. HALBFINALS Noah s. Lapidus 6:3, 6:2. Wilander s. Högstedt 6:1, 7:5. FINAL Noah s. Wilander 6:4, 6:2, 6:3.

1983

1. RUNDE Pecci (Par) s. Noah (Fra/1) 6:2, 6:3. Slozil (Tch) s. Druz (USA) 7:5, 6:2. Acuna (Chi) s. Hlasek (Sui) 7:5, 5:7, 6:3. M. Hocevar (Bra/8) s. Dickson (USA) 7:5, 6:2. Gerulaitis (USA/3) s. Portes (Fra) 6:3, 6:3. Saviano (USA) s. Keretic (Ger) 6:3, 6:3. Ostoja (Yug) s. Prajoux (Chi) 6:4, 6:2. Annacone (USA) s. H. Günthardt (Sui/5) 7:6, 7:6. Westphal (Ger) s. Gattiker (Arg) 6:1, 7:6. C. Mezzadri (Sui) s. DuPasquier (Sui) 6:4, 2:6, 6:4. Edberg (Swe) s. Iskersky (USA) 6:3, 6:1. Fibak (Pol/4) s. Orantes (Esp) 7:6, 6:2. Högstedt (Swe/7) s. Schapers (Ned) 6:4, 6:3. Stadler (Sui) s. Lipton (USA) 6:2, 5:7, 6:2. J. Carlsson (Swe) s. Birner (Tch) 6:4, 4:6, 7:6. Scanlon (USA/2) s. Segarceanu (Rou) 7:5, 6:7, 7:5. ACHTELFINALS Pecci s. Slozil 6:4, 6:4. Acuna s. Hocevar 7:6, 6:7, 6:3. Gerulaitis s. Saviano 6:1, 6:1. Annacone s. Ostoja 6:3, 7:6. Westphal s. C. Mezzadri 6:4, 5:7, 6:1. Fibak s. Edberg 7:6, 6:3. Stadler s. Högstedt 6:4, 7:5. J. Carlsson s. Scanlon 2:6, 6:2, 7:5. VIERTELFINALS Pecci s. Acuna 6:1, 7:6. Gerulaitis s. Annacone 6:2, 3:6, 7:6. Fibak s. Westphal 3:6, 6:4, 6:1. Stadler s. J. Carlsson 6:4, 6:4. HALBFINALS Gerulaitis s. Pecci 7:6, 6:3. Fibak s. Stadler 3:6, 6:3, 6:4. FINAL Gerulaitis s. Fibak 4:6, 6:1, 7:5, 5:5 w.o.

1984

1. RUNDE Smid (Tch/1) s. Edwards (RSA) 6:2, 7:5. Visser (RSA) s. Gehring (Ger) 6:4, 6:7, 6:4. Elter (Ger) s. Westphal (Ger) 7:6, 6:4. Edberg (Swe/6) s. Ostoja (Yug) 6:3, 6:7, 6:3. Nyström (Swe/3) s. Mecir (Tch) 3:6, 6:2, 6:4. Hlasek (Sui) s. Becker (Ger) 7:5, 7:5. Taroczy (Hun) s. Stadler (Sui) 6:3, 6:1. Slozil (Tch) s. H. Günthardt (Sui/7) 6:7, 6:3. 6:3. Gunnarsson (Swe) s. Higueras (Esp/5) 6:4, 6:3. Schapers (Ned) s. Högstedt (Swe) 7:6, 6:4. Dowdeswell (Gbr) s. Kuharszky (Sui) 6:2, 2:6, 6:3. Vilas (Arg/4) s. Schwaier (Ger) 3:6, 6:1, 6:4. Doyle (Irl) s. Arraya (Per/8) 6:4, 4:6, 6:2. Brown (USA) s. Van Rensburg (RSA) 6:4, 6:4. Wilkison (USA) s. Fibak (Pol) 7:6, 6:2. Aguilera (Esp/2) s. Motta (Bra) 6:2, 6:2. ACHTELFINALS Smid s. Visser 6:2, 7:5. Edberg s. Elter 6:1, 6:2. Nyström s. Hlasek 6:4, 4:6, 6:4. Slozil s. Taroczy 6:2, 6:2. Schapers s. Gunnarsson 7:6, 6:4. Vilas s. Dowdeswell 6:4, 6:4. Brown s. Doyle 6:4, 6:1. Wilkison s. Aguilera 6:4, 6:2. VIERTELFINALS Edberg s. Smid 7:6, 6:4. Nyström s. Slozil 6:3, 6:4. Schapers s. Vilas 6:3, 6:1. Wilkison s. Brown 6:3, 6:1. HALBFINALS Nyström s. Edberg 4:6, 6:0, 6:3. Wilkison s. Schapers 6:7, 6:3, 6:3. FINAL Nyström s. Wilkison 6:3, 3:6, 6:4, 6:2.

1985

1. RUNDE Noah (Fra/1) s. Duncan (USA) 7:5, 6:2. De la Pena (Arg) s. Vajda (Tch) 6:2, 6:1. Birner (Tch) s. Bienz (Sui) 6:2, 6:1. Forget (Fra) s. Gunnarsson (Swe/7) 3:6, 6:2, 6:1. Mecir (Tch/4) s. Westphal (Ger) 6:1, 6:2. Stadler (Sui) s. Acuna (Chi) 6:2, 6:2. Pimek (Tch) s. Prpic (Yug) 7:6, 7:5. Wilkison (USA) s. Smid (Tch/5) 6:3, 6:3. Tulasne (Fra/6) s. Slozil (Tch) 6:1, 6:7, 6:2. Krishnan (Ind) s. Krickstein (USA) 6:0, 7:6. Fibak (Pol) s. Tim Gullikson (USA) 6:3, 6:4. Nyström (Swe/3) s. Stefanki (USA) 6:2, 6:2. H. Günthardt (Sui/8) s. Cancellotti (Ita) 6:4, 6:3. Schwaier (Ger) s. Dickson (USA) 6:4, 6:2. Taroczy (Hun) s. Benhabiles (Fra) 6:0, 7:5. Edberg (Swe/2) s. Hlasek (Sui) 6:3, 6:1. ACHTELFINALS Noah s. De la Pena 6:2, 6:1. Forget s. Birner 2:6, 6:1, 7:6. Mecir s. Stadler 6:2, 6:2. Pimek s. Wilkison 4:6, 7:6, 6:1. Tulasne s. Krishnan 6:2, 6:4. Fibak s. Nyström 7:6, 6:4. Schwaier s. H. Günthardt 3:6, 7:6, 6:4. Edberg s. Taroczy 7:6, 6:2. VIERTELFINALS Noah s. Forget 1:6, 7:5, 7:6. Pimek s. Mecir 7:6, 1:6, 6:2. Fibak s. Tulasne 6:4, 4:6, 6:4. Edberg s. Schwaier 6:1, 6:4. HALBFINALS Noah s. Pimek 5:7, 6:2, 7:5. Edberg s. Fibak 6:3, 6:1. FINAL Edberg s. Noah 6:7, 6:4, 7:6, 6:1.

1986

1. RUNDE Edberg (Swe/1) s. Hertzog (Sui) 6:0, 6:1. C. Mezzadri (Sui) s. Schapers (Ned) 6:4, 6:2. Eriksson (Swe) s. Högstedt (Swe) 6:4, 6:0. Zivojinovic (Yug/7) s. Fibak (Pol) 6:4, 7:6. Gilbert (USA/3) s. Gunnarsson (Swe) 6:2, 5:7, 6:3. Lundgren (Swe) s. Edwards (RSA) 4:6, 7:6, 6:1. Muller (RSA) s. Pimek (Tch) 6:3, 6:2. Testerman (USA) s. Srejber (Tch/6) 7:6, 6:7, 6:4. Visser (RSA) s. Hlasek (Sui/5) 6:3, 2:6, 7:5. Perez (Uru) s. Ostoja (Yug) 6:1, 6:4. Slozil (Tch) s. Birner (Tch) 6:3, 6:7, 6:4. Smid (Tch/4) s. Wilkison (USA) 6:3, 3:6, 6:4. Krickstein (USA/8) s. Muster (Aut) 2:6, 6:1, 7:5. Evernden (Nzl) s. Steyn (RSA) 7:6, 7:6. Kühnen (Ger) s. Novacek (Tch) 7:6, 7:6. Noah (Fra/2) s. Svensson (Swe) 6:3, 6:4. ACHTELFINALS Edberg s. C. Mezzadri 6:1, 6:4. Eriksson s. Zivojinovic 6:4, 3:6, 6:3. Gilbert s. Lundgren 7:5, 6:4. Muller s. Testerman 7:6, 3:6, 6:3. Visser s. Perez 6:2, 6:4. Smid s. Slozil 6:1, 6:3. Krickstein s. Evernden 7:6, 6:2. Noah s. Kühnen 6:2, 6:7, 6:3. VIERTELFINALS Edberg s. Eriksson 6:3, 3:6, 6:3. Gilbert s. Muller 6:3, 7:5. Smid s. Visser 6:3, 6:2. Noah s. Krickstein 6:4, 0:6, 6:4. HALBFINALS Edberg s. Gilbert 7:6, 6:2. Noah s. Smid 7:6, 5:7, 6:1. FINAL Edberg s. Noah 7:6, 6:2, 6:7, 7:6.

1987

1. RUNDE Noah (Fra/1) s. H. Günthardt (Sui) 7:5, 4:6, 6:4. Casal (Esp) s. Eriksson (Swe) 6:4, 5:7, 6:4. Skoff (Aut) s. Schapers (Ned) 6:2, 4:6, 6:3. Svensson (Swe/8) s. Odizor (Ngr) 6:4, 6:3. Zivojinovic (Yug/4) s. Högstedt (Swe) 6:7, 6:4, 7:6. Perez (Uru) s. Stadler (Sui) 6:7, 6:2, 6:3. C. Mezzadri (Sui) s. Wilkison (USA) 6:0, 5:7, 7:5. Forget (Fra/6) s. Limberger (Aus) 6:3, 6:2. Navratil (Tch) s. Mansdorf (Isr/5) 1:6, 6:2, 6:4. Maurer (Ger) s. J. Sanchez (Esp) 3:6, 7:6, 6:4. Vajda (Tch) s. Vilas (Arg) 6:3, 6:3. Agassi (USA) s. Jarryd (Swe/3) 6:2, 6:3. Smid (Tch/7) s. Osterthun (Ger) 7:5, 6:3. Agenor (Hai) s. De Miguel (Esp) 6:1, 6:4. Kühnen (Ger) s. Fibak (Pol) 6:3, 7:6. Woodforde (Aus) s. E. Sanchez (Esp/2) 7:6, 6:3. ACHTELFINALS Noah s. Casal 4:6, 6:2, 7:5. Skoff s. Svensson 4:6, 7:5, 6:1. Zivojinovic s. Perez 6:2, 6:4. Forget s. C. Mezzadri 7:5, 4:6, 6:4. Navratil s. Maurer 6:4, 7:5. Agassi s. Vajda 6:4, 6:3. Agenor s. Smid 7:5, 2:6, 6:3. Kühnen s. Woodforde 6:1, 6:2. VIERTELFINALS Noah s. Skoff 6:2, 6:4. Forget s. Zivojinovic 5:7, 6:4, 6:4. Agassi s. Navratil 6:2, 0:6, 6:3. Agenor s. Kühnen 7:5, 6:7, 6:4. HALBFINALS Noah s. Forget 6:1, 6:2. Agenor s. Agassi 6:1, 6:4. FINAL Noah s. Agenor 7:6, 6:4, 6:4.

1988

1. RUNDE Edberg (Swe/1) s. Perez (Uru) 6:0, 1:6, 6:1. Mattar (Bra) s. Smid (Tch) 4:6, 6:3, 6:4. Gunnarsson (Swe) s. Nyström (Swe) 7:6, 6:4. Gustafsson (Swe/8) s. C. Mezzadri (Sui) 6:3, 6:0. Svensson (Swe/4) s. Kuharszky (Sui) 6:2, 4:6, 6:4. Osterthun (Ger) s. Riglewski (Ger) 7:5, 4:6, 6:2. Ostoja (Yug) s. Skoff (Aut) 6:3, 1:6, 6:3. Nargiso (Ita) s. Agenor (Hai/5) 6:4, 6:2. Hlasek (Sui/6) s. Bahrami (Iri) 6:7, 6:3, 6:4. Lundgren (Swe) s. Filippini (Uru) 6:2, 6:0. Frana (Arg) s. Saceanu (Ger) 0:6, 6:2, 7:5. Krickstein (USA/3) s. Bates (Gbr) 5:7, 6:0, 7:6. Mansdorf (Isr) s. Srejber (Tch) 3:6, 7:5, 6:4. Korda (Tch) s. Stadler (Sui) 7:5, 6:1. Masso (Bel) s. Kroon (Swe) 2:6, 6:4, 6:4. Connors (USA/2) s. Vajda (Tch) 6:3, 6:4. ACHTELFINALS Edberg s. Mattar 6:2, 6:3. Gustafsson s. Gunnarsson 7:6, 6:3. Svensson s. Osterthun 6:7, 6:1, 6:1. Nargiso s. Ostoja 6:2, 7:6. Hlasek s. Lundgren 6:4, 6:3. Krickstein s. Frana 7:6, 6:3. Mansdorf s. Korda 6:2, 7:6. Connors s. Masso 2:6, 6:2, 6:1. VIERTELFINALS Edberg s. Gustafsson 6:3, 6:4. Svensson s. Nargiso 6:7, 6:4, 6:2. Hlasek s. Krickstein 6:7, 6:3, 7:5. Connors s. Mansdorf 7:5, 6:2. HALBFINALS Edberg s. Svensson 2:6, 6:3, 6:2. Hlasek s. Connors 6:4, 3:6, 6:1. FINAL Edberg s. Hlasek 7:5, 6:3, 3:6, 6:2.

1989

1. RUNDE Edberg (Swe/1) s. Tscherkasow (Rus) 3:6, 7:6, 6:1. Wolkow (Rus) s. Pôtier (Fra) 7:6, 4:6, 6:2. Svensson (Swe) s. Bahrami (Iri) 6:1, 6:2. Delaître (Fra) s. Mansdorf (Isr/7) 6:4, 6:4. Camporese (Ita) s. Berger (USA/3) 6:1, 6:3. Schapers (Ned) s. Stich (Ger) 3:6, 7:5, 6:3. Gunnarsson (Swe) s. Agenor (Hai) 6:2, 6:2. Connors (USA/5) s. Tauson (Den) 6:3, 6:1. Lundgren (Swe) s. Tschesnokow (Rus/6) 6:4, 7:5. Filippini (Uru) s. Winogradsky (Fra) 7:6, 5:7, 7:5. Courier (USA) s. Gustafsson (Swe) 6:3, 7:6. Krickstein (USA/4) s. Perez-Roldan (Arg) 7:5, 6:1. Gomez (Ecu/8) s. Rosset (Sui) 6:3, 6:3. Srejber (Tch) s. C. Mezzadri (Sui) 6:4, 3:6, 6:1. Ivanisevic (Cro) s. Baur (Ger) 7:6, 6:2. Hlasek (Sui/2) s. Krishnan (Ind) 6:3, 7:6. ACHTELFINALS Edberg s. Wolkow 6:2, 6:4. Delaître s. Svensson 6:7, 4:6, 7:5. Camporese s. Schapers 6:4, 6:4. Connors s. Gunnarsson 6:4, 6:2. Filippini s. Lundgren 6:2, 6:2. Courier s. Krickstein 6:4, 2:6, 6:2. Gomez s. Srejber 6:7, 6:4, 7:6. Ivanisevic s. Hlasek 4:6, 6:3, 7:5. VIERTELFINALS Edberg s. Delaître 7:6, 6:1. Connors s. Camporese 6:4, 6:3. Courier s. Filippini 5:7, 6:2, 6:4. Gomez s. Ivanisevic 6:3, 7:6. HALBFINALS Edberg s. Connors 6:1, 7:5. Courier s. Gomez 7:6, 6:4. FINAL Courier s. Edberg 7:6, 3:6, 2:6, 6:0, 7:5.

1990

1. RUNDE Fleurian (Fra) s. Gomez (Ecu/1) 7:6, 7:6. Melville (USA) s. Dennhardt (Ger) 7:5, 6:4. Noah (Fra) s. Rahunen (Fin) 4:6, 7:6, 6:4. Bahrami (Iri) s. Rosset (Sui/8) 6:1, 5:7, 7:6. J. McEnroe (USA/3) s. Srejber (Tch) 6:4, 6:3. Kulti (Swe) s. Bergström (Swe) 6:4, 6:4. Tscherkasow (Rus) s. Larsson (Swe) 6:4, 6:1. Courier (USA/5) s. Mansdorf (Isr) 7:6, 6:0. Gustafsson (Swe/6) s. Agenor (Hai) 6:1, 4:6, 6:3. Mattar (Bra) s. Gunnarsson (Swe) 6:1, 4:6, 6:4. Paloheimo (Fin) s. Filippini (Uru) 6:2, 5:7, 6:3. Tschesnokow (Rus/4) s. Muller (RSA) 6:4, 7:6. Novacek (Tch/7) s. Van Rensburg (RSA) 6:0, 7:5. Stich (Ger) s. Connors (USA) 7:6, 6:3. Korda (Tch) s. Yzaga (Per) 7:6, 3:6, 6:3. Ivanisevic (Yug/2) s. Wolkow (Rus) 7:6, 6:1. ACHTELFINALS Melville s. Fleurian 6:4, 7:6. Noah s. Bahrami 6:3, 6:3. J. McEnroe s. Kulti 6:1, 6:2. Tscherkasow s. Courier 3:6, 6:2, 6:3. Gustafsson s. Mattar 6:7, 7:6, 6:4. Paloheimo s. Tschesnokow 2:6, 6:2, 7:5. Stich s. Novacek 6:2, 6:3. Ivanisevic s. Korda 6:1, 6:2. VIERTELFINALS Melville s. Noah 7:6, 6:7, 6:4. J. McEnroe s. Tscherkasow 6:3, 7:5. Paloheimo s. Gustafsson 7:6, 6:4. Ivanisevic s. Stich 7:6, 7:6. HALBFINALS J. McEnroe s. Melville 6:2, 2:6, 6:3. Ivanisevic s. Paloheimo 6:2, 6:4. FINAL J. McEnroe s. Ivanisevic 6:7, 4:6, 7:6, 6:3, 6:4.

Statistiken

1. RUNDE Bergström (Swe) s. Stich (Ger/1) 6:3, 6:3. J. Carlsson (Swe) s. Mronz (Ger) 7:5, 5:7, 6:3. P. McEnroe (USA) s. C. Mezzadri (Sui) 6:7, 7:5, 6:0. J. McEnroe (USA/8) s. Guardiola (Fra) 6:2, 6:4. Korda (Tch/4) s. Jarryd (Swe) 3:6, 6:4, 6:3. Connors (USA) s. Prades (Fra) 6:3, 6:1. Cane (Ita) s. Enqvist (Swe) 4:6, 6:3, 7:6. Mansdorf (Isr) s. Tscherkasow (Rus/5) 1:6, 6:3, 6:3. Hlasek (Sui/6) s. Gunnarsson (Swe) 6:3, 6:2. Steeb (Ger) s. Fleurian (Fra) 6:0, 7:6. Curren (USA) s. Rosset (Sui) 2:6, 7:6, 6:1. Bruguera (Esp/3) s. Engel (Swe) 2:6, 7:5, 7:6. Wolkow (Rus/7) s. Raoux (Fra) 6:3, 6:4. Carbonell (Esp) s. Saceanu (Ger) 7:5, 6:3. Kulti (Swe) s. Caratti (Ita) 6:1, 6:4. Novacek (Tch/2) s. Haarhuis (Ned) 6:2, 1:6, 6:3. ACHTELFINALS Bergström s. J. Carlsson 6:3, 6:2. J. McEnroe s. P. McEnroe 6:2, 6:4. Connors s. Korda 6:3, 6:4. Mansdorf s. Cane 7:5, 6:4. Hlasek s. Steeb 7:6, 6:3. Curren s. Bruguera 6:4, 3:6, 6:3. Wolkow s. Carbonell 6:3, 6:4. Novacek s. Kulti 6:4, 6:7, 7:6. VIERTELFINALS J. McEnroe s. Bergström 7:6, 6:4. Connors s. Mansdorf 6:3, 6:2. Hlasek s. Curren 6:3, 6:4. Wolkow s. Novacek 6:1, 6:7, 6:3. HALBFINALS J. McEnroe s. Connors 6:1, 6:3. Hlasek s. Wolkow 7:6, 6:7, 7:6. FINAL Hlasek s. J. McEnroe 7:6, 6:0, 6:3.

1. RUNDE Korda (Cze/1) s. Tscherkasow (Rus) 6:2, 6:2. Oncins (Bra) s. Mancini (Arg) 6:0, 1:0 w.o. Pescosolido (Ita) s. Tarango (USA) 7:6, 7:6. Pioline (Fra) s. Steeb (Ger/8) 2:6, 6:3, 6:4. Lendl (USA/3) s. Siemerink (Ned) 6:4, 6:2. Boetsch (Fra) s. Delaître (Fra) 6:2, 6:1. Tschesnokow (Rus) s. Bahrami (Iri) 6:3, 6:4. Gilbert (USA/5) s. Miniussi (Arg) 6:1, 6:3. Mezzadri (Sui) s. Novacek (Cze/6) 6:3, 6:2. Lundgren (Swe) s. Hendriks (Ned) 6:7, 6:3, 6:3. Svensson (Swe) s. Hlasek (Sui) 6:1, 4:6, 6:1. Rosset (Sui) s. Wolkow (Rus/4) 7:6, 6:4. Mansdorf (Isr/7) s. Agenor (Hai) 2:6, 7:6, 6:4. Enqvist (Swe) s. Bergström (Swe) 6:2, 6:4. Kulti (Swe) s. Borg (Swe) 6:2, 6:1. Becker (Ger/2) s. Larsson (Swe) 7:5, 7:6. ACHTELFINALS Korda s. Oncins 6:2, 3:0 w.o. Pioline s. Pescosolido 6:4, 7:5. Lendl s. Boetsch 6:3, 6:4. Tschesnokow s. Gilbert 6:1, 2:6, 7:6. Lundgren s. Mezzadri 6:3, 6:3. Rosset s. Svensson 7:5, 2:6, 6:4. Mansdorf s. Enqvist 6:3, 2:6, 6:3. Becker s. Kulti 6:4, 7:5. VIERTELFINALS Korda s. Pioline 3:6, 6:3, 6:2. Lendl s. Tschesnokow 6:1, 6:2. Rosset s. Lundgren 6:4, 6:2. Becker s. Mansdorf 7:6, 6:7, 6:2. HALBFINALS Korda s. Lendl 6:4, 6:3. Becker s. Rosset 6:2, 6:4. FINAL Becker s. Korda 3:6, 6:3, 6:2, 6:4.

1. RUNDE Edberg (Swe/1) s. Bergström (Swe) 6:2, 7:6. Renzenbrink (Ger) s. Ondruska (RSA) 3:6, 6:3, 7:5. Raoux (Fra) s. Carlsen (Den) 7:5, 6:3. Mansdorf (Isr/7) s. Thoms (Ger) 6:3, 6:2. Prinosil (Ger) s. Wolkow (Rus/3) 6:2, 7:6. Pozzi (Ita) s. Simian (Fra) 3:6, 6:2, 7:5. Enqvist (Swe) s. El Aynaoui (Mar) 7:5, 6:1. Rosset (Sui/5) s. Tscherkasow (Rus) 6:0, 6:2. Boetsch (Fra/6) s. Stark (USA) 7:6, 6:3. Tarango (USA) s. Olkowsky (Rus) 6:4, 6:2. Damm (Cze) s. Jarryd (Swe) 7:6, 6:4. Siemerink (Ned) s. Lendl (USA/4) 7:5, 7:6. Goellner (Ger/8) s. Hlasek (Sui) 7:5, 6:3. Larsson (Swe) s. Kulti (Swe) 6:1, 6:2. Gilbert (Fra) s. C. Mezzadri (Sui) 7:5, 6:2. Stich (Ger/2) s. Santoro (Fra) 7:5, 6:2. ACHTELFINALS Edberg s. Renzenbrink 3:6, 6:3, 6:1. Mansdorf s. Raoux 7:6, 6:2. Prinosil s. Pozzi 7:6, 6:2. Rosset s. Enqvist 6:2, 6:3. Boetsch s. Tarango 6:0, 6:1. Damm s. Siemerink 6:4, 4:6, 7:5. Larsson s. Goellner 3:6, 7:6, 6:4. Stich s. Gilbert 6:4, 7:6. VIERTELFINALS Edberg s. Mansdorf 7:6, 1:6, 6:4. Rosset s. Prinosil 7:6, 6:4. Damm s. Boetsch 3:6, 6:4, 7:6. Stich s. Larsson 6:2, 6:1. HALBFINALS Edberg s. Rosset 6:4, 7:6. Stich s. Damm 7:6, 6:4. FINAL Stich s. Edberg 6:4, 6:7, 6:3, 6:2.

1. RUNDE Stich (Ger/1) s. Larsson (Swe) 6:1, 7:6. Svensson (Swe) s. Guardiola (Fra) 7:6, 6:4. Caratti (Ita) s. Damm (Cze) 6:3, 6:7, 6:4. Boetsch (Fra/7) s. Mansdorf (Isr) 6:2, 7:5. Kafelnikov (Rus/3) s. Vacek (Cze) 6:4, 6:3. Roux (Fra) s. Rikl (Cze) 6:2, 6:1. P. McEnroe (USA) s. Wolkow (Rus) 6:3, 6:3. Yzaga (Per/6) s. Zoecke (Ger) 5:7, 7:6, 7:5. Rosset (Sui/5) s. Braasch (Ger) 6:2, 6:7, 6:2. Fleurian (Fra) s. Agenor (Hai) 6:4, 6:4. Jarryd (Swe) s. Enqvist (Swe) 6:2, 6:7, 6:4. Ferreira (RSA/4) s. Dier (Ger) 7:5, 6:4. Pioline (Fra/8) s. Gilbert (Fra) 6:0, 6:3. Palmer (USA) s. Goellner (Ger) 7:6, 4:6, 6:3. Forget (Fra) s. Hlasek (Sui) 6:4, 7:6. Edberg (Swe/2) s. Siemerink (Ned) 3:6, 6:3, 6:2. ACHTELFINALS Stich s. Svensson 6:3, 6:4. Caratti s. Boetsch 6:2, 6:4. Roux s. Kafelnikov 7:6, 2:6, 7:6. P. McEnroe s. Yzaga 2:6, 6:3, 7:5. Rosset s. Fleurian 6:2, 6:2. Ferreira s. Jarryd 4:6, 6:2, 6:2. Palmer s. Pioline 7:6, 6:1. Forget s. Edberg 3:6, 7:5, 6:3. VIERTELFINALS Caratti s. Stich 4:6, 7:6, 7:6. P. McEnroe s. Roux 7:6, 6:2. Ferreira s. Rosset 7:5, 6:7, 6:3. Forget s. Palmer 5:7, 7:5, 7:6. HALBFINALS P. McEnroe s. Caratti 6:3, 6:3. Ferreira s. Forget 7:6, 6:4. FINAL Ferreira s. P. McEnroe 4:6, 6:2, 7:6, 6:3.

1. RUNDE Becker (Ger/1) s. Black (Zim) 6:4, 6:3. Noah (Fra) s. Sinner (Ger) 6:3, 7:6. Vacek (Cze) s. Volkov (Rus) 7:5, 6:2. Pioline (Fra) s. Edberg (Swe/8) 7:5, 4:6, 6:2. Enqvist (Swe/4) s. Woodbridge (Aus) 6:2, 6:3. Siemerink (Ned) s. Ruud (Nor) 6:4, 6:3. Prinosil (Ger) s. Raoux (Fra) 3:6, 6:3, 6:4. Korda (Cze) s. Rosset (Sui/6) 7:6, 6:3. Courier (USA/5) s. Kucera (Svk) 6:4, 6:2. Renzenbrink (Ger) s. Roux (Fra) 4:6, 7:6, 6:3. Damm (Cze) s. Delaître (Fra) 3:6, 6:3, 7:6. Boetsch (Fra) s. Holm (Swe) 6:3, 7:6. Ferreira (RSA/7) s. Jarryd (Swe) 7:6, 2:6, 6:0. Hlasek (Sui) s. Rusedski (Gbr) 7:6, 6:3. Stoltenberg (Aus) s. Wilander (Swe) 6:2, 6:2. Forget (Fra) s. Kafelnikov (Rus/2) 6:7, 6:4, 6:4. ACHTELFINALS Becker s. Noah 6:4, 7:5. Edberg s. Vacek 6:2, 6:7, 6:4. Siemerink s. Enqvist 6:2, 6:2. Korda s. Prinosil 6:2, 7:6. Courier s. Roux 7:5, 7:6. Damm s. Holm 7:6, 6:4. Rudsedski s. Jarryd 7:6, 7:6. Stoltenberg s. Kafelnikov 6:3, 6:3. VIERTELFINALS Becker s. Edberg 6:4, 3:6, 6:3. Siemerink s. Korda 3:6, 7:6, 7:5. Courier s. Damm 7:6, 7:6. Rusedski s. Stoltenberg 3:6, 6:3, 6:2. HALBFINALS Siemerink s. Becker w.o. Courier s. Rusedski 3:6, 6:3, 6:2. FINAL Courier s. Siemerink 6:7, 7:6, 5:7, 6:2, 7:5.

1. RUNDE Sampras (USA/1) s. Radulescu (Ger) 5:7, 6:3, 7:5. Haas (Ger) s. Hlasek (Sui) 7:6, 6:3. Tillstrom (Swe) s. Dewulf (Bel) 7:6, 7:5. Bjorkman (Swe) s. Philippoussis (Aus/7) 6:1, 4:6, 7:5. Kafelnikov (Rus/3) s. Rosset (Sui) 6:3, 6:7, 6:3. Roux (Fra) s. Woodruff (USA) 6:3, 4:6, 7:5. Goellner (Ger) s. Forget (Fra) 6:7, 6:4, 6:4. Delaître (Fra) s. Enqvist (Swe/5) 6:1, 7:6. Furlan (Ita) s. Vacek (Cze) 6:7, 6:3, 6:2. Novak (Cze) s. Veglio (Sui) 6:4, 2:6, 6:2. Becker (Ger/4) s. Ulihrach (Cze) 6:1, 5:7, 6:3. Dreekmann (Ger) s. Stich (Ger/8) 6:7, 6:4, 6:1. Larsson (Swe) s. El Aynaoui (Mar) 6:3, 3:6, 6:4. Korda (Cze) s. Reneberg (USA) 7:5, 6:4. Prinosil (Fra) s. Ivanisevic (Cro/2) 7:6, 6:4. ACHTELFINALS Sampras s. Haas 6:4, 2:6, 6:3. Tillstrom s. Bjorkman 3:6, 6:3, 6:3. Kafelnikov s. Roux 4:6, 6:3, 6:4. Goellner s. Edberg (Sd/6) 6:3, 5:7, 6:3. Delaître s. Furlan 1:6, 6:1, 6:2. Novak s. Becker 6:3, 7:6. Dreekmann s. Larsson 7:6, 6:3. Korda s. Prinosil 6:4, 6:2. VIERTELFINALS Sampras s. Tillstrom 6:3, 6:4. Kafelnikov s. Goellner 5:7, 6:4, 6:2. Novak s. Delaître 4:6, 7:5, 6:2. Dreekmann s. Korda 7:6, 6:4. HALBFINALS Sampras s. Kafelnikov 7:6, 6:3. Dreekmann s. Novak 7:5, 6:4. FINAL Sampras s. Dreekmann 7:5, 6:2, 6:0.

1. RUNDE Kafelnikov (Rus/1) s. Manta (Sui) 6:1, 7:6. Heuberger (Sui) s. Rosset (Sui) 7:6, 7:5. Santoro (Fra) s. Lavergne (Fra) 6:3, 6:3. Philippoussis (Aus) s. Costa (Esp/8) 7:6, 6:3. Kucera (Svk) s. Ivanisevic (Cro/3) 6:4, 6:3. Henman (Gbr) s. Goellner (Ger) 7:6, 6:3. Norman (Swe) s. Olhovskiy (Rus) 7:5, 6:7, 6:4. Bjorkman (Swe/5) s. Boetsch (Fra) 6:2, 6:3. Enqvist (Swe/6) s. Ulihrach (Cze) 6:3, 3:6, 6:1. Tarango (USA) s. Siemerink (Ned) 7:6, 6:2. Ferreira (RSA) s. Steven (Nzl) 6:7, 6:1, 7:6. Rusedski (Gbr/4) s. Prinosil (Ger) 4:6, 6:4, 7:5. Korda (Cze/7) s. Escudé (Fra) 6:1, 6:4. Woodruff (USA) s. Raoux (Fra) 7:6, 6:2. Roux (Fra) s. Haarhuis (Ned) 6:3, 6:3. Moya (Esp/2) s. Haas (Ger) 6:4, 3:6, 6:4. ACHTELFINALS Kafelnikov s. Heuberger 6:3, 4:6, 6:3. Philippoussis s. Santoro 6:3, 6:3. Henman s. Kucera 6:4, 6:1. Norman s. Bjorkman 6:1, 6:4. Enqvist s. Tarango 7:5, 7:5. Rusedski s. Ferreira 6:3, 7:6. Korda s. Woodruff 7:5, 6:4. Roux s. Moya 6:3, 3:6, 7:6. VIERTELFINALS Philippoussis s. Kafelnikov 6:3, 6:7, 6:2. Henman s. Norman 6:1, 6:4. Rusedski s. Enqvist 7:6, 4:6, 6:3. Korda s. Roux 6:3, 6:4. HALBFINALS Philippoussis s. Henman 7:6, 6:4. Rusedski s. Korda 6:7, 6:3, 7:5. FINAL Rusedski s. Philippoussis 6:3, 7:6, 7:6.

1. RUNDE Ferreira (RSA) s. Sampras (USA/1) 4:6, 7:6, 6:3. Rosset (Sui) s. Haas (Ger) 7:6, 4:6 7:6. Prinosil (Ger) s. Luxa (Cze) 7:6, 6:4. Rusedski (Gbr/7) s. Pretzsch (Ger) 6:2, 6:2. Agassi (USA/4) s. Federer (Sui) 6:3, 6:2. Heuberger (Sui) s. Golmard (Fra) 6:0, 7:6. Gustafsson (Swe) s. Ulihrach (Cze) 6:4, 6:4. Kafelnikov (Rus/5) s. Norman (Swe) 7:5, 6:3. Henman (Gbr/6) s. Stoltenberg (Aus) 2:6, 6:3, 6:4. Arazi (Mar) s. Fromberg (Aus) 6:1, 6:4. Tarango (USA) s. Escudé (Fra) 6:3, 6:3. Kiefer (Ger) s. Korda (Cze/3) 6:2, 6:4. Black (Zim) s. Siemerink (Ned/8) 6:2, 6:2. Johansson (Swe) s. Becker (Ger) 6:3, 6:2. Santoro (Fra) s. Damm (Cze) 6:3, 6:4. Vacek (Cze) s. Rafter (Aus/2) 7:6, 7:5. ACHTELFINALS Rosset s. Ferreira 6:4, 6:0. Prinosil s. Rusedski 7:6, 7:5. Agassi s. Heuberger 6:2, 6:2. Gustafsson s. Kafelnikov 3:6, 6:3, 7:5. Henman s. Arazi 6:4, 7:6. Kiefer s. Tarango 4:6, 6:3, 6:2. Johansson s. Black 6:7, 6:4. Santoro s. Vacek 6:3, 6:3. VIERTELFINALS Rosset s. Prinosil 6:3, 7:6. Agassi s. Gustafsson 6:3, 6:3. Henman s. Kiefer 6:3, 6:4. Johansson s. Santoro 6:3, 6:3. HALBFINALS Agassi s. Rosset 6:4, 6:2. Henman s. Johansson 6:3, 2:6, 7:6. FINAL Henman s. Agassi 6:4, 6:3, 3:6, 6:4.

1. RUNDE Agassi (USA/1) s. Siemerink (Ned) 6:3, 6:4. Escudé (Fra) s. Schüttler (Ger) 6:2, 6:3. Kucera (Svk) s. Johansson (Swe) 7:5, 6:3. Arazi (Mar) s. Lapentti (Ecu/7) 6:3, 3:6, 6:3. Rusedski (Gbr/3) s. Santoro (Fra) 7:6, 6:2. Hrbaty (Svk) s. Pavel (Rou) 6:0, 6:2. Novak (Cze) s. Vacek (Cze) 6:4, 6:4. Kiefer (Ger/6) s. Larsson (Swe) 6:1, 6:4. Popp (Ger) s. Kornienko (Rus) 7:5, 6:4. Federer (Sui) s. Damm (Cze) 6:2, 3:6, 6:4. Medvedev (Ukr) s. Safin (Rus) 2:6, 6:4, 7:6. Henman (Gbr/4) s. Bastl (Sui) 5:7, 6:2, 6:2. Ivanisevic (Cro) s. Enqvist (Swe/8) 6:4, 4:6, 7:5. Woodruff (USA) s. Koubek (Aut) 3:6, 6:2, 6:2. Roux (Fra) s. Manta (Sui) 7:5, 3:6, 7:6. Kafelnikov (Rus/2) s. Spadea (USA) 6:3, 7:5. ACHTELFINALS Agassi s. Escudé 6:4, 5:7, 7:5. Kucera s. Arazi 6:1, 7:6. Rusedski s. Hrbaty 6:2, 6:2. Kiefer s. Novak 6:3, 6:7, 6:1. Federer s. Popp 6:2, 7:5. Henman s. Medvedev 5:7, 6:4, 6:1. Ivanisevic s. Woodruff 7:5, 4:6, 7:6. Kafelnikov s. Roux 6:1, 7:6. VIERTELFINALS Kucera s. Agassi 6:4, 7:5. Kiefer s. Rusedski 2:6, 7:6, 6:3. Henman s. Federer 6:3, 7:5. Ivanisevic s. Kafelnikov 4:6, 6:3, 6:4. HALBFINALS Kucera s. Kiefer 6:4, 6:3. Henman s. Ivanisevic 6:3, 6:4. FINAL Kucera s. Henman 6:4, 7:6, 4:6, 4:6, 7:6.

1. RUNDE Pavel (Rou) s. Huet (Fra) 7:5, 6:4. Federer (Sui) s. Haas (Ger) 6:3, 6:3. Thomann (Fra) s. Escudé (Fra) 6:4, 6:3. Lapentti (Ecu/7) s. Rios (Chi) 3:6, 6:4, 6:4. Hewitt (Aus/3) s. Saulnier (Fra) 6:2, 6:2. Vinciguerra (Swe) s. El Aynaoui (Mar) 6:0, 6:1. Rusedski (Gbr) s. Alami (Mar) 7:5, 6:1. Krajicek (Ned) s. Ferrero (Esp/5) 6:4, 6:3. Sanguinetti (Ita) s. Pioline (Fra/6) 6:3, 3:6, 6:2. Arazi (Mar) s. Kratochvil (Sui) 3:6, 6:3, 6:2. Clément (Fra) s. Calatrava (Esp) 4:6, 7:6, 6:2. Henman (Gbr/4) s. Robredo (Esp) 6:3, 6:4. Bastl (Sui) s. Ferreira (RSA/8) 6:2, 6:3. Hrbaty (Svk) s. Grosjean (Fra) 3:6, 6:4, 6:4. Golmard (Fra) s. Gaudio (Arg) 6:4, 6:1. Enqvist (Swe/2) s. Gambill (USA) 7:6, 7:6. ACHTELFINALS Federer s. Pavel 7:6, 6:4. Thomann s. Lapentti 7:6, 7:6. Hewitt s. Vinciguerra 6:3, 7:5. Rusedski s. Krajicek 2:6, 7:6, 7:5. Arazi s. Sanguinetti 7:5, 7:5. Henman s. Clément 6:3, 6:4. Hrbaty s. Bastl 6:2, 7:6 Enqvist s. Golmard 6:4, 6:2. VIERTELFINALS Federer s. Thomann 6:4, 6:4. Hewitt s. Rusedski 7:6, 6:2. Henman s. Arazi 6:3, 6:3. Enqvist s. Hrbaty 4:6, 6:2, 6:3. HALBFINALS Federer s. Hewitt 6:4, 5:7, 7:6. Enqvist s. Henman 6:1, 6:3. FINAL Enqvist s. Federer 6:2, 4:6, 7:6, 1:6, 6:1.

1. RUNDE Boutter (Fra) s. Kuerten (Bra/1) 7:6, 6:2. Pavel (Rou) s. Ljubicic (Cro) 6:4, 6:7, 6:3. Ulihrach (Cze) s. Lapentti (Ecu) 6:4, 3:6, 6:3. Bast (Sui) s. Gambill (USA/8) 6:4 (ret). Federer (Sui/4) s. Costa (Esp) 6:3, 6:3. Malisse (Bel) s. Friedl (Cze) 6:3, 6:7, 6:2. Zimonjic (Yug) s. Vicente (Esp) 4:6, 6:3, 6:2. Roddick (USA/6) s. Huet (Fra) 6:2, 3:6, 7:6. Moya (Esp/7) s. Sanguinetti (Ita) 7:6, 6:4. Thomann (Fra) s. Balcells (Esp) 6:4, 2:6, 6:2. Davydenko (Rus) s. Blanco (Esp) 6:1, 6:4. Rosset (Sui) s. Corretja (Esp/3) 6:4, 3:6, 6:1. Clément (Fra/5) s. Gaudio (Arg) 6:4, 6:1. Kratochvil (Sui) s. Portas (Esp) 5:7, 7:6, 6:1. Gaudenzi (Ita) s. Robredo (Esp) 7:6, 6:4. Henman (Gbr/2) s. Dupuis (Fra) 6:4, 6:1. ACHTELFINALS Boutter s. Pavel 4:6, 6:4, 6:0. Bastl s. Ulihrach 7:6, 7:6. Federer s. Malisse 6:3, 6:4. Roddick s. Zimonjic 6:4, 7:6. Moya s. Thomann 7:6, 6:4. Davydenko s. Rosset 7:5, 6:1. Kratochvil s. Clément 6:3, 1:6, 7:6. Henman s. Gaudenzi 6:2, 6:1. VIERTELFINALS Boutter s. Bastl 2:6, 7:6, 7:6. Federer s. Roddick 3:6, 6:3, 7:6. Moya s. Davydenko 7:6, 7:6. Henman s. Kratochvil 6:0, 6:1. HALBFINALS Federer s. Boutter 7:6, 6:4. Henman s. Moya 6:1, 6:4. FINAL Henman s. Federer 6:3. 6:4, 7:6.

1. RUNDE Henman (Gbr/1) s. Pioline (Fra) 6:1, 6:4. Escudé (Fra) s. Davydenko (Rus) 7:6, w.o. Calleri (Arg) s. Acasusc (Arg) 6:1, 6:4. Nalbandian (Arg/6) s. Mutis (Fra) 7:6, 1:0 w.o. Federer (Sui/3) s. Verkerk (Ned) 6:3, 6:3. Waske (Ger) s. Bastl (Sui) 6:7, 6:3, 6:4. Blake (USA) s. Ferrer (Esp) 6:3, 7:5. Roddick (USA/5) s. Malisse (Bel) 6:4, 6:3. Gonzalez (Chi/7) s. Sanguinetti (Ita) 3:6, 7:5, 6:2. Lapentti (Ecu) s. Vicente (Esp) 6:3, 6:2. Clément (Fra) s. Boutter (Fra) 6:3, 6:4. Voinea (Rou) s. Costa (Esp/4) 6:3, 6:3. Heuberger (Sui) s. Corretja (Esp/8) 6:4, 5:7, 6:1. Mantilla (Esp) s. Burgsmüller (Ger) 6:7, 6:2, 6:4. Thomann (Fra) s. Savolt (Hun) 6:4, 6:1. Ferrero (Esp/2) s. Rosset (Sui) 7:6, 7:6. ACHTELFINALS Henman s. Escudé 1:6, 6:3, 6:2. Nalbandian s. Calleri 6:2, 3:0 w.o. Federer s. Waske 6:3, 7:6. Roddick s. Blake 7:6, 6:3. Gonzalez s. Lapentti 6:4, 7:6. Clément s. Voinea 6:3, 6:4. Mantilla s. Heuberger 6:1, 7:6. Ferrero s. Thomann 6:4, 6:2. VIERTELFINALS Nalbandian s. Henman 3:6, 7:6, 6:2. Federer s. Roddick 7:6, 6:1. Gonzalez s. Clément 7:6, 4:6, 7:5. Ferrero s. Mantilla 2:6, 6:3, 7:6. HALBFINALS Nalbandian s. Federer 6:7, 7:5, 6:3. Gonzalez s. Ferrero 6:4, 4:6, 6:1. FINAL Nalbandian s. Gonzalez 6:4, 6:3, 6:2.

2003

1. RUNDE Roddick (USA/1) s. Scherrer (Sui) 6:3, 7:6. Elseneer (Bel) s. Lee (Kor) 6:2, 6:0. Rochus (Bel) s. Mantilla (Esp) 6:7, 6:2, 7:6. Robredo (Esp/8) s. Kratochvil (Sui) 6:4, 6:4. Nalbandian (Arg/4) s. Hidalgo (Esp) 6:4, 6:0. Clément (Fra) s. Mathieu (Fra) 6:4, 7:6. Zib (Cze) s. Wawrinka (Sui) 7:6, 7:6. Henman (Gbr) s. Verkerk (Ned/7) 6:2, 6:3. Novak (Cze/5) s. Parmar (Gbr) 3:6, 6:3, 6:0. Lopez (Esp) s. Nadal (Esp) 3:6, 6:3, 7:6. Llodra (Fra) s. Ulihrach (Cze) 6:3, 6:4. Coria (Arg/3) s. Santoro (Fra) 5:7, 6:3, 6:0. Lapentti (Ecu) s. Heuberger (Sui) 6:3, 4:6, 7:5. Behrend (Ger) s. Blake (USA) 1:6, 6:3, 6:4. Ljubicic (Cro) s. Volandri (Ita) 6:3, 3:6, 6:2. Federer (Sui/2) s. Rosset (Sui) 6:1, 6:3. ACHTELFINALS Roddick s. Elseneer 6:3, 7:6. Rochus s. Robredo 7:5, 6:1. Nalbandian s. Clément 4:1 w.o. Henman s. Zib 6:3, 6:4. Lopez s. Novak 3:6, 7:5, 6:4. Coria s. Llodra 6:2, 6:7, 7:6. Lapentti s. Behrend 7:6, 6:1. Ljubicic s. Federer 7:6, 6:7, 6:4. VIERTELFINALS Roddick s. Rochus 6:4, 6:4. Nalbandian s. Henman 6:2, 6:4. Coria s. Lopez 6:1, 6:2. Ljubicic s. Lapentti 2:6, 6:2, 6:3. HALBFINALS Nalbandian s. Roddick 7:5, 7:5. Coria s. Ljubicic 6:4, 6:4. FINAL Coria s. Nalbandian w.o.

2004

1. RUNDE Ulihrach (Cze) s. Horna (Per) 6:1, ret. Heuberger (Sui) s. Dent (USA) 6:2, 6:3. Zabaleta (Rou) s. Hanescu (Arg) 7:6, 5:7, 7:6. Massu (Chi/7) s. Kratochvil (Sui) 6:3, 6:2. Nalbandian (Arg/4) s. Ancic (Cro) 6:4, 6:3. Spadea (USA) s. Volandri (Ita) 6:3, 4:0 ret. Chiudinelli (Sui) s. Montanes (Esp) 6:3, 6:3. Schüttler (Ger/6) s. Nadal (Esp) 6:3, 6:4. Haehnel (Fra) s. Gonzalez (Chi/8) 6:3, 6:4. Ljubicic (Cro) s. Chela (Arg) 6:3, 6:4. Koubek (Aut) Srichaphan (Tha) 6:7, 6:4, 6:3. Gaudio (Arg/3) s. Norman (Bel) 7:6, 6:4. Robredo (Esp/5) s. Wawrinka (Sui) 7:6, 5:7, 6:4. Novak (Cze) s. Mayer (Ger) 6:2, 6:3. Moodie (RSA) s. Starace (Ita) 6:4, 6:4. Henman (Gbr/2) s. Dupuis (Fra) 6:3, 6:4. ACHTELFINALS Ulihrach s. Heuberger 6:1, 6:4. Massu s. Zabaleta 6:2, 6:4. Nalbandian s. Spadea 6:4, 6:4. Schüttler s. Chiudinelli 7:6, 6:2. Ljubicic s. Haehnel 6:3. 3:6, 6:3. Koubek s. Gaudio 6:1, 1:6, 6:3. Novak s. Robredo w.o. Henman s. Moodie 7:6, 6:7, 6:4. VIERTELFINALS Massu s. Ulihrach 6:2, 7:6. Nalbandian s. Schüttler 4:6, 7:6, 6:3. Koubek s. Ljubicic 2:6, 7:5, 7:5. Novak s. Henman 7:6, 7:5. HALBFINALS Nalbandian s. Massu 6:3, 6:4. Novak s. Koubek 6:4, 6:0. FINAL Novak s. Nalbandian 5:7, 6:3, 6:4, 1:6, 6:2.

2005

1. RUNDE Coria (Arg/1) s. Martin (Esp) 6:2, 6:4. Vliegen (Bel) s. Wawrinka (Sui) 7:6, 4:6, 6:3. Calleri (Arg) s. Sabau (Rou) 6:0, 6:3. Hrbaty (Svk/5) s. Chela (Arg) 7:6, 6:2. Gonzalez (Chi/4) s. Seppi (Ita) 7:6, 6:3. Berrer (Ger) s. Zib (Cze) 6:3, 7:5. Berdych (Cze) s. Bastl (Sui) 5:7, 6:4, 6:2. Murray (Gbr) s. Henman (Gbr/6) 6:2, 5:7, 7:6. Haas (Ger/8) s. Waske (Ger) 7:6, 6:4. Baghdatis (Cyp) s. Mackin (Gbr) 6:1, 6:3. Acasuso (Arg) s. Massu (Chi) 4:6, 7:6, 6:4. Ferrero (Esp/3) s. Volandri (Ita) 6:2, 6:4. Novak (Cze/7) s. Lammer (Sui) 7:6, 7:6. Srichaphan (Tha) s. Rochus (Bel) 6:3, 6:2. Mayer (Ger) s. Moodie (RSA) 7:6, 1:6, 6:3. Nalbandian (Arg/2) s. Karlovic (Cro) 6:3, 7:6. ACHTELFINALS Vliegen s. Coria 7:6, 7:5. Hrbaty s. Calleri 3:6, 6:3, 6:2. Gonzalez s. Berrer 6:4, 7:5. Murray s. Berdych 6:4, 2:6, 6:4. Baghdatis s. Haas 6:2, 6:3. Acasuso s. Ferrero 6:3, 6:7, 6:3. Srichaphan s. Novak 6:3, 6:2. Nalbandian s. Mayer 6:3, 6:2. VIERTELFINALS Hrbaty s. Vliegen 6:7, 6:1, 6:3. Gonzalez s. Murray 6:4, 3:6, 6:1. Baghdatis s. Acasuso 6:7, 7:6, 6:3. Nalbandian s. Srichaphan 6:2, 6:2. HALBFINALS Gonzalez s. Hrbaty 6:0, 6:3. Baghdatis s. Nalbandian 6:2, 7:6. FINAL Gonzalez s. Baghdatis 6:7, 6:3, 7:5, 6:4.

2006

1. RUNDE Federer (Sui/1) s. Zib (Cze) 6:1, 6:2. Garcia-Lopez (Esp) s. Reister (Ger) 7:6, 6:2. Novak (Cze) s. Hajek (Cze) 6:7, 3:0 wo. Ferrer (Esp/5) s. Chiudinelli (Sui) 6:7, 6:3, 6:4. Chela (Arg) s. Volandri (Ita) 6:4, 7:5. Srichaphan (Tha) s. Becker (Ger) 7:6, 7:6. Kohlschreiber (Ger) s. Thomann (Fra) 6:1, 7:5. Acasuso (Arg/7) s. Montanes (Esp) 6:4, 6:3. Del Potro (Arg) s. Clemens (Ger) 3:6, 6:3, 6:2. Bastl (Sui) s. Burgsmüller (Ger) 6:1, 6:4. Fish (USA) s. Vanek (Cze) 6:4, 6:3. Gonzalez (Chi/3) s. Bolelli (Ita) 7:6, 6:7, 7:6. Wawrinka (Sui) s. Calleri (Arg/8) 7:6, 6:2. Henman (Gbr) s. Rochus (Bel) 6:2, 6:3. Lopez (Esp) s. Ramirez Hidalgo (Esp) 3:6, 7:6, 6:1. Nalbandian (Arg/2) s. Karanusic (Cro) 6:2, 6:4. ACHTELFINALS Federer s. Garcia-Lopez 6:2, 6:0. Ferrer s. Novak 2:6, 6:3, 6:3. Srichaphan s. Chela 6:4, 6:3. Acasuso s. Kohlschreiber 7:6, 6:1. Del Potro s. Bastl 6:3, 6:2. Gonzalez s. Fish 6:7, 6:4, 7:6. Wawrinka s. Henman 2:6, 7:6, 6:4. Nalbandian s. Lopez 6:7, 6:3, 7:6. VIERTELFINALS Federer s. Ferrer 6:3, 7:6. Srichaphan s. Acasuso 7:6, 6:3. Gonzalez s. Del Potro 5:7, 6:4, 6:4. Wawrinka s. Nalbandian 7:6, 6:2. HALBFINALS Federer s. Srichaphan 6:4, 3:6, 7:6. Gonzalez s. Wawrinka 6:4, 6:4. FINAL Federer s. Gonzalez 6:3, 6:2, 7:6.

2007

1. RUNDE Federer (Sui/1) s. Berrer (Ger) 6:1, 3:6, 6:3. Del Potro (Arg) s. Russell (USA) 5:2, w.o. Kiefer (Ger) s. Berlocq (Arg) 6:1, 6:1. Koubek (Aut) s. Chela (Arg/7) 6:3, 6:4. Blake (USA/4) s. Hernandez (Esp) 6:3, 6:4. Karlovic (Cro) s. Chiudinelli (Sui) 6:3, 6:2. Wawrinka (Sui) s. Nalbandian (Arg) 7:6, 6:2. Berdych (Cze/5) s. Lopez (Esp) 7:6, 3:6, 6:3. Mathieu (Fra/8) s. Dancevic (Can) 6:3, 6:1. Golubev (Rus) s. Delic (USA) 6:4, 6:3. Baghdatis (Cyp) s. Montanes (Esp) 6:2, 6:2. Calleri (Arg) s. Ferrer (Esp/3) 6:4, 7:6. Canas (Arg/6) s. Acasuso (Arg) 6:4, 6:3. Nieminen (Fin) s. Ginepri (USA) 3:6, 6:4, 7:5. Karanusic (Cro) s. Reister (Ger) 6:0, 6:3. Gonzalez (Chi/2) s. Haehnel (Fra) 7:6, 6:4. ACHTELFINALS Federer s. Del Potro 6:1, 6:4. Kiefer s. Koubek 6:3, 6:2. Karlovic s. Blake 4:6, 7:6, 6:4. Berdych s. Wawrinka 7:5, 6:4. Mathieu s. Golubev 6:7, 6:4, 6:1. Baghdatis s. Calleri 6:7, 6:3, 6:3. Nieminen s. Canas 6:4, 3:6, 7:5. Gonzalez s. Karanusic 6:4. 7:6. VIERTELFINALS Federer s. Kiefer 6:3, 6:2. Karlovic s. Berdych 6:7, 7:6, 7:6. Baghdatis s. Mathieu 6:2, 7:6. Nieminen s. Gonzalez 6:3, 7:5. HALBFINALS Federer s. Karlovic 7:6, 7:6. Nieminen s. Baghdatis 7:6, 6:2. FINAL Federer s. Nieminen 6:3, 6:4. 1.

2008

RUNDE Federer (Sui/1) s. Reynolds (USA) 6:3, 6:7, 6:3. Nieminen (Fin) s. Schwank (Arg) 6:2, 6:4. Granollers (Esp) s. Baghdatis (Cyp) 6:2, 4:6, 6:2. Bolelli (Ita) s. Berdych (Cze/7) 6:4, 7:5. Blake (USA/4) s. Kiefer (Ger) 3:6, 6:3, 6:4. Hernandez (Esp) s. Dlouhy (Cze) 7:6, 6:7, 6:1. Lopez (Esp) s. Chiudinelli (Sui) 7:6, 7:6. Fish (USA/8) s. Calleri (Arg) 7:6, 6:2. Andreev (Rus/6) s. Melzer (Aut) 7:6, 7:5. Kohlschreiber (Ger) s. Gremelmayr (Ger) 6:4, 7:6. Bohli (Sui) s. Acasuso (Arg) 6:3, 6:2. Del Potro (Arg/3) s. Bastl (Sui) 6:2, 6:4. Becker (Ger) s. Wawrinka (Sui/5) 3:6, 7:6, 7:6. Beck (Ger) s. Devilder (Fra) 6:4, 6:4. Vliegen (Bel) s. Petzschner (Ger) 6:2, 6:3. Nalbandian (Arg/2) s. Montanes (Esp) 6:4, 6:2. ACHTELFINALS Federer s. Nieminen 7:6, 7:6. Bolelli s. Granollers 6:4, 6:2. Blake s. Hernandez 6:7, 6:2, 6:4. Lopez s. Fish 7:6, 6:4. Andreev s. Kohlschreiber 7:6, 6:7, 7:5. Del Potro s. Bohli 6:3, 6:3. Becker s. Beck 3:6, 6:3, 6:4. Nalbandian s. Vliegen 6:4, 5:7, 7:6. VIERTELFINALS Federer s. Bolelli 6:2, 6:3. Lopez s. Blake 6:4, 7:6. Del Potro s. Andreev 6:4, 7:5. Nalbandian s. Becker 7:6, 6:4. HALBFINALS Federer s. Lopez 6:3, 6:2. Nalbandian s. Del Potro 6:4, 6:4. FINAL Federer s. Nalbandian 6:3, 6:4.

2009

1. RUNDE Federer (Sui/1) s. Rochus (Fra) 6:3, 6:4. Seppi (Ita) s. Bohli (Sui) 4:6, 6:1, 7:5. Korolev (Rus) s. Bolelli (Ita) 3:6, 7:6, 6:2. Chardy (Fra) s. Blake (USA/7) 7:6, 6:7, 6:4. Isner (USA) s. Gonzalez (Chi/3) 7:6, 4:6, 6:4. Gasquet (Fra) s. Zeballos (Arg) 7:6, 6:4. Lammer (Sui) s. Koellerer (Aut) 3:6, 6:2, 7:5. Chiudinelli (Sui) s. Kohlschreiber (Ger/8) 7:6, 3:6, 7:5. Stepanek (Cze/5) s. Schüttler (Ger) 6:2, 6:0. Serra (Fra) s. Karlovic (Cro) 7:6, 6:4. Troicki (Srb) s. Becker (Ger) 6:2, 7:6. Cilic (Cro/4) s. Petzschner (Ger) 6:4, 6:4. Wawrinka (Sui/6) s. Ljubicic (Cro) 6:7, 6:3, 6:4. Nieminen (Fin) s. Benneteau (Fra) 7:5, 6:2. Hernych (Cze) s. Luczak (Aus) 6:3, 6:4. Djokovic (Srb/2) s. Beck (Ger) 6:3, 7:5. ACHTELFINALS Federer s. Seppi 6:3, 6:3. Korolev s. Chardy 6:4, 7:6. Gasquet s. Isner 4:6, 7:6, 6:2. Chiudinelli s. Lammer 2:6, 6:3, 6:3. Stepanek s. Serra 3:6, 7:6, 7:6. Cilic s. Troicki 7:6, 6:7, 7:6. Wawrinka s. Nieminen 7:5, 2:6, 6:1. Djokovic s. Hernych 6:0, 6:0. VIERTELFINALS Federer s. Korolev 6:3, 6:2. Chiudinelli s. Gasquet 6:1, 6:3. Stepanek s. Cilic 4:6, 6:3, 6:3. Djokovic s. Wawrinka 3:6, 7:6, 6:2. HALBFINALS Federer s. Chiudinelli 7:6, 6:3. Djokovic s. Stepanek 6:7, 7:5, 6:2. FINAL Djokovic s. Federer 6:4, 4:6, 6:2.

2010

1. RUNDE Federer (Sui/1) s. Dolgopolov (Ukr) 6:4, 5:2, ret. Tipsarevic (Srb) s. Istomin (Uzb) 6:2, 6:4. Stepanek (Cze) s. de Bakker (Ned) 6:3, 7:6. Giraldo (Col) s. Beck (Svk) 6:2, 6:1. Roddick (USA/4) s. Querrey (USA) 7:5, 7:6. Golubev (Kaz) s. Malisse (Bel) 7:5, 6:2. Nalbandian (Arg) s. Hajek (Cze) 6:3, 6:4. Cilic (Cro/6) s. Chiudinelli (Sui) 6:3, 6:3. Mathieu (Fra) s. Mayer (Ger) 6:3, 6:3. Troicki (Srb) s. Berrer (Ger) 6:3, 6:0. Gasquet (Fra) s. Lu (Tpe) 6:3, 6:1. Kamke (Ger) s. Berdych (Cze/3) 6:4, 6:1. Isner (USA/8) s. Llodra (Fra) 4:6, 7:5, 6:3. Haase (Ned) s. Bohli (Sui) 6:4, 6:3. Nieminen (Fin) s. Brands (Ger) 6:3, 6:2. Djokovic (Srb/2) s. Gulbis (Lat) 6:4, 6:2. ACHTELFINALS Federer s. Tipsarevic 6:3, 6:4. Stepanek s. Giraldo 3:6, 6:2, 6:0. Roddick s. Golubev 6:3, 6:4. Nalbandian s. Cilic 4:6, 6:4, 6:4. Troicki s. Mathieu wo. Gasquet s. Kamke 6:4, 7:5. Haase s. Isner 6:2, 6:7, 7:5. Djokovic s. Nieminen 6:4, 7:6. VIERTELFINALS Federer s. Stepanek 6:3, 6:2. Roddick s. Nalbandian 6:4, 6:4. Troicki s. Gasquet 6:4, 6:2. Djokovic s. Haase 6:2, 6:3. HALBFINALS Federer s. Roddick 6:2, 6:4. Djokovic s. Troicki 7:6, 6:4. FINAL Federer s. Djokovic 6:3, 3:6, 6:1.

2011

1. RUNDE Djokovic (Srb/1) s. Malisse (Bel) 6:2, 4:6, 7:5. Kubot (Pol) s. Kamke (Ger) 5:7, 7:5, 6:2. Lammer (Sui) s. Youzhny (Rus) 6:4, 6:3. Baghdatis (Cyp) s. Troicki (Srb/8) 4:6, 7:6, 6:2. Nishikori (Jpn) s. Berdych (Cze/4) 3:6, 6:3, 6:2. Seppi (Ita) s. Muller (Lux) 7:6, 6:7, 6:2. Kukushkin (Kaz) s. Young (USA) 6:4, 6:2. Blake (USA) s. Fish (USA/5) 0:1 ret. Roddick (USA/7) s. Haas (Ger) 6:3, 6:4. Stepanek (Cze) s. Giraldo (Col) 6:1, 6:3. Nieminen (Fin) s. Bellucci (Bra) 6:7, 6:4, 6:3. Federer (Sui/3) s. Starace (Ita) 7:6, 6:4. Mayer (Ger) s. Tipsarevic (Srb/6) 5:1 ret. Ljubicic (Cro) s. Llodra (Fra) 7:5, 6:4. Wawrinka (Sui) s. Dodig (Cro) 6:4, 6:4. Haase (Ned) s. Chiudinelli (Sui) 6:2, 7:6. ACHTELFINALS Djokovic s. Kubot 6:1, 6:2. Baghdatis s. Lammer 7:6, 6:7, 6:3. Nishikori s. Seppi 6:3, 7:6. Kukushkin s. Blake 6:3, 6:4. Roddick s. Stepanek 2:6, 6:3, 6:3. Federer s. Nieminen 6:1, 4:6, 6:3. Mayer s. Ljubicic 6:3, 6:1. Wawrinka s. Haase 4:6, 6:1, 6:2. VIERTELFINALS Djokovic s. Baghdatis 2:6, 6:2, 6:3. Nishikori s. Kukushkin 6:4, 5:7, 6:4. Federer s. Roddick 6:3, 6:2. Wawrinka s. Mayer 6:2, 6:2. HALBFINALS Nishikori s. Djokovic 2:6, 7:6, 6:0. Federer s. Wawrinka 7:6, 6:2. FINAL Federer s. Nishikori 6:1, 6:3.

2012

1. RUNDE Federer (Sui/1) s. Becker (Ger/Q) 7:5, 6:3. Bellucci (Bra) s. Soeda (Jpn) 4:6, 6:4, 6:3. Kubot (Pol/Q) s. Lacko (Svk) 6:4, 6:4. Paire (Fra) s. Seppi (Ita/5) 4:6, 6:2, 6:3. Davydenko (Rus) s. Wawrinka (Sui/4) 7:6, 7:6. Mathieu (Fra/WC) s. Laaksonen (Sui/WC) 6:2, 7:5. Benneteau (Fra) s. Kuznetsov (Rus/Q) 4:6, 6:3, 6:3. Dimitrov (Bul) s. Troicki (Srb/8) 6:3, 6:2. Youzhny (Rus/6) s. Tomic (Aus) 6:0, 6:2. Ebden (Aus) s. Hanescu (Rou/LL) 6:3, 7:6. Chiudinelli (Sui/WC) s. Garcia-Lopez (Esp) 5:7, 6:3, 6:4. Gasquet (Fra/3) s. Haase (Ned) 4:6, 6:3, 6:2. Matosevic (Aus) s. Mayer (Ger/7) 6:2, 6:3. Anderson (RSA) s. Nieminen (Fin) 7:6, 6:3. Baker (USA) s. Stepanek (Cze/Q) 2:6, 7:6, 6:3. Del Potro (Arg/2) s. Falla (Col) 6:4, 6:1. ACHTELFINALS Federer s. Bellucci 6:3, 6:7, 7:5. Paire s. Kubot 6:4, 6:4. Mathieu s. Davydenko 6:3, 6:7, 6:4. Dimitrov s. Benneteau 7:6, 6:7, 7:6. Youzhny s. Ebden 6:3, 6:1. Gasquet s. Chiudinelli 6:1, 6:4. Anderson s. Matosevic 6:3, 6:7, 6:3. Del Potro s. Baker 7:5, 6:1. VIERTELFINALS Federer s. Paire 6:2, 6:2. Mathieu s. Dimitrov 7:6, 7:6. Gasquet s. Youzhny 6:2, 7:6. Del Potro s. Anderson 3:6, 7:6, 6:2. HALBFINALS Federer s. Mathieu 7:5, 6:4. Del Potro s. Gasquet 6:2, 6:2. FINAL Del Potro s. Federer 6:4, 6:7, 7:6.

2013

1. RUNDE Del Potro (Arg/1) s. Laaksonen (Sui/WC) 6:4, 6:4. Baghdatis (Cyp) s. Becker (Ger/Q) 7:6, 6:1. Mathieu (Fra/Q) s. Kudla (USA/Q) 6:4, 7:5. Llodra (Fra) s. Gasquet (Fra/5) 6:4, 6:2. Roger-Vasselin (Fra) s. Wawrinka (Sui/4) 6:4, 6:3. Kamke (Ger/Q) s. Hanescu (Rou) 6:4, 6:4.Kubot (Pol) s. Gimeno-Traver (Esp) 7:6, 6:4. Brands (Ger) s. Seppi (Ita/7) 7:6, 6:3.Dimitrov (Bul/8) s. Stepanek (Cze) 6:3, 6:3. Dolgopolov (Ukr/WC) s. De Schepper (Fra) 6:4, 6:4. Istomin (Uzb) s. Zeballos (Arg) 7:5, 7:6. Federer (Sui/3) s. Mannarino (Fra) 6:4, 6:2.Nishikori (Jpn/6) s. Chiudinelli (Sui/WC) 6:2, 6:4. Dodig (Cro) s. Berlocq (Arg) 2:0, ret. Pospisil (Can) s. Haase (Ned) 6:4, 6:4. Karlovic (Cro) s. Berdych (Cze/2) 4:6, 7:6, 7:6. ACHTELFINALS Del Potro s. Baghdatis 6:1, 6:2. Mathieu s. Llodra 6:4, 6:3. Roger-Vasselin s. Kamke 7:5, 6:3. Brands s. Kubot 6:2, 6:4. Dimitrov s. Dolgopolov 6:3, 6:2.Federer s. Istomin 4:6, 6:3, 6:2. Dodig s. Nishikori 6:1, 6:2. Pospisil s. Karlovic 6:3, 6:4. VIERTELFINALS Del Potro s. Mathieu 6:4, 6:4. Roger-Vasselin s. Brands 6:3, 4:6, 6:3. Federer s. Dimitrov 6:3, 7:6. Pospisil s. Dodig 7:6, 6:4. HALBFINALS Del Potro s. Roger-Vasselin 6:4, 4:6, 6:2. Federer s. Pospisil 6:3, 6:7, 7:5. FINAL Del Potro s. Federer 7:6, 2:6, 6:4.

2014

1. RUNDE Federer (Sui/1) s. Muller (Lux) 6:2, 6:1. Istomin (Uzb) s. Jankowicz (Pol) 6:1, 6:1. Pospisil (Can) s. Nieminen (Fin) 6:3, 6:7, 6:4. Dimitrov (Bul/5) s. Zwerev (Ger/WC) 2:6, 6:4, 6:2. Kukushkin (Kaz) s. Wawrinka (Sui/3) 6:4, 6:7, 6:3. Becker (Ger) s. Elias (Por/Q) 6:3, 6:2. De Schepper (Fra/Q) s. Delbonis (Arg) 7:6, 7:5. Karlovic (Cro/8) s. Rosol (Cze) 7:6, 6:3. Goffin (Bel/7) s. Thiem (Aut) 7:6, 6:3. Dodig (Cro) s. Chiudinelli (Sui/WC) 6:4, 6:7, 6:4. Young (USA) s. Berlocq (Arg) 7:6, 6:4. Raonic (Can/4) s. Johnson (USA) 7:6, 6:4. Coric (Cro/WC) s. Gulbis (Lat/6) 7:6, 6:3. Gollubev (Kaz) s. Gabashvili (Rus) 6:3, 6:3. Herbert (Fra) s. Roger-Vasselin (Fra) 6:3. 6:7, 7:6. Nadal (Esp/2) s. Bolelli (Ita) 6:2, 6:2. ACHTELFINALS Federer s. Isomin 3:6, 6:3, 6:4. Dimitrov s. Pospisil 6:2, 6:2. Becker s. Kukushkin 6:7, 7:6, 4:0 ret. Karlovic s. De Schepper 6:7, 6:4, 6:3. Goffin s. Dodig 7:6, 6:4. Raonic s. Young 6:4, 6:7, 7:6. Coric s. Golubev 6:4. 6:4. Nadal s. Herbert 6:1, 6:1. VIERTELFINALS Federer s. Dimitrov 7:6, 6:2. Karlovic s. Becker 6:4, 6:4. Goffin s. Raonic 6:7, 6:3, 6:4. Coric s. Nadal 6:2, 7:6. HALBFINALS Federer s. Karlovic 7:6, 3:6, 6:3. Goffin s. Coric 6:4, 3:6, 6:3. FINAL Federer s. Goffin 6:2, 6:2.

Statistiken

1. RUNDE Federer (Sui/1) s. Kukushkin (Kaz) 6:1, 6:2. Kohlschreiber (Ger) s. Janowicz (Pol) 6:4, 3:6, 6:3. Mannarino (Fra) s. Troicki (Srb) 4:6, 7:5, 7:6. Goffin (Bel/8) s. Seppi (Ita) 3:6, 6:4, 6:4. Anderson (RSA/4) s. Coric (Cro) 6:3, 6:2. Young (USA) s. Laaksonen (Sui) 6:2, 3:6, 6:4. Sock (USA) s. Kudla (USA) 6:4, 6:2. Isner (USA/6) s. Gulbis (Lat) 6:3, 6:4. Cilic (Cro/7) s. Chiudinelli (Sui) 6:3, 7:6. Gabashvili (Rus) s. Mayer (Arg) 7:5, 4:6, 6:4. Dimitrov (Bul) s. Stakhovsky (Ukr) 6:3, 6:4. Nadal (Esp/3) s. Rosol (Cze) 1:6, 7:5, 7:6. Gasquet (Fra/5) s. Vesely (Cze) 6:3, 6:7, 6:4. Thiem (Ger) s. Haase (Ned) 0:6, 7:6, 7:5. Lajovic (Srb) s. Dolgopolov 6:4, 2:0 w.o. Karlovic (Cro) s. Wawrinka (Sui/2) 3:6, 7:6, 6:4. ACHTELFINALS Federer s. Kohlschreiber 6:4, 4:6, 6:4. Goffin s. Mannarino 6:4, 6:3. Young s. Anderson 6:2, 7:6. Sock s. Isner 7:6, 6:3. Cilic s. Gabashvili 6:3, 6:1. Nadal s. Dimitrov 6:4, 4:6, 6:3. Gasquet s. Thiem 7:6, 6:4. Karlovic s. Lajovic 7:6, 7:5. VIERTELFINALS Federer s. Goffin 6:3, 3:6, 6:1. Sock s. Young 5:7, 6:4, 6:2. Nadal s. Cilic 4:6, 6:3, 6:3. Gasquet s. Karlovic 6:4, 6:7, 7:6. HALBFINALS Federer s. Sock 6:3, 6:4. Nadal s. Gasquet 6:4, 7:6. FINAL Federer s. Nadal 6:3, 5:7, 6:3.

1. RUNDE Wawrinka (Sui/1) s. Chiudinelli (Sui/WC) 6:7, 6:1, 6:4. Berankis (Ltu/Q) s. Raonic (Can/2) 3:6, 6:3, 6:3. Nishikori (Jpn/3) s. Lajovic (Srb) 7:5, 6:1. Cilic (Cro/4) s. Youzhny (Rus) 6:4, 6:2. Goffin (Bel/5) s. Baghdatis (Cyp) 6:4, 7:6. Muller (Lux) s. Dimitrov (Bul/6) 6:7, 6:4, 6:4. Pella (Arg) s. Gasquet (Fra/7) 6:2, 2:1 ret. Sock (USA/8) s. Mannarino (Fra) 6:3, 6:3. Carreno Busta (Esp) s. Verdasco (Esp) 7:5, 6:3. Del Potro (Arg/WC) s. Haase (Ned/Q) 6:3, 6:4. Delbonis (Arg) s. Kuznetsov (Rus) 6:4, 6:4. Granollers (Esp) s. Laaksonen (Sui/WC) 6:3, 3:6, 6:2. Lorenzi (Ita) s. Mahut (Fra) 6:4, 7:6. Mayer (Ger) s. Paire (Fra) 6:1, 6:7, 6:4. Young (USA/Q) s. Marchenko (Ukr) 6:4, 6:2. Zverev M. (Ger/Q) s. Fritz (USA) 7:6, 6:0. ACHTELFINALS Wawrinka s. Young 7:6, 6:7, 6:4. Nishikori s. Lorenzi 7:6, 6:2. Cilic s. Carreno Busta 6:0, 7:6. Del Potro s. Goffin 7:5, 6:3. Granollers s. Sock 6:3, 6:1. Delbonis s. Berankis 6:7, 7:6, 6:3. Muller s. Mayer 6:3, 6:2. Zverev M. s. Pella 7:6, 6:0. VIERTELFINALS Zverev M. s. Wawrinka 6:2, 5:7, 6:1. Nishikori s. del Potro 7:5, 6:2. Cilic s. Granollers 6:3, 6:3. Muller s. Delbonis 6:7, 6:4, 7:6. HALBFINALS Nishikori s. Muller 4:6, 7:6, 6:3. Cilic s. Zverev M. 4:6, 7:5, 6:3. FINAL Cilic s. Nishikori 6:1, 7:6.

1. RUNDE Federer (Sui/1) s. Tiafoe (USA/WC) 6:1, 6:3. Paire (Fra) s. Johnson (USA) 6:3, 7:6. Shapovalov (Can) s. Sugita (Jpn) 4:6, 6:2, 7:6. Mannarino (Fra/7) s. Bemelmans (Bel) 7:6, 6:1. Goffin (Bel/3) s. Gojowczyk (Ger/Q) 6:2, 7:5. Chung (Kor) s. Lorenzi (Ita) 6:3, 6:1. Haase (Ned) s. Chiudinelli (Sui/WC) 6:2, 7:6. Sock (USA/5) s. Pospisil (Can/LL) 3:6, 7:6, 7:5. Bautista Agut (Esp/6) s. Kukushkin (Kaz) 6:0, 6:3. Harrison (USA) s. Dolgopolov (Ukr) 6:4, 6:1. Benneteau (Fra/Q) s. Young (USA) 6:4, 6:2. Del Potro (Arg/4) s. Sousa (Por) 6:1, 4:6, 6:1. Mayer (Arg) s. M. Zverev (Ger/8) 7:5, 7:5. Fucsovics (Hun/Q) s. Donaldson (USA) 6:0, 6:1. Coric (Cro) s. Laaksonen (Sui/WC) 6:7, 6:1, 6:3. Cilic (Cro/2) s. Mayer (Ger/LL) 6:3, 0:0 ret. ACHTELFINALS Federer s. Paire 6:1, 6:3. Mannarino s. Shapovalov 4:6, 6:1, 6:2. Goffin s. Chung 6:4, 6:1. Sock s. Haase 6:4, 2:6, 6:4. Bautista Agut s. Harrison 6:3, 7:6. Del Potro s. Benneteau 6:4, 6:4. Fucsovics s. Mayer 3:0 ret. Cilic s. Coric 6:3, 3:6, 6:3. VIERTELFINALS Federer s. Mannarino 4:6, 6:1, 6:3. Goffin s. Sock 7:6, 6:3. Del Potro s. Bautista Agut 6:2, 2:6, 6:4. Cilic s. Fucsovics 7:6, 5:7, 7:6. HALBFINALS Federer s. Goffin 6:1, 6:2. Del Potro s. Cilic 6:4, 6:4. FINAL Federer s. del Potro 6:7, 6:4, 6:3.

1. RUNDE Federer (Sui/1) s. Krajinovic (Srb) 6:2, 4:6, 6:4. Struff (Ger) s. Millman (Aus) 7:6, 6:2. Simon (Fra) s. Mayer (Arg) 6:3, 6:3. Gulbis (Lat/SE) s. Sock (USA/WC) 7:5, 6:4. Tsitsipas (Gre/4) s. Chardy (Fra) 6:2, 7:6. Gojowczyk (Ger) s. Jarry (Chi) 1:6, 7:5, 6:3. Seppi (Ita) s. Daniel (Jpn/Q) 6:0, 6:4. Medvedev (Rus/7) s. Marterer (Ger) 6:3, 7:5. Laaksonen (Sui/WC) s. Cecchinato (Ita/6) 6:4, 6:2. Fritz (USA/WC) s. Djere (Srb/Q) 6:0, 7:5. Copil (Rou/Q) s. Harrison (USA) 6:2, 7:6. Cilic (Cro/3) s. Shapovalov (Can) 6:4, 6:2. Bautista Agut (Esp/8) s. Sousa (Por) 6:4, 6:3. Lajovic (Srb/LL) s. Mannarino (Fra) 6:7, 6:1, 6:2. Popyrin (Aus/Q) s. Ebden (Aus) 7:6, 6:4. A.Zverev (Ger/2) s. Haase (Ned) 6:4, 7:5. ACHTELFINALS Federer s. Struff 6:3, 7:5. Simon s. Gulbis 7:6, 7:6. Tsitsipas s. Gojowczyk 6:3, 6:1. Medvedev s. Seppi 7:6, 6:2. Fritz s. Laaksonen 6:2, 7:5. Copil s. Cilic 7:5, 7:6. Bautista Agut s. Lajovic 6:7, 6:3, 6:3. A.Zverev s. Popyrin 6:4, 6:4. VIERTELFINALS Federer s. Simon 7:6, 4:6, 6:4. Medvedev s. Tsitsipas 6:4, 3:6, 6:3. Copil s. Fritz 7:5, 7:5. A. Zverev s. Bautista Agut 7:5, 6:3. HALBFINALS Federer s. Medvedev 6:1, 6:4. Copil s. A.Zverev 6:3, 6:7, 6:4. FINAL Federer s. Copil 7:6, 6:4.

1. RUNDE Federer (Sui/1) s. Gojowczyk (Ger/Q) 6:2, 6:1. Albot (Mda) s. Lajovic (Srb) 2:6, 6:3, 6:4. Tiafoe (USA) s. Evans (Gbr) 6:4, 6:2. Wawrinka (Sui/7) s. Cuevas (Uru) 6:3, 6:4. Tsitsipas (Gre/3) s. Ramos-Viñolas (Esp) 6:3, 7:6. Berankis (Ltu/Q) s. Andujar (Esp) 6:1, 6:1. Krajinovic (Srb/SE) s. Djere (Srb) 6:1, 6:4. Fognini (Ita/5) s. Popyrin (Aus/Q) 6:2, 6:4. Goffin (Bel/6) s. Cilic (Cro) 6:4, 6:4. Opelka (USA) s. Garin (Chi) 7:6, 7:6. Gasquet (Frc) s. Londero (Arg) 6:1, 7:6. Bautista-Agut (Esp/4) s. Copil (Rou/WC) 5:4, 7:5. Laaksonen (Sui/WC) s. Paire (Fra/8) 6:3, 7:5. Struff (Ger) s. Kecmanovic (Srb) 6:4, 6:2. De Minaur (Aus/WC) s. Dellien (Bol/Q) 6:1, 7:5. Fritz (USA) s. A.Zverev (Ger/2) 7:6, 6:4. ACHTELFINALS Federer s. Albot 6:0, 6:3. Wawrinka s. Tiafoe 6:3, 3:6, 7:5. Tsitsipas s. Berankis 6:2, 6:4. Krajinovic s. Fognini 6:2, 6:4. Opelka s. Goffin 6:7, 7:6, 7:5. Bautista-Agut s. Gasquet 6:2, 4:6, 6:3. Struff s. Laaksonen 6:3, 6:4. De Minaur s. Fritz 6:3, 6:3. VIERTELFINALS Federer s. Wawrinka w.o. Tsitsipas s. Krajinovic 3:6, 6:4, 6:4. Opelka s. Bautista-Agut 6:3, 3:6, 6:3. De Minaur s. Struff 6:4, 7:6. HALBFINALS Federer s. Tsitsipas 6:4, 6:4. De Minaur s. Opelka 7:6, 6:7, 7:6. FINAL Federer s. De Minaur 6:2, 6:2.

ALLE FINALS EINZEL
Swiss Indoors Basel 1970–2020

1970	Klaus Berger (Deutschland)	s. Ernst Schori (Schweiz)	6:3, 6:1
1971	Jiri Zahradnicek (Schweiz)	s. Helmut Kuner (Deutschland)	1:6, 6:2, 6:3
1972	Michel Burgener (Schweiz)	s. Petr Kanderal (Schweiz)	7:5, 4:6, 6:0
1973	Jean-Claude Barclay (Frankreich)	s. Leonardo Manta (Schweiz)	6:3, 7:5
1974	Roger Taylor (Grossbritannien)	s. Petr Kanderal (Schweiz)	7:5, 2:6, 7:5
1975	Jiri Hrebec (Tschechien)	s. Ilie Nastase (Rumänien)	6:1, 7:6, 2:6, 6:4
1976	Jan Kodes (Tschechien)	s. Jiri Hrebec (Tschechien)	6:4, 6:2, 6:2
1977	Björn Borg (Schweden)	s. John Lloyd (Grossbritannien)	6:4, 6:2, 6:3
1978	Guillermo Vilas (Argentinien)	s. John McEnroe (USA)	6:3, 5:7, 7:5, 6:4
1979	Brian Gottfried (USA)	s. Johan Kriek (Südafrika)	7:5, 6:1, 4:6, 6:3
1980	Ivan Lendl (USA)	s. Björn Borg (Schweden)	6:3, 6:2, 5:7, 0:6, 6:4
1981	Ivan Lendl (USA)	s. José-Luis Clerc (Argentinien)	6:2, 6:3, 6:0
1982	Yannick Noah (Frankreich)	s. Mats Wilander (Schweden)	6:4, 6:2, 6:3
1983	Vitas Gerulaitis (USA)	s. Wojtek Fibak (Polen)	4:6, 6:1, 7:5, 5:5, w.o.
1984	Joakim Nyström (Schweden)	s. Tim Wilkison (USA)	6:3, 3:6, 6:4, 6:2
1985	Stefan Edberg (Schweden)	s. Yannick Noah (Frankreich)	6:7, 6:4, 7:6, 6:1
1986	Stefan Edberg (Schweden)	s. Yannick Noah (Frankreich)	7:6, 6:2, 6:7, 7:6
1987	Yannick Noah (Frankreich)	s. Ronald Agenor (Haiti)	7:6, 6:4, 6:4
1988	Stefan Edberg (Schweden)	s. Jakob Hlasek (Schweiz)	7:5, 6:3, 3:6, 6:2
1989	Jim Courier (USA)	s. Stefan Edberg (Schweden)	7:6, 3:6, 2:6, 6:0, 7:5
1990	John McEnroe (USA)	s. Goran Ivanisevic (Kroatien)	6:7, 4:6, 7:6, 6:3, 6:4
1991	Jakob Hlasek (Schweiz)	s. John McEnroe (USA)	7:6, 6:0, 6:3
1992	Boris Becker (Deutschland)	s. Petr Korda (Tschechien)	3:6, 6:3, 6:2, 6:4
1993	Michael Stich (Deutschland)	s. Stefan Edberg (Schweden)	6:4, 6:7, 6:3, 6:2
1994	Wayne Ferreira (Südafrika)	s. Patrick McEnroe (USA)	4:6, 6:2, 7:6, 6:3
1995*	Jimmy Connors (USA)	s. John McEnroe (USA)	6:4, 6:4
1995	Jim Courier (USA)	s. Jan Siemerink (Holland)	6:7, 7:6, 5:7, 6:2, 7:5

Statistiken

1996	Pete Sampras (USA)	s. Hendrik Dreekmann (Deutschland)	7:5, 6:2, 6:0
1997	Greg Rusedski (Grossbritannien)	s. Mark Philippoussis (Australien)	6:3, 7:6, 7:6
1998	Tim Henman (Grossbritannien)	s. Andre Agassi (USA)	6:4, 6:3, 3:6, 6:4
1999	Karol Kucera (Slovakei)	s. Tim Henman (Grossbritannien)	6:4, 7:6, 4:6, 4:6, 7:6
2000	Thomas Enqvist (Schweden)	s. Roger Federer (Schweiz)	6:2, 4:6, 7:6, 1:6, 6:1
2001	Tim Henman (Grossbritannien)	s. Roger Federer (Schweiz)	6:3, 6:4, 6:2
2002	David Nalbandian (Argentinien)	s. Fernando Gonzalez (Chile)	6:4, 6:3, 6:2
2003	Guillermo Coria (Argentinien)	s. David Nalbandian (Argentinien)	w.o.
2004	Jiri Novak (Tschechien)	s. David Nalbandian (Argentinien)	5:7, 6:3, 6:4, 1:6, 6:2
2005	Fernando Gonzalez (Chile)	s. Marcos Baghdatis (Zypern)	6:7, 6:3, 7:5, 6:4
2006	Roger Federer (Schweiz)	s. Fernando Gonzalez (Chile)	6:3, 6:2, 7:6
2007	Roger Federer (Schweiz)	s. Jarkko Nieminen (Finnland)	6:3, 6:4**
2008	Roger Federer (Schweiz)	s. David Nalbandian (Argentinien)	6:3, 6:4
2009	Novak Djokovic (Serbien)	s. Roger Federer (Schweiz)	6:4, 4:6, 6:2
2010	Roger Federer (Schweiz)	s. Novak Djokovic (Serbien)	6:4, 3:6, 6:1
2011	Roger Federer (Schweiz)	s. Kei Nishikori (Japan)	6:1, 6:3
2012	Juan Martín del Potro (Argentinien)	s. Roger Federer (Schweiz)	6:4, 6:7, 7:6
2013	Juan Martín del Potro (Argentinien)	s. Roger Federer (Schweiz)	7:6, 2:6, 6:4
2014	Roger Federer (Schweiz)	s. David Goffin (Belgien)	6:2, 6:2
2015	Roger Federer (Schweiz)	s. Rafael Nadal (Spanien)	6:3, 5:7, 6:3
2016	Marin Cilic (Kroatien)	s. Kei Nishikori (Japan)	6:1, 7:6
2017	Roger Federer (Schweiz)	s. Juan Martín del Potro (Argentinien)	6:7, 6:4, 6:3
2018	Roger Federer (Schweiz)	s. Marius Copil (Rumänien)	7:6, 6:4
2019	Roger Federer (Schweiz)	s. Alex de Minaur (Australien)	6:2, 6:2

* Jubiläumsturnier Championship of Champions.
** Nach Regeländerung in der ATP World Tour: Final Best of 3.

ALLE FINALS DOPPEL
Swiss Indoors Basel 1976–2020

Year	Winners		Runners-up	Score
1976	Tom Okker/Frew McMillan (Ned/RSA)	s.	Karl Meiler/Dick Crealy (Ger/Aus)	6:4, 7:6, 6:4
1977	Buster Mottram/Mark Cox (Gbr)	s.	John James/John Feaver (Aus/Gbr)	7:5, 6:4, 6:4
1978	John McEnroe/Wojtek Fibak (USA/Pol)	s.	Bruce Manson/Andrew Pattison (USA/RSA)	7:6, 6:4
1979	Bob Hewitt/Frew McMillan (RSA)	s.	Brian Gottfried/Raul Ramirez (USA/Mex)	6:3, 6:4
1980	Kevin Curren/Steve Denton (RSA/USA)	s.	Bob Hewitt/Frew McMillan (RSA)	6:7, 6:4, 6:4
1981	José-Luis Clerc/Ilie Nastase (Arg/Rou)	s.	Markus Günthardt/Pavel Slozil (Sui/Tch)	7:6, 6:7, 7:6
1982	Yannick Noah/Henri Leconte (Fra)	s.	Fritz Buehning/Pavel Slozil (USA/Tch)	6:2, 6:2
1983	Tomas Smid/Pavel Slozil (Tch)	s.	Stefan Edberg/Florian Segarceanu (Swe/Rum)	6:1, 3:6, 7:6
1984	Tomas Smid/Pavel Slozil (Tch)	s.	Stefan Edberg/Tim Wilkison (Swe/USA)	7:6, 6:2
1985	Tom Gullikson/Tim Gullikson (USA)	s.	Mark Dickson/Tim Wilkison (USA)	5:7, 6:3, 6:2
1986	Yannick Noah/Guy Forget (Fra)	s.	Tomas Smid/Jan Gunnarsson (Tch/Swe)	7:6, 6:4
1987	Anders Jarryd/Tomas Smid (Swe/Tch)	s.	Stanislav Birner/Jaro Navratil (Tch)	6:4, 6:3
1988	Jakob Hlasek/Tomas Smid (Sui/Tch)	s.	Jeremy Bates/Peter Lundgren (Gbr/Swe)	6:3, 6:1
1989	Udo Riglewski/Michael Stich (Ger)	s.	Claudio Mezzadri/Omar Camporese (Sui/Ita)	6:3, 4:6, 6:0
1990	Stefan Kruger/Christo Van Rensburg (RSA)	s.	Neil Broad/Gary Muller (RSA)	4:6, 7:6, 6:3
1991	Jakob Hlasek/Patrick McEnroe (Sui/USA)	s.	Petr Korda/John McEnroe (Tch/USA)	3:6, 7:6, 7:6
1992	Tom Nyssen/Cyril Suk (Ned/Cze)	s.	Karel Novacek/David Rikl (Cze)	6:3, 6:4
1993	Byron Black/Jonathan Stark (Zim/USA)	s.	Brad Pearce/Dave Randall (USA)	4:6, 6:2, 6:3
1994	Patrick McEnroe/Jared Palmer (USA)	s.	Stuart Bale/John de Jager (Gbr/RSA)	6:3, 7:6
1995	Cyril Suk/Daniel Vacek (Cze)	s.	Mark Keil/Peter Nyborg (USA/Swe)	3:6, 6:3, 6:3
1996	Yevgeny Kafelnikov/Daniel Vacek (Rus/Cze)	s.	David Adams/Menno Oosting (RSA/Ned)	6:3, 6:4
1997	Tim Henman/Marc Rosset (Gbr/Sui)	s.	Karsten Braasch/Jim Grabb (Ger/USA)	7:6, 6:7, 7:6
1998	Olivier Delaître/Fabrice Santoro (Fra)	s.	Piet Norval/Kevin Ullyett (RSA)	6:3, 7:6
1999	Brent Haygarth/Aleksandar Kitinov (RSA/Mkd)	s.	Jiri Novak/David Rikl (Cze)	0:6, 6:4, 7:5
2000	Donald Johnson/Piet Norval (USA/RSA)	s.	Roger Federer/Dominik Hrbaty (Sui/Slo)	7:6, 4:6, 7:6
2001	Ellis Ferreira/Rick Leach (RSA/USA)	s.	Mahesh Bhupathi/Leander Paes (Ind)	7:6, 6:4
2002	Bob Bryan/Mike Bryan (USA)	s.	Mark Knowles/Daniel Nestor (Bah/Can)	7:6, 7:5

Statistiken

2003	Mark Knowles/Daniel Nestor (Bah/Can)	s. Lucas Arnold/Mariano Hood (Arg)	6:4, 6:2
2004	Bob Bryan/Mike Bryan (USA)	s. Lucas Arnold/Mariano Hood (Arg)	7:6, 6:2
2005	Agustin Calleri/Fernando Gonzalez (Arg/Chi)	s. Stephen Huss/Wesley Moodie (Aus/RSA)	7:5, 7:5
2006	Mark Knowles/Daniel Nestor (Bah/Can)	s. Mariusz Fyrstenberg/Marcin Matkowski (Pol)	4:6, 6:4, 10:8*
2007	Bob Bryan/Mike Bryan (USA)	s. James Blake/Mark Knowles (USA/Bah)	6:1, 6:1
2008	Mahesh Bhupathi/Mark Knowles (Ind/Bah)	s. Christopher Kas/Philipp Kohlschreiber (Ger)	6:3, 6:3
2009	Daniel Nestor/Nenad Zimonjic (Can/Srb)	s. Bob Bryan/Mike Bryan (USA)	6:2, 6:3
2010	Bob Bryan/Mike Bryan (USA)	s. Daniel Nestor/Nenad Zimonjic (Can/Srb)	6:3, 3:6, 10:3
2011	Michael Llodra/Nenad Zimonjic (Fra/Srb)	s. Max Mirnyi/Daniel Nestor (Blr/Can)	6:4, 7:5
2012	Daniel Nestor/Nenad Zimonjic (Can/Srb)	s. Treat Huey/Dominic Inglot (Phi/Gbr)	7:5, 6:7, 10:5
2013	Treat Huey/Dominic Inglot (Phi/Gbr)	s. Julian Knowle/Oliver Marach (Aut)	6:3, 3:6, 10:4
2014	Vasek Pospisil/Nenad Zimonjic (Can/Srb)	s. Marin Draganja/Henri Kontinen (Cro/Fin)	7:6, 1:6, 10:5
2015	Alexander Peya/Bruno Soares (Aut/Bra)	s. Jamie Murray/John Peers (Gbr/Aus)	7:5, 7:5
2016	Marcel Granollers/Jack Sock (Esp/USA)	s. Robert Lindstedt/Michael Venus (Swe/Nzl)	6:3, 6:4
2017	Ivan Dodig/Marcel Granollers (Cro/Esp)	s. Fabrice Martin/Edouard Roger-Vasselin (Fra)	7:5, 7:6
2018	Dominic Inglot/Franko Skugor (Gbr/Cro)	s. Alexander Zverev/Mischa Zverev (Ger)	6:2, 7:5
2019	Jean-Julien Rojer/Horia Tecau (Ned/Rou)	s. Taylor Fritz/Reilly Opelka (USA)	7:5, 6:3

* Nach Regeländerung in der ATP World Tour: Final Set auf 10 Gewinnpunkte.

CHRONIK
Swiss Indoors Basel
1970–2020

	EINZEL-FINALS	DOPPEL-FINALS	PREISGELD	ZUSCHAUER	BESONDERES
1970	Klaus Berger (Ger) s. Ernst Schori (Sui) 6:3, 6:1	keine Doppel-Konkurrenz	Uhr	50	Erstes Turnier mit regionalen Spitzenspielern und einem Frauenturnier als Hauptevent (Siegerin Evagreth Emmenegger) – in einer in Schweden gekauften Ballonhalle in Muttenz. Siegerpreis der «Barracuda-Meisterschaften»: Die goldene Uhr von Zodiac.
1971	Jiri Zahradnicek (Sui) s. Helmut Kuner (Ger) 1:6, 6:2, 6:3	keine Doppel-Konkurrenz	$ 500	300	Wieder findet das Turnier in der Ballonhalle in Muttenz statt – und bereits ist die komplette Schweizer Elite am Start. Sieger wird der eben aus der Tschechoslowakei gekommene Jiri Zahradnicek, was in den Statistiken jahrelang «vergessen» werden sollte.
1972	Michel Burgener (Sui) s. Petr Kanderal (Sui) 7:5, 4:6, 6:0	keine Doppel-Konkurrenz	$ 1'000	500	Michel Burgener sorgt für den ersten Schweizer Turniersieg. Die Ballonhalle steht jetzt auf dem Areal des TC Old Boys und mit Matthias Werren, Leonardo Manta, Jan Coebergh, Petr Kanderal, Rolf Spitzer, Freddy Blatter und Tim Sturdza ist erneut die Elite der Schweiz am Start.
1973	Jean-Claude Barclay (Fra) s. Leonardo Manta (Sui) 6:3, 7:5	keine Doppel-Konkurrenz	$ 2'500	1'000	Letztmals wird in der Ballonhalle auf Sand gespielt. Die Veranstaltung ist ein Erfolg, heisst nun «Grand Prix Suisse» und der höchste erreichbare Turnierstandard (ausser dem Turnier in Gstaad) scheint erreicht zu sein – glauben die Veranstalter wenigstens.
1974	Roger Taylor (Gbr) s. Petr Kanderal (Sui) 7:5, 2:6, 7:5	keine Doppel-Konkurrenz	$ 10'000	4'000	Neuer Austragungsort ist die Fiechtenhalle in Reinach. Star des fünften Turniers: Wimbledonhalbfinalist Roger Taylor. Daneben starten auch die Nummern 1 Frankreichs (François Jauffret), Österreichs (Hans Kary) und der Schweiz (Tim Sturdza und Petr Kanderal).
1975	Jiri Hrebec (Tch) s. Ilie Nastase (Rou) 6:1, 7:6, 2:6, 6:4	keine Doppel-Konkurrenz	$ 25'000	7'000	Anfang Februar wird mit den «Internationalen Hallentennismeisterschaften der Schweiz» inoffiziell die Sporthalle St. Jakob eröffnet. Halbfinals und Finals gehen erstmals über drei Gewinnsätze, unumstrittener Höhepunkt ist der Auftritt von Weltstar Ilie Nastase.
1976	Jan Kodes (Tch) s. Jiri Hrebec (Tch) 6:4, 6:2, 6:2	T. Okker/F. McMillan (Ned/RSA) s. K. Meiler/D. Crealy (Ger/Aus) 6:4, 7:6, 6:4	$ 30'000	8'000	Aus lokalpolitischen Gründen wechseln die Swiss Indoors für ein Jahr wieder in die Reinacher Fiechtenhalle, wo das Weltklasse-Duo Okker/McMillan die erstmals ausgetragene Doppelkonkurrenz gewinnt. Im Einzelturnier siegt Jan Kodes, der Wimbledonsieger von 1973.
1977	Björn Borg (Swe) s. John Lloyd (Gbr) 6:4, 6:2, 6:3	B. Mottram/M. Cox (Gbr) s. J. James/J. Feaver (Aus/Gbr) 7:5, 6:4, 6:4	$ 50'000	16'000	Superstar Björn Borg popularisiert mit seinem Auftritt den Tennissport auch in der Schweiz. Höhepunkt der Swiss Indoors, die erstmals dem «Colgate Grand Prix», dem bedeutendsten Jahreswettbewerb, angehören, ist der Viertelfinal zwischen Björn Borg und Heinz Günthardt.
1978	Guillermo Vilas (Arg) s. John McEnroe (USA) 6:3, 5:7, 7:5, 6:4	J. McEnroe/W. Fibak (USA/Pol) s. B. Manson/A. Pattison (USA/Zim) 7:6, 6:4	$ 50'000	28'000	Der 18-jährige Jungstar und überraschende Wimbledonhalbfinalist John McEnroe liefert dem topgesetzten Guillermo Vilas ein spektakuläres Endspiel. Das Schweizer Fernsehen überträgt am Sonntag mehr als eine Stunde über die vorgesehene Zeit hinaus.
1979	Brian Gottfried (USA) s. Johan Kriek (RSA) 7:5, 6:1, 4:6, 6:3	B. Hewitt/F. McMillan (RSA) s. B. Gottfried/R. Ramirez (USA/Mex) 6:3, 6:4	$ 75'000	38'000	Mit Björn Borg, Eddie Dibbs, Brian Gottfried, Yannick Noah, Eliot Teltscher, Ivan Lendl und Johan Kriek zieren lauter Weltklassespieler die Gesetztenliste. Noah und Lendl geben ihr Debüt in Basel, Topfavorit Borg kann verletzungshalber nicht mehr zum Viertelfinal antreten.
1980	Ivan Lendl (USA) s. Björn Borg (Swe) 6:3, 6:2, 5:7, 0:6, 6:4	K. Curren/S. Denton (USA) s. B. Hewitt/F. McMillan (RSA) 6:7, 6:4, 6:4	$ 75'000	49'100	Der junge Ivan Lendl schlägt den auf dem Höhepunkt seiner Laufbahn stehenden Björn Borg in einem unvergesslichen und dramatischen Endspiel – das Resultat geht als Schlagzeile um die ganze Welt. Neben diesen beiden Spielern verblassen alle anderen Teilnehmer.

Statistiken

	EINZEL-FINALS	DOPPEL-FINALS	PREISGELD	ZUSCHAUER	BESONDERES
1981	Ivan Lendl (USA) s. José-Luis Clerc (Arg) 6:2, 6:3, 6:0	J.-L. Clerc/I. Nastase (Arg/Rou) s. M. Günthardt/P. Slozil (Sui/Tch) 7:6, 6:7, 7:6	$ 100'000	40'500	Ivan Lendl bestätigt mit seinem zweiten Sieg seine Extraklasse – sowohl der Schweizer Spitzenspieler Heinz Günthardt im Halbfinal als auch der Argentinier José-Luis Clerc im Endspiel sind chancenlos. Das Gesamtpreisgeld der Swiss Indoors beträgt erstmals 100'000 Dollar.
1982	Yannick Noah (Fra) s. Mats Wilander (Swe) 6:4, 6:2, 6:3	H. Leconte/Y. Noah (Fra) s. F. Buehning/P. Slozil (USA/Tch) 6:2, 6:2	$ 100'000	41'500	Yannick Noah avanciert mit seinem spektakulären Offensiv-Spiel und dem Sieg im Einzel und Doppel zum Publikumsliebling in Basel. Im Endspiel fegt der Franzose den French Open-Gewinner Mats Wilander bei dessen einzigem Start in Basel vom Platz.
1983	Vitas Gerulaitis (USA) s. Wojtek Fibak (Pol) 4:6, 6:1, 7:5, 5:5 w.o.	P. Slozil/T. Smid (Tch) s. S. Edberg/F. Segarceanu (Swe/Rou) 6:1, 3:6, 7:6	$ 117'000	42'500	Die einzigen Swiss Indoors, die nicht regulär zu Ende gespielt werden: Fibak muss gegen Gerulaitis wegen Übelkeit und Darmbeschwerden aufgeben. Der topgesetzte Yannick Noah scheitert in der ersten Runde sensationell am Paraguayaner Victor Pecci.
1984	Joakim Nyström (Swe) s. Tim Wilkison (USA) 6:3, 3:6, 6:4, 6:2	P. Slozil/T. Smid (Tch) s. S. Edberg/T. Wilkison (Swe/USA) 7:6, 6:2	$ 145'000	40'700	Boris Becker, dank einer Wildcard im Haupttableau, verliert in der Startrunde 5:7 und 5:7 gegen Jakob Hlasek – acht Monate später gewinnt er Wimbledon. Der Schwede Joakim Nyström bestätigt mit seinem Sieg das beste Jahr seiner Karriere.
1985	Stefan Edberg (Swe) s. Yannick Noah (Fra) 6:7, 6:4, 7:6, 6:1	Tim und Tom Gullikson (USA) s. M. Dickson/T. Wilkison (USA) 5:7, 6:3, 6:2	$ 174'000	52'100	Erstmals kommen über 50'000 Zuschauer zu den Swiss Indoors. Stefan Edberg steht zum ersten Mal im Endspiel – vier weitere sollten noch dazukommen. Im Doppel scheitern die Wimbledonsieger Günthardt/Taroczy in der Startrunde an Roland Stadler und Miloslav Mecir.
1986	Stefan Edberg (Swe) s. Yannick Noah (Fra) 7:6, 6:2, 6:7, 7:6	G. Forget/Y. Noah (Fra) s. J. Gunnarsson/T. Smid (Swe/Tch) 7:6, 6:4	$ 210'000	52'400	Wie im Vorjahr lautet die Final-Paarung Stefan Edberg gegen Yannick Noah – und erneut gewinnt der Schwede in einem packenden Match mit drei Tiebreaks, Noah gewinnt dafür im Doppel. Die Swiss Indoors schütten erstmals mehr als 200'000 Dollar Preisgeld aus.
1987	Yannick Noah (Fra) s. Ronald Agenor (Hai) 7:6, 6:4, 6:4	A. Jarryd/T. Smid (Swe/Tch) s. S. Birner/J. Navratil (Tch) 6:4, 6:3	$ 239'000	52'100	Publikumsliebling Yannick Noah nützt die Abwesenheit von Stefan Edberg aus und gewinnt bei seiner dritten aufeinanderfolgenden Finalteilnahme endlich den Titel gegen Ronald Agenor – im ersten Endspiel zweier Farbiger der Tennisgeschichte. Andre Agassi scheitert im Halbfinal.
1988	Stefan Edberg (Swe) s. Jakob Hlasek (Sui) 7:5, 6:3, 3:6, 6:2	J. Hlasek/T. Smid (Sui/Tch) s. J. Bates/P. Lundgren (Gbr/Swe) 6:3, 6:1	$ 270'000	56'900	Der amerikanische Superstar Jimmy Connors spielt erstmals ein Grand-Prix-Turnier in der Schweiz – und verliert im Halbfinal gegen Jakob Hlasek, der mitten in seinem «goldenen Herbst» steht, aber den dritten Titelgewinn von Stefan Edberg nicht verhindern kann.
1989	Jim Courier (USA) s. Stefan Edberg (Swe) 7:6, 3:6, 2:6, 6:0, 7:5	U. Riglewski/M. Stich (Ger) s. O. Camporese/C. Mezzadri (Ita/Sui) 6:3, 4:6, 6:0	$ 391'000	58'600	Der spätere Weltranglistenerste Jim Courier gewinnt in einem hochstehenden Endspiel über fünf Sätze den ersten Titel seiner Karriere. Von den Swiss Indoors erfolgen erstmals Fernseh-Direktübertragungen ins Ausland. Marc Rosset tritt zum ersten Mal in Basel an.
1990	John McEnroe (USA) s. Goran Ivanisevic (Cro) 6:7, 4:6, 7:6, 6:3, 6:4	S. Kruger/C. van Rensburg (RSA) s. N. Broad/G. Muller (RSA) 4:6, 7:6, 6:3	$ 500'000	61'100	Zwölf Jahre nach seinem ersten Auftritt in Basel ist John McEnroe wieder da. Nach Abwehr von Matchbällen besiegt er Goran Ivanisevic in fünf Sätzen. In der zweiten Runde kommt es zum unvergesslichen Duell zwischen den beiden «Komikern» Yannick Noah und Mansour Bahrami.
1991	Jakob Hlasek (Sui) s. John McEnroe (USA) 7:6, 6:0, 6:3	J. Hlasek/P. McEnroe (Sui/USA) s. P. Korda/J. McEnroe (Tch/USA) 3:6, 7:6, 7:6	$ 750'000	61'300	Erneut steht John McEnroe im Endspiel. Aber mit dem besten Match seiner Karriere sorgt Jakob Hlasek für den zweiten Schweizer Sieg nach 1972. Die Swiss Indoors erreichen dank der Aufnahme in den TV-Welt-Pool eine Fernsehausstrahlung in über 217 Millionen Haushaltungen.
1992	Boris Becker (Ger) s. Petr Korda (Cze) 3:6, 6:3, 6:2, 6:4	T. Nijssen/C. Suk (Ned/Cze) s. K. Novacek/D. Rikl (Cze) 6:3, 6:4	$ 775'000	64'100	Superstar Boris Becker zeigt im Halbfinal Marc Rosset dessen Limiten auf und gewinnt auch im Endspiel gegen Petr Korda. Altstar Björn Borg bleibt bei seinem Comeback-Versuch in der ersten Runde gegen seinen Landsmann Niklas Kulti chancenlos.
1993	Michael Stich (Ger) s. Stefan Edberg (Swe) 6:4, 6:7, 6:3, 6:2	B. Black/J. Stark (Zim/USA) s. B. Pearce/D. Randall (USA) 4:6, 6:2, 6:3	$ 800'000	64'500	Titelverteidiger Boris Becker sagt kurzfristig wegen einer Verletzung ab. Dafür gewinnt sein Landsmann, Weltmeister Michael Stich, der in letzter Minute verpflichtet worden ist. Marc Rosset scheitert erneut im Halbfinal, diesmal aber nur knapp an Stefan Edberg.

	EINZEL-FINALS	DOPPEL-FINALS	PREISGELD	ZUSCHAUER	BESONDERES
1994	Wayne Ferreira (RSA) s. Patrick McEnroe (USA) 4:6, 6:2, 7:6, 6:3	P. McEnroe/J. Palmer (USA) s. S. Bale/J. de Jager (Gbr/RSA) 6:3, 7:6	$ 800'000	62'100	Mit dem Weltkonzern Davidoff als Titelsponsor beginnt eine neue Ära. Ansonsten ist es das Turnier der Überraschungen: Zuerst sagt der Weltranglistenerste Pete Sampras verletzt ab, dann scheitern die Favoriten Stefan Edberg, Yevgeny Kafelnikov und Michael Stich vorzeitig.
1995	Jim Courier (USA) s. Jan Siemerink (Ned) 6:7, 7:6, 5:7, 6:2, 7:5	D. Vacek/C. Suk (Cze) s. P. Nyborg/M. Keil (Swe/USA) 3:6, 6:3, 6:3	$ 1'000'000	70'100	Die Weltpremiere in der Tennisgeschichte: Turniersieger und Superstars der letzten 25 Jahre wie Björn Borg, John McEnroe, Jimmy Connors, Ilie Nastase, Guillermo Vilas, Mats Wilander, Yannick Noah, Stefan Edberg und Boris Becker starten beim Jubiläumsturnier.
1996	Pete Sampras (USA) s. Hendrik Dreekmann (Ger) 7:5, 6:2, 6:0	Y. Kafelnikov/D. Vacek (Rus/Cze) s. D. Adams/M. Oosting (RSA/Ned) 6:3, 6:4	$ 1'000'000	62'700	Pistol-Pete kam, sah und siegte. Pete Sampras, der vielleicht beste Tennisspieler aller Zeiten – macht Basel seine Aufwartung und zieht das Publikum in seinen Bann. SF DRS produziert erstmals an einem Schweizer Tennisturnier alle Einzel-Matches des Hauptturniers.
1997	Greg Rusedski (Gbr) s. Mark Philippoussis (Aus) 6:3, 7:6, 7:6	T. Henman/M. Rosset (Gbr/Sui) s. K. Braasch/J. Grabb (Ger/USA) 7:6, 6:7, 7:6	$ 1'000'000	58'800	Nach 1974 (Roger Taylor) gewinnt mit Greg Rusedski wieder ein Engländer. Der langsamere, zuschauerfreundliche Belag Forbo-Taraflex begeistert die Athleten. Das erstmals erscheinende Journal des Turniers berichtet vom Exploit Ivo Heubergers gegen seinen Schweizer Landsmann Marc Rosset.
1998	Tim Henman (Gbr) s. Andre Agassi (USA) 6:4, 6:3, 3:6, 6:4	O. Delaître/F. Santoro (Fra) s. P. Norval/K. Ullyett (RSA) 6:3, 7:6	$ 1'000'000	59'600	Das renovierte Tennisdorf findet positiven Anklang. Am Center Court leiden die Schweizer am Agassi-Syndrom. Der Superstar meistert der Reihe nach Roger Federer, Ivo Heuberger und im Halbfinal Marc Rosset. Im Final stoppt der smarte Engländer Henman die Tennis-Slot-Machine aus Las Vegas.
1999	Karol Kucera (Svk) s. Tim Henman (Gbr) 6:4, 7:6, 4:6, 4:6, 7:6	B. Haygarth/A. Kitinov (RSA/Mkd) s. J. Novak/D. Rikl (Cze) 0:6, 6:4, 7:5	$ 1'000'000	64'900	Der frühere Ballboy und Lokalmatador Roger «Rotscher» Federer erreicht erstmals die Viertelfinals. Das Turnier ist ein Zuschauerhit (64'900). Viermal ausverkauft. Ungesetzter Agassi-Bezwinger Kucera gewinnt Hammer-Final. 1999 – Ein Spitzenjahrgang.
2000	Thomas Enqvist (Swe) s. Roger Federer (Sui) 6:2, 4:6, 7:6, 1:6, 6:1	D. Johnson/P. Norval (USA/RSA) s. R. Federer/D. Hrbaty (Sui/Svk) 7:6, 4:6, 7:6	$ 1'000'000	64'900	Die jungen Wilden wirbeln: Roger Federer, ungesetzt, meistert im Halbfinal den ebenfalls 19 Jahre jungen Lleyton Hewitt. Der Schwede Thomas Enqvist stoppt in einem Five-Setter den Federer-Express. Mitfavorit Juan Carlos Ferrero scheidet in der ersten Runde aus.
2001	Tim Henman (Gbr) s. Roger Federer (Sui) 6:3, 6:4, 6:2	E. Ferreira/R. Leach (RSA/USA) s. M. Bhupathi/L. Paes (Ind) 7:6, 6:4	$ 1'000'000	62'600	Tim Henman (Setzung 2) kauft mit seinem Slice im Final Federer den Schneid ab und gewinnt den Titel ohne Satzverlust. Mit Federer, Kratochvil und Bastl drei Schweizer im Viertelfinal. Der Franzose Julien Boutter bodigt Erstgesetzten Kuerten in Runde 1.
2002	David Nalbandian (Arg) s. Fernando Gonzalez (Chi) 6:4, 6:3, 6:2	B. Bryan/M. Bryan (USA) s. M. Knowles/D. Nestor (Bah/Can) 7:6, 7:5	$ 1'000'000	61'100	Zweiter argentinischer Sieg nach Vilas 1978 durch David Nalbandian. Der Wimbledon-Finalist schlägt im 1/2-Final nach 6:7, 1:3-Rückstand Roger Federer, im Final Gonzalez. Hit: Federer vs. Roddick im 1/4-Final. Live + zeitverschoben sehen 600'000 Zuschauer den Thriller auf SF DRS.
2003	Guillermo Coria (Arg) s. David Nalbandian (Arg) w.o.	M. Knowles/D. Nestor (Bah/Can) s. L. Arnold/M. Hood (Arg) 6:4, 6:2	€ 850'000	65'800	Dritter argentinischer Sieg durch Coria nach Walkover. Der abtretende Titelhalter und Roddick-Bezwinger Nalbandian zieht 45 Min. vor dem Final zurück. Jean-Claude Scherrer spielt eine Exhibition. Hochstehendes Turnier. Federer scheitert in Runde 2 am Kroaten Ljubicic 6:7, 7:6, 4:6.
2004	Jiri Novak (Cze) s. David Nalbandian (Arg) 5:7, 6:3, 6:4, 1:6, 6:2	B. Bryan/M. Bryan (USA) s. L. Arnold/M. Hood (Arg) 7:6, 6:2	€ 850'000	65'800	Der ungesetzte Jiri Novak (ATP 21) realisiert tschechischen Sieg seit Ivan Lendl 1981. Der erstmals in seiner Karriere am Heimturnier erstgesetzte Roger Federer muss wegen muskulärer Probleme Forfait erklären. Trotzdem sportlich starkes Turnier mit starken TV-Quoten. Allein 14 Mio. Zuseher auf «Eurosport».
2005	Fernando Gonzalez (Chi) s. Marcos Baghdatis (Cyp) 6:7, 6:3, 7:5, 6:4	A. Calleri/F. Gonzalez (Arg/Chi) s. S. Huss/W. Moodie (Aus/RSA) 7:5, 7:5	€ 850'000	66'100	Primus Federer verletzt sich im Training. 2. Verzicht in Folge. Gonzalez erster Chilene im Sieger-Palmarès. Er stoppt den zypriotischen Qualifier Baghdatis, der drei Monate später im Australian-Open-Final auftauchen wird. Invasion englischer Reporter: Murray schlägt erstmals seinen Götti Henman 7:6 im Finalset (Rd. 1).
2006	Roger Federer (Sui) s. Fernando Gonzalez (Chi) 6:3, 6:2, 7:6	M. Knowles/D. Nestor (Bah/Can) s. M. Fyrstenberg/M. Matkowski (Pol) 4:6, 6:4, 10:8	€ 850'000	65'200	Federer gewinnt ersten Titel in Basel im letzten Final über Best of 5. Gezittert hat der Superstar nur im Halbfinal, als er im «Thai»-Break gegen Srichaphan 2:4 und 3:5 Pt. zurücklag! Achtungserfolg: Der ungesetzte Wawrinka kämpfte sich ins Hauptfeld und schlug im Viertelfinal Ex-Weltmeister Nalbandian.

Statistiken

	EINZEL-FINALS	DOPPEL-FINALS	PREISGELD	ZUSCHAUER	BESONDERES
2007	Roger Federer (Sui) s. Jarkko Nieminen (Fin) 6:3, 6:4	B. Bryan/M. Bryan (USA) s. J. Blake/M. Knowles (USA/Bah) 6:1, 6:1	€ 850'000	66'700	Roger Federers 2. Streich in einem starken Feld (fünf Mann aus den Top 11). Der ungesetzte Finne Jarkko Nieminen kreuzt im Final auf, er gilt aber nicht als neuer Paavo Nurmi des Tennis. Die Promotion des Turniers in ATP-Formel 500 ab 2009 löst positives, starkes internationales Echo aus.
2008	Roger Federer (Sui) s. David Nalbandian (Arg) 6:3, 6:4	M. Bhupathi/M. Knowles (Ind/Bah) s. P. Kohlschreiber/C. Kas (Ger) 6:3, 6:3	€ 850'000	70'900	Erster Montagstart des Main Draw, neuer alter Sieger mit Roger Federer. Er feiert 2008 den 4. Titel nach Estoril, Halle und dem US Open. Der Basler spielt annähernd perfekt. Bestmarke: 70'900 Zuschauer. Erstmals seit 1993 (Edberg vs. Stich) stehen wieder die zwei Topgesetzten im Final.
2009	Novak Djokovic (Srb) s. Roger Federer (Sui) 6:4, 4:6, 6:2	D. Nestor/N. Zimonjic (Can/Srb) s. B. Bryan/M. Bryan (USA) 6:2, 6:3	€ 1'775'000	71'600	Affiche wie an einem Grand-Slam-Final, die ATP-Nr. 1 gegen die ATP-Nr. 3: Djokovic verhindert Federers 4. Rekordsieg in Basel. Ungesetzter Chiudinelli im Halbfinal. Im 1. Jahr der ATP Formel 500 steigert das Turnier weltweite TV-Präsenz in über 180 Ländern mit über 75 Mio. Zuschauern massiv.
2010	Roger Federer (Sui) s. Novak Djokovic (Srb) 6:4, 3:6, 6:1	B. Bryan/M. Bryan (USA) s. D. Nestor/N. Zimonjic (Can/Srb) 6:3, 3:6, 10:3	€ 1'775'000	72'100	Alle acht Gesetzten aus den Top 20. Klassefinal gegen Djokovic. Federer holt den 4. Rekordtitel. Zuvor schlägt er Roddick, Stepanek, Tipsarevic und Dolgopolov. Im Basel-Viertelfinal drei Major-Gewinner (Federer, Roddick, Djokovic)! Der Schweizer holt 14 Tage später WM-Titel in London.
2011	Roger Federer (Sui) s. Kei Nishikori (Jpn) 6:1, 6:3	M. Llodra/N. Zimonjic (Fra/Srb) s. M. Mirnyi/D. Nestor (Blr/Can) 6:4, 7:5	€ 1'838'100	72'200	Roger Federer erspielt seinen 5. Titel nach Superturnier. Erstmals steht mit Kei Nishikori (ATP 31, Wildcard) ein Japaner im Endspiel von Basel. Ein Plus fürs globale TV-Marketing. Die Swiss Indoors Basel erreichen 2011 Sendestunden, das höchste Total aller Formel-500-Events.
2012	Juan Martin del Potro (Arg) s. Roger Federer (Sui) 6:4, 6:7, 7:6	D. Nestor/N. Zimonjic (Can/Srb) s. T. Huey/D. Inglot (Phi/Gbr) 7:5, 6:7, 10:5	€ 1'934'300	72'300	In seinem 7. Basler-Final verliert der erstgesetzte Federer erstmals Indoor gegen del Potro (2). Die formstarke Nr. 2 gewinnt eine Woche nach Wien erneut. Es ist sein 4. Saisontitel nach Marseille, Estoril und eben Wien. Starke French Connection, Mathieu (WC) und Gasquet (3) im Halbfinal.
2013	Juan M. del Potro (Arg) s. Roger Federer (Sui) 7:6, 2:6, 6:4	T. Huey/D. Inglot (Phi/Gbr) s. J. Knowle/O. Marach (Aut) 6:3, 3:6, 10:4	€ 1'988'000	71'300	Erstmals seit 1985/86 (Edberg schlägt zweimal Noah) eine Finalwiederholung mit dem gleichen Personal. Der Argentinier del Potro (1) holt im Traumfinal gegen Federer (2) der 2. Titel und den 4. insgesamt 2013 nach Rotterdam, Washington, Tokyo. Sehr starke Draw mit fünf Mann aus den Top Ten.
2014	Roger Federer (Sui) s. David Goffin (Bel) 6:2, 6:2	V. Pospisil/N. Zimonjic (Can/Srb) s. M. Draganja/H. Kontinen (Cro/Fin) 7:6, 1:6, 10:5	€ 1'915'060	71'300	Federer holt seinen 7. Titel gegen den überraschenden belgischen Prinzen David Goffin. Borna Coric (17) als junger Wilder mit Wildcard eine Attraktion. Der Kroate eliminiert den trotz Blinddarm-Reizung spielenden Superstar Rafael Nadal. Sechs der acht Gesetzten im Viertelfinal.
2015	Roger Federer (Sui) s. Rafael Nadal (Esp) 6:3, 5:7, 6:3	A. Peya/B. Soares (Aut/Bra) s. J. Murray/J. Peers (Gbr/Aus) 7:5, 7:5	€ 2'022'300	71'600	Im Blockbuster-Final gegen Nadal gewinnt Federer im Titanen-Duell seinen 7. Titel in Basel. Der Franzose Gasquet (5) überrascht als Halbfinalist. Unerwarteter Viertelfinal mit den ungesetzten Amerikanern Young und Sock. Dieser haut mit seinem Service-Hammer die Gegner aus den Socken.
2016	Marin Cilic (Cro) s. Kei Nishikori (Jpn) 6:1, 7:6	M. Granollers/J. Sock (Esp/USA) s. R. Lindstedt/M. Venus (Swe/Nzl) 6:3, 6:4	€ 2'151'985	70'900	Out der Titanen Federer und Nadal (Saisonabbruch). Wawrinka erreicht nach 2009 zum 2. Mal Viertelfinal, gestoppt vom deutschen Qualifier und Dauerangreifer Mischa Zverev. Hohe Leistungsdichte prägt das Turnier. Nishikori im Final gegen den athletischen Felsen Cilic ohne Chance.
2017	Roger Federer (Sui) s. Juan M. del Potro (Arg) 6:7, 6:4, 6:3	I. Dodig/M. Granollers (Cro/Esp) s. F. Martin/E. Roger-Vasselin (Fra) 7:5, 7:6	€ 2'291'860	71'900	Federer gewinnt im Blockbuster-Final gegen del Potro den 8. Titel am Heimturnier. Hohe Leistungsdichte im Feld, die vier Erstgesetzten geschlossen im Halbfinal. Das neue Entrée der St. Jakobshalle eingeweiht. Aufgang wie im Madison Square Garden New York.
2018	Roger Federer (Sui) s. Marius Copil (Rou) 7:6, 6:4	D. Inglot/F. Skugor (Gbr/Cro) s. A. Zverev/M. Zverev (Ger) 6:2, 7:5	€ 2'442'740	70'100	Grandiose Eröffnungsfeier in der neu sanierten St. Jakobshalle am Super Monday. Lokalmatador Roger Federer gelingt der 9. Streich. Sein Finalgegner Marius Copil, die grosse Überraschung des Turniers, schaltet im Halbfinal überraschend Alexander Zverev aus.
2019	Roger Federer (Sui) s. Alex de Minaur (Aus) 6:2, 6:2	J. Rojer/H. Tecau (Ned/Rou) s. T. Fritz/R. Poelka (USA) 7:5, 6:3	€ 2'219'975	70'200	2019 geht als Spitzenjahrgang in die Geschichte der Swiss Indoors ein. Stimmungsvolle Eröffnungs-Show mit Anastacia begeistert das Publikum. Ein sportlich starkes Turnier endet mit 10. Turniersieg von Roger Federer, TV-Quoten schnellen nach oben.

IMPRESSUM

OFFIZIELLES ORGAN
History Book
50 Jahre Swiss Indoors Basel

HERAUSGEBER
Swiss Indoors AG
Bettenstrasse 73, 4123 Allschwil
Tel. 061 485 95 95
info@swissindoorsbasel.ch
www.swissindoorsbasel.ch

GESTALTUNG, SATZ
Morris Bussmann

KORREKTORAT
Daniel Lüthi

FOTOS
Archive Swiss Indoors Basel,
Keystone SDA, Kurt Schorrer,
Markus Peter, Peter Hauck,
Michael Fritschi, Joe Zschorn,
Samuel Brämly

DRUCK
Vogt-Schild Druck AG, Derendingen

VERLAG
Friedrich Reinhardt Verlag, Basel
ISBN: 978-3-7245-2514-1

COPYRIGHT
Alle Rechte vorbehalten
© 2021 Swiss Indoors Basel

Einige Textpassagen sind, meist in anderer Zusammenstellung, bereits in der Jubiläumsausgabe der Swiss Indoors 1995 erschienen. Wiedergabe von Artikeln und Bildern, auch auszugsweise oder in Ausschnitten, nur mit ausdrücklicher Genehmigung des Herausgebers. Für unverlangte Zusendungen lehnt die Redaktion und der Herausgeber jede Haftung ab.

MANAGEMENT
Patrick Ammann
Swiss Indoors AG

Michael Spitteler
Swiss Indoors AG

PROJEKTLEITUNG
Nina Silva-Lehmann
Swiss Indoors AG

ANZEIGENLEITUNG
Amanda Cosi
Swiss Indoors AG

REDAKTION
René Stauffer
Tamedia AG

Simon Graf
Tamedia AG

printed in
switzerland